[MIRROR]
理想国译丛
052

想象另一种可能

理
想
国
imaginist

理想国译丛序

"如果没有翻译,"批评家乔治·斯坦纳(George Steiner)曾写道,"我们无异于住在彼此沉默、言语不通的省份。"而作家安东尼·伯吉斯(Anthony Burgess)回应说:"翻译不仅仅是言词之事,它让整个文化变得可以理解。"

这两句话或许比任何复杂的阐述都更清晰地定义了理想国译丛的初衷。

自从严复与林琴南缔造中国近代翻译传统以来,译介就被两种趋势支配。

它是开放的,中国必须向外部学习;它又有某种封闭性,被一种强烈的功利主义所影响。严复期望赫伯特·斯宾塞、孟德斯鸠的思想能帮助中国获得富强之道,林琴南则希望茶花女的故事能改变国人的情感世界。他人的思想与故事,必须以我们期待的视角来呈现。

在很大程度上,这套译丛仍延续着这个传统。此刻的中国与一个世纪前不同,但她仍面临诸多崭新的挑战。我们迫切需要他人的经验来帮助我们应对难题,保持思想的开放性是面对复杂与高速变化的时代的唯一方案。但更重要的是,我们希望保持一种非功利的兴趣:对世界的丰富性、复杂性本身充满兴趣,真诚地渴望理解他人的经验。

理想国译丛主编

梁文道　刘瑜　熊培云　许知远

[美] 桥本明子 著　　李鹏程 译

漫长的战败：
日本的文化创伤、记忆与认同

AKIKO HASHIMOTO

THE LONG DEFEAT:
CULTURAL TRAUMA, MEMORY,
AND IDENTITY IN JAPAN

上海三联书店

The Long Defeat: Cultural Trauma, Memory, and Identity in Japan, First Edition
by Akiko Hashimoto
Copyright © by Oxford University Press 2015

The Long Defeat: Cultural Trauma, Memory, and Identity in Japan was originally published in English in 2015. This translation is published by arrangement with Oxford University Press. Beijing Imaginist Time Culture Co., Ltd. is solely responsible for this translation from the original work and Oxford University Press shall have no liability for any errors, omissions or inaccuracies or ambiguities in such translation or for any losses caused by reliance thereon.

All rights reserved

著作权合同登记图字：09-2019-257

图书在版编目（CIP）数据

漫长的战败：日本的文化创伤、记忆与认同 /（美）桥本明子著；李鹏程译 . -- 上海：上海三联书店，2021.12（2024.4 重印）
ISBN 978-7-5426-7538-5
Ⅰ.①漫… Ⅱ.①桥… ②李… Ⅲ.①战争—影响—社会生活—研究—日本 Ⅳ.① D731.38
中国版本图书馆 CIP 数据核字 (2021) 第 250451 号

漫长的战败：日本的文化创伤、记忆与认同

（美）桥本明子 著　李鹏程 译

责任编辑 / 宋寅悦
特约编辑 / 马晓晨　马希哲
责任校对 / 张大伟
责任印制 / 姚　军
装帧设计 / 陆智昌
内文制作 / 陈基胜

出版发行 / 上海三联书店
　　　　　（200041）中国上海市静安区威海路755号30楼
邮　　箱 / sdxsanlian@sina.com
联系电话 / 编辑部：021-22895517
　　　　　发行部：021-22895559
印　　刷 / 山东临沂新华印刷物流集团有限责任公司

版　　次 / 2021 年 12 月第 1 版
印　　次 / 2024 年 4 月第 2 次印刷
开　　本 / 965mm×635mm　1/16
字　　数 / 205千字
印　　张 / 18.75
书　　号 / ISBN 978-7-5426-7538-5/D · 520
定　　价 / 78.00元

如发现印装质量问题，影响阅读，请与印刷厂联系：0539-2925659

献给戴维

导读

战争的历史应该如何被记忆？

沙青青

> 个人规模的历史本质上是极端敏感的，最轻微的脚步也会使它所有的测量仪器警觉起来。这是所有历史中最动人心弦、最为富人情味、也是最危险的历史。*

这句话引自法国著名历史学家费尔南·布罗代尔（Fernand Braudel）的煌煌巨著《菲利普二世时代的地中海和地中海世界》（*La Méditerranée et le Monde Méditerranéen à l'Epoque de Philippe*）。所谓的"危险"，在这里指个人层面的历史叙述总不免牵扯情绪以及受到主观见解的影响，而这个层面的历史显现仅是深层历史逻辑的某个瞬间与表象而已。换言之，布罗代尔是在告诫历史学家们，不要轻信个人事后的记忆或基于记忆产生的感受和描述，因为这些往往都是不可靠的。传统的历

---

* 费尔南·布罗代尔，《菲利普二世时代的地中海和地中海世界》上卷，唐家龙、曾培耿等译（北京：商务印书馆，1996），9页。

史学家向来对基于个人记忆产生的史料保持谨慎的态度，其理由则显而易见：个人回忆的动机、明显的记忆错误以及提问者与编纂者的导向性都可能模糊历史事实的面貌。这种不可靠未必是因为当事人刻意的扭曲或杜撰，更多是源于记忆本身的特性——记忆总会受限于个人在当时当地所处的视野。

除此之外，事后对某个时代或事件的记忆往往还承载着当下意识形态所施加的影响力。例如通过个体记忆来进行某种历史叙事，进而达成某种纪念的作用，而纪念又会形塑后人对过往历史的"记忆"。近年来，越来越多的历史学家、社会学家转而将"历史记忆"形塑过程纳入其研究范畴，而不只是将其视为史料的一种。例如，柯文（Paul A. Cohen）在其名作《历史三调：作为事件、经历和神话的义和团》（*History in Three Keys: The Boxers as Event, Experience, and Myth*）中便通过将历史叙述划分为事件、经历和神话三个层面来分析同一个历史时间在不同时代的现实映射。在面对诸如战争、灾难这样的重大变故时，记忆、叙述历史的方式与立场尤其显得重要与复杂。这在"二战"后日本社会的例子中显得尤为明显。

2013年12月，一部讲述"二战"期间"神风特攻队"飞行员的电影在日本全国400余家电影院上映。这部名为《永远的0》的电影改编自右翼作家百田尚树的同名畅销小说。电影与原著一样颇受欢迎，连续数周占据全国票房榜首，累计票房收入达86亿日元，观影人数亦达700万人次之多，其中就有前首相安倍晋三。《永远的0》讲述了一个无所事事的当代日本青年，在无意间得知自己外公在"二战"期间曾是一位零式战斗机的王牌驾驶员后,开始调查外公的战争经历、挖掘自己家族的战争记忆。最终,发现曾为了活着回到家人身边而不惜被骂为"懦夫"的外公,在战争的最后阶段却选择加入"神风特攻队",驾驶零式战斗机撞向了美军的战舰。安倍晋三宣称被这个故事深深打动,观看影片时热泪盈眶。在电影的最后一幕:男主角外公驾驶的零式战斗机从今日东京闹市的上空一掠而过,通过现实与想象嫁接的方式,呈现了一种被广大日本右翼群体所接纳的历史叙事模式:那场战争中的战死者是为了保卫家国而勇于牺牲的"英雄",而战后日本的繁荣正得益于他们的这种"牺牲"。

若参观靖国神社附属的战争博物馆——游就馆,那么与《永远的0》类似的个体记忆和故事可谓比比皆是。2002年4月,日本首相小泉纯一郎在以首相身份第二次参拜靖国神社时曾表示:"我认为今天日本的和平与繁荣是建立在许多战殁者崇高牺牲的基础上。"*在观看《永远的0》电影的几天前,安倍晋三也刚去参拜过靖国神社,同样发表过类似的言论:"日本现在的和平与繁荣,并不仅由活在今日的人们缔造,还有那些祈祷着心爱妻儿的幸福,思念着养育了自己的父母,倒在战场上的人们。我们的和平与繁荣正是建立在他们牺牲宝贵生命的基础之上。"†

自20世纪90年代以来,在经历战后数十年的经济繁荣与

---

* "参拜靖国神社有感",首相官邸网站,https://warp.ndl.go.jp/info:ndljp/pid/10992693/www.kantei.go.jp/jp/koizumispeech/2002/04/21shokan.html。

† "安倍内阁总理大臣的讲话~实现永久和平的誓言~",首相官邸网站,http://www.kantei.go.jp/cn/96_abe/statement/201312/26danwa.html。

和平后,日本国内的历史修正主义风气渐盛,对战争历史的叙述方式也开始有了微妙的变化。桥本明子教授在她的代表作《漫长的战败:日本的文化创伤、记忆和认同》中曾对《永远的0》的叙述方式进行过一番解构与剖析,并非常敏锐地指出:不同于以往军国主义宣传中将"神风特攻队"飞行员描绘成满脑子忠君爱国思想的狂热民族主义者,《永远的0》把他们的守卫对象从国家、天皇转移成了家庭和亲人,并以这种方式重新赋予其"正当性",进而将这段历史的叙述"正面化",使之更符合当代人的价值观。

过往的战争历史应该被以哪种"正确的方式"记住?这始终是长期困扰日本社会的一大难题。不过,这也成为我们观察日本社会思潮变化的一个角度。在本书中,桥本明子便尝试将不同版本的战争记忆置于一处进行比较,希望从中检视战后日本社会所面临的历史叙述与合法性构建的难题。

对日本而言,"战败"之所以如此"漫长",主要是因为各方对那段血腥历史的记忆缺乏一个受到广泛认可、能形成共识的叙述版本。对包括中国在内广大遭受侵略的国家来说,日本发动的侵略战争自然化为了以屈辱、屠杀、牺牲为底色的记忆。而作为侵略国和战败国的日本,在战后数十年间面临的则是分裂、矛盾乃至彼此敌对的战争记忆。日本国内的各种群体都尝试赋予那段悲剧时代某种历史意义,但这些都无法成为社会各界普遍接受的共同认知。而随着亲历战争的那一代人不断逝去,这个问题正变得愈发棘手起来。正如桥本明子在《致中国读者》中指出的那样:"日本的失败文化混乱而分裂,人们对于已经发生的事情及其意义有着各自不同的解读。"

桥本将战后日本社会对战争的历史叙述方式大致归纳为三类。若从大众文化来观察，那么第一类便是像《永远的0》的故事那样，将阵亡者视为"牺牲者"：他们既可以是所谓"忠君爱国"的"牺牲者"，也可以是"保卫家人"的"牺牲者"。在这种回忆和叙事中，发动战争的责任被抽离或悬置，个体的"牺牲"被放大为整场战争的"缩影"。第二类则更多强调作为"战争受害者"的记忆，最典型的例子便是对原子弹轰炸和大规模空袭的描述。在这种历史叙述中，个人、家族因为战争而遭遇的苦难常被视为战后选择和平主义的直接原因，例如高畑勋的动画电影《萤火虫之墓》、片渊须直的动画电影《在这世界的角落》都是这类叙述模式的代表。不过，正如桥本所指出的那样，"这种叙述同样倾向于转移注意力"，即在有意无意间忽略了那些在战争中因日本侵略而遭遇更大痛苦的真正受难者。换言之，这是一种被简化的"反战主义"或"和平主义"。第三类则是直面日本作为"犯罪者"的记忆，即日本军国主义在中国、朝鲜半岛及东南亚地区所实施的侵略、剥削及战争罪行。在20世纪70年代，山本萨夫导演的《战争与人》三部曲可视为这种历史叙述在大众传播领域的典型呈现。

在战后的几十年间，这三种类型的叙述各自通过学术研究、新闻调查、教科书、官方表述以及文化娱乐产品等形式，在日本社会中抢占着对历史和记忆的话语权。对此现象，桥本教授运用了文化与比较社会学的方法，尝试向读者介绍日本在战后重建自我身份与建构历史叙述的过程，并将此过程与德国、美国等西方国家进行比较，进而分析战争记忆对未来日本发展道路可能带来的影响。在本书中，桥本将相关论述分为五个章节。第一章介绍她对文化记忆的界定，并为研究提供了基于社会学的分析框架；第二章重点论述了战后日本家庭代际间战争记忆的传递过程；第三章分析了日本社会各种战争历史纪念活动、大众传媒对战争历史的叙述模式及其对大众的影响；第四章是桥本对日本历史教育体系的观察与解析；第五章则是通过跟德国等西方国家的比较，来论说日本真正走出"漫长的战败"、重建道德感的可能性。

桥本教授主要借助社会学的方法来进行上述各领域的考察与研究。她将战败的历史记忆视为日本人集体承载的一种"文化创伤"，而"牺牲者""受害者"以及"犯罪者"这三种历史记忆的叙述方式便可被视为对这种"创伤"的"应激反应"。在桥本看来，当下日本面对历史记忆问题的处理方式也有与之对应的三种：民族主义、和平主义与彻底的反省和解。在这三个选项之间的分裂、游移恰好说明了战后日本社会演进的曲折状态与矛盾结构。

自20年代60年代后，快速复兴的日本不仅走出了战败阴霾，甚至创造了空前的经济繁荣。1964年日本成功举办了东京奥运会，1970年大阪世博会成功举办。与此同时，日本取代西德成为资本主义世界经济总量第二大的国家，仅次于美国，随后而来的则是所谓"日本第一"的泡沫时代。然而，在经济高速崛起的同时，作为战败国的日本又不得不面对战争历史所遗留的道德责任。经济繁荣带来的民族自豪感与作为战败国、侵略者的耻辱感彼此叠加，亦加剧了日本社会对战争记忆和历史叙述模式的分裂状态。此外，由于保持了年号制度，日本近现代史研究领域有着独特的"昭和史研究"一说。漫长的昭和时代横跨战前战后两个截然不同的社会形态，却又被纳入同一个研究范畴。其内在的时代割裂感与外在的形式整合彼此矛盾且冲突，亦成为日本近代以来社会发展进程的一种隐喻。

对于经历过战争的日本人来说，他们更容易满足于经济上的富足，转而对战争历史采取一种回避和遗忘的态度。相当多战后出生的日本人却更急迫地想去重构日本在战后国家社会的合法性与权威性，其表现形式可以是对所谓"正常国家"的向往，又或是推动"修宪"的种种努力。由于并未经历过那场战争，他们便"自然而然"地拒绝承担那场战争的责任以及促进和解的义务。用桥本的话来说："日本所谓的战后进步，在很大程度上依赖的是有形的财富增长和经济繁荣。虽然这一指标对父母和祖父母一代适用，但到了今后将要承担起日本战后记忆工作的年轻一代身上，已经失去了意义。"这正是最近20多年来，日本国内历史修正主义兴起、右倾化越来越明显的时代背景。在此背景下，桥本明子通过缜密扎实的研究，为我们揭示了不同历史记忆和叙述模式之间此消彼长的发展过程。

记忆不等于历史，而历史叙述在某种程度上也不等于历史真实。若站在历史哲学的角度来看，历史真实与历史叙述是一种共同体的关系，两者无法彼此独立存在，而是由一种叙述的连续性所维系。* 如果两种历史叙述之间发生冲突,那便是因为两者之间关于历史真实的联系性路径是不同的。这是身为社会学家的桥本明子以战后日本社会为例,为我们所揭示的状况。如果从历史学家的角度,则可能会更看重相关研究背后的批判性。美国当代历史哲学家、弗吉尼亚大学历史系教授阿兰·梅吉尔(Allan Megill)在论说记忆与历史的关系时曾讲过这么一段话:"批判性的史学必须与记忆在所有意义上保持距离,同样地也必须与现在既有关联,又有断裂。批判性史学不为现在开处方。它只是展示过去不同的、惊人的——甚至是骇人的事物。"†

若带着这种批判性的意识,再去认真阅读桥本明子对日本战后战争记忆的研究,或许能从中挖掘出更多值得关注的细节与脉络。

---

* David Carr, "Narrative and the Real World: An Argument for Continuity," *History and Theory* 25:2(1986), pp. 117-131.

† 阿兰·梅吉尔著,赵晗译,《记忆与历史》,《学术研究》,2005 年第 8 期,84—95 页。

致中国读者

第二次世界大战是我们从战时一代那里继承来的一份令人不安的遗产，在日本，这份遗产则更为棘手。战争结束 70 年之后，影响依然深远。那场荼毒世界的战争总共动员了一亿多名士兵，不仅让前线的战斗人员身陷险境，也危及大后方的平民。几亿人的生活被搅得天翻地覆，他们失去了家园、赖以为生的工作和亲人。而对那段可怕历史的清算——无论是以施害者、受害者还是旁观者的身份——直到今天，仍然在日本民众间引发诸多的分歧和争议。

现在，战争的负面记忆——不仅以国家历史，还以家族历史的形式——传递到了我们这些战后一代人的身上。通过父母、祖父母、曾祖父母、亲朋好友和左邻右舍的创伤故事，我们能感受到自身同那段历史的联系。这种对战后几代人细微但可以隐约察觉的影响，或许在所有派兵参战的国家中都是相似的。

多年前，当我还是个小孩子时，曾和家人在日本、英国和德国生活过，得以在"二战"的赢家和输家之间辗转。当时我发现，战争给成年人的行为带来了持久的影响，并且了解到，赢家和输家的区别也传给了我们这些战时一代的孩子。这种区别明确了一种等级，将输家定义为低等民族，地位要比赢家低，价值也不如赢家。所以我心想，也许这就是输掉一场战争的后果了，但是很多问题仍然悬而未决。

我知道我父亲曾在第二次世界大战快结束时被日本海军征过兵，并被派驻到了南太平洋上的特鲁克群岛，随后复员。然而这些事实并不能帮助我理解那场战争，因为他几乎从不谈及自己的从军生涯。唯一的例外是，他有一次曾说起自己被军队捉弄新人的活动整得很丢脸。我真希望自己当时多问他一些更为直接的问题，让他讲讲那些经历对他来说意味着什么，但在那会儿，翻旧账似乎有些尴尬。我等了太久，最终错失了良机。这本书在一定程度上，正是为了弥补那些失去的对话，揭示战争和失败对于我父亲那一代以及战后的几代日本人到底意味着什么。

在本书中，我探索了日本的战败文化，试图揭示这个国家令人费解的战争记忆（war memory）。日本的失败文化混乱而分裂，人们对于已经发生的事情及其意义有着各自不同的解读。在这种文化中，存在三种战败记忆：施害者、受害者和英雄记忆。这些战争记忆各有不同，相互抵触，其原因则在于人们对过去有着不一样的记忆：一些人视之为奇耻大辱，一些人认为这是一场可怕的灾难，还有一些人则认为这是一项令自我感到满足的成就。战争的意义在日本无法趋同，原因就是人们在失败和战败的意义上难以达成一致。

理解这种多层面的现实，需要我在不为战时一代开脱罪责的同时，对他们产生一种自我反省的同理心。诚然，同情这些人很有挑战性，因为他们曾怀抱着民族主义热情支持过帝国主义战争，曾乖乖就范，追随走上歧途的军事领导层，残暴地杀死或伤害无辜的平民。不过，只有当我们问自己："如果换作是我们，在当时的情况下，站在他们的立场上，我们会怎么做？能否比他们更有勇气和智慧，采取不同的行动？"之后，我们才能开启对话，增进相互间的理解。我相信，唯有诚实地回答这些问题，我们才可以找到共同基础，直面日本对几千万亚洲受害者犯下的全部罪行；只有这样，我们才能最终解决当下的诸多问题，如战争罪责、转型正义、边界岛屿的领土争端和再军事化。

乍一看，战败的分裂记忆可能是日本独有的，但读者会发现，这些分裂的记忆与其他战败国家的记忆有许多相近之处。南北战争和越南战争之后的美国、阿尔及利亚战争之后的法国，以及"一战"和"二战"后的德国，这些国家都在惨痛的战败之后，经历了漫长的恢复过程。在否认战败历史、发誓永不再战、重新夺回它们失去的东西、悼念亡者、保护家人的问题上，不同国家有着形形色色的动机。无疑，它们的战败记忆到现在依旧悬而未决，依旧会引发分歧和质疑，影响战后一代人对自身的理解。

本书中的"创伤"（trauma）一词，指的不仅是个体的心理现象，还包括更广泛的文化现象，二者之间无法画上等号。

比如，第二次世界大战期间盟军对德国的空袭给德国人带来了巨大痛苦，但这并不会形成整个社会的文化创伤。相比之下，犹太大屠杀已经超越了个体受害者的痛苦，成为邪恶和"现代社会的人能干出什么事"的一种普遍象征，继而成了一种更广泛的文化创伤。最终，我们会采纳一些文化创伤，放弃那些无法接受的，为我们现在的生活赋予特殊的意义。第二次世界大战的文化创伤正是以这种方式，继续塑造着我们的战后意识与认同的道德框架。

本书译自我在2015年5月出版的英文作品 The Long Defeat: Cultural Trauma, Memory and Identity in Japan（牛津大学出版社），日文版于2017年7月由 みすず 书房以《日本の長い戦後——敗戦の記憶・トラウマはどう語り継がれているか》（山冈由美译）为题出版。现在，能有机会通过这本书同中国读者交流，我深感荣幸。最后，我要感谢本书的译者李鹏程，他的能力与专业精神令我钦佩不已。我还非常感谢理想国的编辑，他们是莫嘉靖、鲁兴刚和马晓晨。我真诚地希望，通过他们的努力，这本书能为促进中日两国人民的对话和理解做出贡献。

桥本明子
2018年6月

目 录

导　读　战争的历史应该如何被记忆？/ 沙青青 i
致中国读者 ix

第一章　战败国的文化记忆 001
第二章　修复个人历史与校准家族记忆 033
第三章　反思战败 069
第四章　战争与和平的教学 115
第五章　战败国的道德恢复 165

致　谢 197
注　释 201
参考文献 225
索　引 249

第一章

战败国的文化记忆

我成长于20世纪60年代的东京。那时候，每天我从家去小学上学时，都要经过新宿区车站的一条拥挤走道，道路两旁是熙熙攘攘的小商铺和售货亭。这个车站是全市最大的换乘枢纽之一，而那条又长又忙碌的通道，则连接着一条新地铁线和一条郊区线路。大约在60年代初，走道两旁开始每天出现很多被截肢的中年男人，他们身上穿的棉布军装破烂不堪，很容易让人注意到他们残肢断臂、假眼和毁损的容貌。其中一些人会静静地坐在地上或者一直低着头，纹丝不动，任由行人从身旁匆匆而过，其他人则拿着口琴或手风琴，不熟练地演奏些伤感的曲调。我当时还是个孩子，过了一段时间才意识到，这些人来这儿是为了向过路的人乞讨，而他们展示自己在战争中遭受的苦难，在某种程度上也是为了这个目的。我们虽然是孩子，但其实只要四处看看，多留心一点儿，战争的蛛丝马迹还是很容易找到。有时候，它们就近在眼前，一如那些乞讨的老兵；

有时候，我们会在家里人聊天时，有意无意地听到一些悲惨的故事——躲过的空袭、被毁的财产、失踪的亲戚。作为孩子，我们并不知道太平洋战争的来龙去脉，或者到底该如何理解它，但我们明白，那是大人们经历过的最具毁灭性的一场灾难，曾经发生过非常可怕的事情。这种最初的印象和看法，最终影响了我们对那场战争的理解，将之视为一场"国家创伤"（national trauma）。

事情过去很久之后，国家创伤的记忆何以与文化和社会密切相关？为什么尽管人们有避免回忆起可怕往事、努力向前看的冲动，有关苦难的记忆却历久弥坚？本书想要借由检视日本时至今日的战败文化来探索这些问题。我考察了日本"二战"战败后战争记忆的利害，展示了战败是如何以及为什么会成为日本国民集体生活中无法抹掉的一部分。我还深入探究了战争记忆的实质，因为战争记忆正是当前东亚地区的争端与不断升级的摩擦——后来被总称为日本的"历史问题"——的根源所在。

战争和战败这类艰难经历的记忆延续下来有诸多原因：国家的前进轨迹或许发生了深刻的变化，比如日本在1945年放弃主权；集体生活必须从灾难性的国家失败中重生；失败者名誉扫地，背上了一段不光彩的历史后，必须要面对这样的窘境。在此过程中，战败方往往要调动崭新和修正后的叙事来解释惨痛的国家失败，悼念亡者、转嫁责任，从耻辱与罪责的重担中恢复正常。[1] 为战败方编织一段前后连贯的故事，是一项任务，同时也是一项工程，意在修复一个破碎社会的道德脊梁。而这项岌岌可危的工程,正是日本战败文化的核心所在,是对做一个日本人意味着什么的痛苦探究。理解这个工程,对于评价日本的选择——民族主义、和平主义,还是"和解主义"(reconciliationism)——以及讨论日本在当下面对的国内外紧张关系,具有至关重要的意义。

战败对于日本战后的文化有着深刻、长久而复杂的影响。[2] 在1945年投降后,日本丧失了主权,被战胜国占领达七年。在此期间,战胜国几乎对日本社会的各个方面,从政府到法治,从经济到教育,都进行了彻底的改革。远东国际军事法庭(1946—1948)曾明确地历数了日本在战争中所犯的罪行,控告日本的军事领导层犯有破坏和平罪,而且违反了其他战争公约。与此同时,该法庭及亚洲地区无数其他的战争罪行审判,却忽略了其他很多人可能犯下的罪责,比如军队、官僚、政府、商业人士,以及——这一点颇具争议性——天皇。自此之后,对于谁该为战争负责和谁有罪,日本社会内部出现了旷日持久的分裂,而在裂缝之下是两个根本性的问题:为什么我们要打一场打不赢的战争?为什么要为一场注定失败的战争杀戮、牺牲?在回答这些问题时,人们努力提出了不同版本的叙事,争论了不同的合理立场,选择了不同的解决方案;但说到底,问题的答案,是由对集体失败、不公和痛苦的个人及政治反应构成的。这类讨论的核心,关切的不只是战争的责任,还有国家归属感、个人与国家的关系,以及生者与死者的关系。

日本的战争记忆,是自20世纪90年代以来有关战争与暴行的全球记忆文化中最为关键的问题之一。很多动荡、难解的问题依然存在：与中国、韩国和俄罗斯的领土争议[3]；对战争罪责与战犯纪念（"靖国问题"）的处理[4]；战时强征的劳工、慰安妇和战俘的赔偿与道歉要求。[5]而这些问题之下对混乱历史的矛盾记忆，还激化了日本全国性的争论，即所谓的"历史认识问题"。在战后的70多年中，日本国内非但无法在这些问题上取得一致，而且在20世纪90年代，随着更多争端的出现，不同的战争记忆和历史认识之间的分歧反而进一步加深：强制要求学校使用爱国象征（国旗和国歌）[6]，灌输爱国主义思想；教科书和流行文化中对日本暴行（如南京大屠杀）的处理[7]；空袭和原子弹轰炸受害者的赔偿和医疗保健要求[8]，这些问题持续考验着日本战后身份认同的核心。时至今日，更是在"再军事化"，即修改自1947年以来便维系着国民生活的"和平宪法"这一关键问题上，达到了顶点。

对于难以接受国家创伤这一点，很多国家并不陌生，在遭受灾难性的军事失败后，一个国家的文化会因这类失败的记忆而发生改变，例如"一战"后的德国和土耳其，阿尔及利亚战争后的法国，南北战争后和越南战争后的美国。[9]面对要为死亡、暴力和损失负责的考验，一些国家的反应是将败局已定的战争进行夸张美化，比如南北战争后的美国南方[10]；一些国家将阵亡士兵奉为烈士，比如第一次世界大战后的德国[11]；而另一些则选择通过彻底改革，将焦点集中在复苏上，如奥斯曼帝国之后的土耳其。[12]研究表明，遭受过失败或者占领危机的国家，都会通过不懈的努力，企图摆脱这种屈辱或耻辱，只不过实现的途径会有差异。本书以德国历史学家沃尔夫冈·施菲尔布施（Wolfgang Schivelbusch）的著作《战败文化》(*The Culture of Defeat*)为理论基础，审视了日本在第二次世界大战之后的情况。[13]

通过研究战败者向战后的一代代人复述其战争记忆的各种方式，我放弃了关注官方政策和讲话这类业已确立的方法，转而在更广义的战后文化中检视日常生活中的历史和道德认知的肌理。我通过调查在家庭、大众媒体和学校中流传的战争叙事，评估人们是如何接受创伤、伤亡、内疚感及羞愧感这类艰难的全国性遗留问题的。我主要将关注点放在1985年到2015年，因为在这段时期，战争记忆跨越国界，成了全球性话题。经我分析发现，日本的战争记忆不仅被深深嵌入日常文化当中，还比西方媒体所描绘的"失忆"这种单一、夸张的形象更为多样。我认为，日本不存在"集体性"记忆；相反，多种道德框架下的多种战争与失败记忆同时存在，且争相认为自己才是合理的。我会从政治利益各不相同的社会组织形成的多样创伤叙事中来证明这一点。接着，我会延展这一调查，探究负面记忆如何影响和激发了战后的国家认同。

文化创伤、记忆与国家认同

莫里斯·哈布瓦赫（Maurice Halbwachs）认为，根据回忆过去的状况不同，集体记忆总是有选择性的。[14]记忆并非固定不变或者不可改变，而是对现实的表达，经过主观构建以符合当前的状况。对记忆控制权的争夺，植根于当下特定情况中的社会、政治、文化利益与价值之间的冲突和相互影响。那些关于战争、屠杀、暴行、侵略等大规模的暴力和死亡事件的记忆，只有被人们认为密切关系到他们是谁以及作为那个社会的一员意味着什么时，才会成为后续集体生活中至关重要的指示物。一些事件之所以比其他事件更重要，是因为我们在后来想方设法地把它们变得更重要了，以此来更好地理解我们自身和所在的社会。杰弗里·亚历山大（Jeffrey Alexander）将这个过程称为"文化创伤"（cultural trauma），其发生的条件是："一个集体的成员感到自己遭受了某个骇人事件，这一事件在他们的集体意识上留下了无法磨灭的痕迹，在他们的记忆上打下了永远的烙印，从根本上改变了他们未来的身份认同。"[15] 骇人事件成为集体意识中的重要指示物，并非因为它天然在某种程度上无法磨灭，而是因为它能生成一种对话结构，逐渐使它在集体生活中正常化。[16] 在此过程中，对事件的记忆被赋予了文化相关性，被铭记为一种极其有破坏性、充满问题的集体经历，并与随之而来的所有负面情感一同被纳入集体认同中。[17]

这些顽固的负面情绪，是道德行为最强大的驱动力，对于理解文化创伤如何随着时间的推移而逐渐再生这一点至关重要。[18] 牢记着负面历史事件的文化，会奋力克服伴随它们的情感和情绪。这类情绪不断被铭刻在记忆中，并被传承给后代。它们包括：修复受损名誉的盼望；在世界眼中重新获得尊重的欲望；哀悼损失、从谴责中恢复过来的愿望；在失败面前寻找意义与尊严的热望；保护家人和亲友不受斥责的希望；将大事化小或者假装其从未发生的渴望。满足这类渴望和希望是一项持续存在的长期项目,不仅是为了重塑记忆,也为了修复一个破损的社会。在这个恢复项目中,记忆被重新调整、生成——为的是弥合伤口、伸张正义、恢复在世界中的道德地位——不过成功程度各异。理解这个修复项目具有至关重要的意义,可以解释清楚文化创伤的持久性、战败文化,以及日本的"历史问题"。

今天,我们生活在一种逐渐兴起的"记忆文化"中,铭记国家的历史已变得与当下的生活休戚相关。[19]尤其是自20世纪80年代以来,口述史运动、新建的博物馆与纪念建筑、拨乱反正的政治运动,已经扩散到世界各地。这些均证实了一个趋势,那就是铭记过去已成为缔造集体认同感的一种关键实践。[20]从20世纪90年代到21世纪初——也就是本书关涉的时间段——是日本为了展望未来而重新审视国家历史的一个关键时期。这再次激起了过去那些有关如何阐述国家历史的政治宿怨和旧有争议,而公众的意识也被唤醒,并且至今依然未见衰退。第二次世界大战后的那代人——构成了现在80%的人口——以新利益相关者的身份加入争论中,在框定国家层面的叙述中扮演起了相应的角色。各代人的不同立场,意味着人们带着更多不同动机来重新框定那场失败战争的历史。与此同时,迅速变化的地缘政治又给日本与亚洲邻国之间种种悬而未决的战争问题带来了新的不确定性,比如激增的对日索赔诉讼和道歉要求[21]、历史教科书中对事件描述的争议。这些及其他自20世纪80年代以来便愈演愈烈的事件预示了日本的历史问题,后来引发并加剧了日本在当下国际关系中许多令人苦恼的挑战:东亚地区的人民对日本日渐升高的敌意;与中国、韩国和俄罗斯愈加激烈的领土争端；朝鲜一直以来的挑衅。

记忆文化的时期很值得注意——人们越来越多地意识到，历史知识既非板上钉钉，亦非众口一词。在后现代时期，对真相普遍性的断言越来越受到质疑，为构架一种国家层面的元叙事造成了挑战。人们越来越多地认为，在这种搜寻可用历史的行为中，历史表述已经变成了主观化、政治化的课题。[22]今天似乎已经不再可能拿出一份独一无二的权威历史，在国内和国家之间获得普遍、客观的认同。[23]而这对东亚地区的社会，比如日本这种现在合法与正当的国家历史知识已经被中央政府控制的国家，尤其是一种挑战。[24]在一个需要对知识进行更广泛重组的后冷战世界中，历史相对主义在全球舞台上的崛起与官方历史需要灌输某一特定真相的目标之间，产生了越来越严重的矛盾。[25]因此，在这个变动不断的时代里，日本涌现出各种激烈争论，新民族主义在那些认为全球性变化威胁到了其自我认同的人中间逐渐高涨，其实不足为怪。

日本计划在灾难性战败后的漫长时期里重新获得道德落脚点，而东亚各国针对战争记忆的争论则正好击中了这一计划的核心。有几个突出话题尤易引发众怒：赔偿战时性劳工（慰安妇）、为野蛮大屠杀承担罪责（尤其是南京大屠杀）、企图把战争罪犯正名为烈士（靖国神社）。可以想见，这种计划在抱持着各种视角与目标的利益相关者之间造成了深刻的分歧。记忆的承载者——日本知识分子、教育家、政治家、律师、评论家、媒体批评家、激进分子和其他重述历史的人——为国家的失败赋予了不同的含义，使得构建一种国家层面的统一元叙事的可能性变得更加复杂。

我对日本战后记忆这些深刻分歧的分析，是基于德国社会学家伯恩哈德·吉森（Bernhard Giesen）的类型学——阐释了公民社会中对创伤叙事的不同建构。[26]在日本文化记忆的复杂局面中，我认为，有三种互相抵触的创伤叙事分类在争夺道德优越性。它们的不同体现在各自对人为失败的强调程度和对战争英雄、受害者和施害者的道德品质的描述。另外，在如何理解胜利者和失败者之间的关系，以及如何对待记忆带来的风险这两个方面，它们也是不同的。一言以蔽之，它们的区别主要在于对战败的道德解读和各自为国家恢复所规划的道路上。

三种道德观：有关文化创伤的分裂叙事

对战争的道德理解会因时、因地、因历史语境和政治文化传统而变化。[27]在植根于西方奥古斯丁基督教传统的正义战争理论中，大规模政治暴力的使用可以有正当的道德理由，这一观点为战争提供了理论支持和辩护。[28]第二次世界大战便是这种正义战争的一个例子，同盟国打败了被认为是非正义侵略者的轴心国。不过，这种植根于西方神学的视角，在广泛的人类历史中并非一种普遍的文化。更普遍、为更多人所使用的是一种现实主义的粗放认知："好战争"是以胜利告终、能够扩大政治权利、提升国家利益的战争。在日本漫长的战争历史中，不同的标准曾各占上风：中世纪以前将战争合法化的制度是通过王室的授权；封建时代将战争合法化的制度是通过胜利[29]；而到了现代，则是断断续续地采用西方发起的制度——通过国际公约和条约来控制战争。因此毫不奇怪的是，在此后日本构建"好战争"和"坏战争"的概念时，并没有严格遵守什么原则，而是秉承了一定程度的现实主义和相对主义。正义战争的哲学之发展独立于犹太—基督教文明轨道之外，成长于道德相对主义作为一种实用生活方式的多神论传统之中，因此并不能轻易"切合"日本的文化语境。[30] 不过日本仍然采用了这一概念为其在"一战"和"二战"中的行为提供理由。按照日本的改动，正义战争的框架意味着亚洲—太平洋战争是为天皇而打的"圣战"，目的是保护"大东亚共荣圈"不受欧美白人的殖民侵略。1945年的国家溃败后，道德秩序猛然颠倒，日本的"正义之战"变成了"不义之战"。对此，很多人又回到了现实主义者的道德相对主义上（胜者为王，败者为寇）。

这种道德秩序的猛然颠倒和对战争的广泛怀疑，基本上注定了战后日本社会中会出现相互矛盾的创伤叙事。在随后的几十年中，出现了三种创伤叙事，虽然各有不同，但它们都深深地印刻在了国民的情感当中。其不同之处主要在于对军事和政治行动的道德重要性的评估，以及如何描述战争失败及损失造成的负面遗产。这三种创伤叙事为日本未来的发展指出了不同方向。

第一种叙事强调的是阵亡的国家英雄的故事。这类叙事采纳的是"幸运的失败"这一论点，通过后见之明为战争和国家的牺牲辩护，声称今天的和平与繁荣是建立在过去那些牺牲之上的。此类英雄叙事通常倾向于提倡一种有关蒙恩受惠的讨论，经常可以在纪念仪式的官方讲话中听到。这是一种改良性叙事，旨在培养国家归属的自豪感，同时又把注意力从国家在挑起战争和输掉战争方面的罪责上转移开来。

第二种叙事提倡对失败战争中的悲惨受害者表示同情和认同。在这种叙事中，"灾难"的形象占了上风——一场规模空前的悲剧——强调了由残酷军事暴力所带来的全部残杀和破坏。这种有关苦难和反军国主义的讨论，常见于家族历史、大众文化故事，以及给予那些在遭原子弹轰炸的广岛、长崎等被狂轰滥炸的几十座城市中生活的受害者的和平主义拥抱中。这种叙事同样倾向于转移注意力，具体而言，是把注意力从亚洲那些受过日本人破坏但身在千里之外的人的苦难上转移开来。

第三种叙事类型与前两者差别较大，主要强调的是日本在中国、朝鲜半岛和东南亚地区实施的帝国主义、侵略和剥削这类犯罪行为。这种叙事是"堕入黑暗的地狱"，强调日本所施加的暴力和伤害，并不同程度地归咎于日本的恶意企图。三种叙事中，这种最艰难也最具争议，它的观点及其对悔恨的讨论常见诸调查性新闻、新闻媒体、纪录片、学术出版、学者讨论，以及一些老兵的回忆录和口述史当中。致力于东亚和解的民间活动和友谊组织，基本上以接受这种施害者叙事为先决条件。

众声喧哗的记忆叙事与道德情感和利益南辕北辙，日本对其元历史的描述之所以混乱，原因正在于此。这一问题甚至在为战争命名上显而易见：由美国占领军施加的战争被命名为"太平洋战争"，这个标准名称现在仍然经常在"幸运的失败"叙事中被采用。另一个针锋相对的名字叫"十五年战争"，主要为日本的进步学者和教育者使用，在"堕入黑暗的地狱"的叙事中也经常可以见到；这个名字表明，在太平洋战争前十年，日本显然已经对东亚地区发动了帝国主义侵略。其他用来避开这类政治倾向性的叫法还包括"亚洲—太平洋战争""昭和战争""第二次世界大战"。随着人们对每个名字所背负的政治包袱日渐厌倦，战争最终被叫成了"最后一场世界大战""那场战争"，甚至是"历史上那段不幸的时期"。从纪念演讲、历史教科书，再到博物馆展览，这一描述"那场战争"的问题屡屡出现。遍布日本国内的几百家地区性、专业性的"和平"博物馆，必须要解决这一历史问题。他们并没有从国家层面全面地展现战争历史，而是只展示了一部分的文化创伤历史，有选择性地强调施害者、受害者或者英雄。因此，西方经常批评日本还有很多战争历史没有反省，甚至完全与之背道而驰：这一切与国家失忆无关，而是因为多种针对国家遗产与作为一个日本人意味着什么的声音产生了激烈的争吵，并陷入了僵局。

阵亡英雄叙事：幸运的失败

从美国邦联（America Confederacy）的罗伯特·E. 李（Robert E. Lee），到德国在"一战"和"二战"中的陆军元帅埃尔温·隆美尔（Erwin Rommel），再到《绿色贝雷帽》（*Green Berets*, 1968）中的约翰·韦恩（John Wayne），有很多故事讲的都是失败战争中的著名英雄。无论英雄们是在哪里、如何战斗,这类通俗叙事使他们的行动甚至是败落被框定为一种英勇无私的牺牲行为。通过检视第一次世界大战后为抚平失败的痛苦、纾解幸存者的罪责感,德国是如何将战争中的亡者"烈士化",历史学家乔治·莫斯(George Mosse)对这种颂扬阵亡士兵的倾向进行了探索。[31]烈士化之后,生者可以说,士兵并没有白白牺牲。到了日本的版本中,阵亡英雄的叙事常常还为他们博得救赎,具体而言,他们的死在表面上是使得日本的未来更美好、更光明的原因之一,因而是"幸运的失败"。

该类型中的一个著名例子,讲述的是"大和号"战列舰上的阵亡英雄,这是日本"二战"历史中为了更伟大事业牺牲的最具象征性的叙事之一。就在日本战败几个月前的1945年4月,号称人类历史上最大战舰的"大和号",在被派遣执行一项战略上毫无把握的自杀式突袭时,连同3000名船员在冲绳北部沉没。这个爱国主义故事回顾了最后时刻士兵在战舰上的情况,以及年轻军官们绝望地质疑,为一场注定失败的战争而赴死的意义究竟何在时内心的挣扎。就在战舰被几百架美军轰炸机的猛烈炮轰炸沉前,白渊磐大尉发出了那份现在已经很著名的声明,认为他即将面临的死亡被赋予了价值,他的牺牲可以成为一种激励,变成为了国家更美好的未来而喊出的战斗口号:

> 日本太不注重进步了。我们太过注意细节,太执着于自私的道德准则;我们忘记了真正的进步。日本除了在失败后醒悟过来,还能怎样被拯救?如果日本现在不醒悟过来,那它何时才会被拯救?

我们将会成为带路人。我们将以死来昭示日本的新生活。这才是我们牺牲的真正意义，不是吗？[32]

这位21岁军官所谓的"进步"含义很模糊，可以被赋予不同的意义，比如和平、正义、安全或者繁荣，同样也可以指摘他的逻辑矛盾——一个年轻人宣称在为一个他将无法体验的未来做贡献。但是，在将进步和牺牲联系在一起的观点中，这个逻辑矛盾正是核心所在，从而催生了日本得以重振和复兴这一集体信仰。这首献给亡者的挽歌强调了那些直面死亡的士兵所具有的勇气和纪律，但没有向下令执行这场没有足够返航燃料任务的国家领导追责并表达怨恨。很多电影、纪录片、教科书甚至是政治演讲都讲过"大和号"的故事[33]，启发了各种观点，从民族主义到反美主义，再到超国家主义、和平主义都有。这类"大和号"上的阵亡英雄叙事，没有谴责英雄们是侵略战争的施行者，且经常会在大众媒体上被改编、更新。[34]该类型中的例子还包括畅销书及其改编电影《永远的0》（百田尚树著，2006年出版，2013年上映）和《月光之夏》（毛利恒之著，1993年出版，同年改编电影上映），讲的都是有去无回的零式舰上战斗机的飞行员；这些后继的叙事旨在燃起日本战后几代人对阵亡者的感激和赞美。

受害者叙事：大灾难

从已被翻译成67种语言的《安妮·弗兰克日记》，到那幅在南越空袭中烧伤后赤身裸体在路上奔逃的《凝固汽油弹女孩》("Napalm Girl", 1972), 有关战争的惨绝人寰与其他灾难中无辜受害者的叙事不计其数。且不论受害者是在何处受到了怎样的迫害, 这些叙事都将他们的苦难框定为是残暴无情的压迫、酷刑和不公的折磨这类不可宽恕行为的结果。历史学家杰伊·温特(Jay Winter)回顾欧洲在第一次世界大战中发生的屠杀时提出, 对人们而言, 通过纪念和悼念的文化来解释这种大规模的杀戮非常重要, 其目的是哀悼惨重的损失, 进而抚平心灵创伤。[35]这种"民众的虔诚"在日本的受害者叙事中也很普遍, 而且是情感宣泄和寻求救赎的关键要素。[36]值得注意的是, 日本政府和军队在其中通常都是**影子施害者**, 这类叙事会或直白或隐晦地将他们的施害罪责编入其中。

中泽启治的半自传体漫画《赤足小子》(1973—1985), 可以说是日本这一类型中最具标志性的反战文学作品。作者是广岛原子弹爆炸的幸存者, 故事表现了十足的"灾难"性, 细致入微地描绘了一个家庭在原子弹爆炸后一天天的艰难求生, 为广岛的毁灭提供了一份悲剧性叙事。这本漫画改编自真事, 将个人历史与世界历史放在一起, 糅合了愤怒、痛苦和绝望的复杂情绪, 讲述了核爆炸和辐射的可怕后果, 核爆炸的画面细节得到了最大程度的描绘。[37]

《赤足小子》明确将战争控诉为绝对的恶, 而且是日本军队和帝国挑起了这场不计后果、毫无必要的战争, 并且无情、无能地误导民众, 将他们带向了致命的毁灭与苦难。假如战争能早些停止, 假如军人治国的日本能早些醒悟, 接受《波茨坦公告》，那么由原子弹造成的所有苦难便有可能避免。《赤足小子》要传递的信息很清楚：诸如国家、军队、天皇、美军和美国医生（从辐射受害者那里采集临床数据）这类权威，永远不能再被信任。[38]因此，即便故事从毁灭推进到重建新生活时，也流露出愤恨的意味，因为人们的生活和身体已经受到了永久性伤害，再也无法挽回，而罪魁祸首却依然逍遥法外。

《赤足小子》的神圣地位如何强调都不过分。经过过去40年在学校广泛便捷的传播，这部漫画作品影响了战后的一代代人，塑造了民众对军国主义暴力的认识。很多人都承认，童年时期首次从《赤足小子》那里了解到广岛的遭遇后，他们产生了心理创伤。[39]和安妮·弗兰克的故事被用作受迫害者的故事来教育大众一样，《赤足小子》唤起了人们的同情与怜悯，明确地传递出一个信息：那就是我们必须掌控自己的人生，有勇气向战争及核武器说不，这样才永远不会再次成为那样的受害者。不过，对于原子弹和轰炸前的那场十五年战争，虽然广岛是一个军事重镇，作品却没有将之与战争联系在一起。从这部作品中观众无从认识到，当时被日本入侵的亚洲国家对于向日本投掷原子弹大多持欢迎态度（比如，《赤足小子》在韩国便遭到了大部分受众的拒绝）。[40]大体而言，《赤足小子》变成了一场残酷战争中受害者的故事，颂扬的主题是苦难。

像《赤足小子》这类调动起受迫害感的故事，成功地汇入了更广义的战败国的文化创伤，所呈现的并不是反美情绪，而是一种反军国主义的情感。这一类型的故事至今仍然在被创作，主题也相近，都是有关无意义的破坏和道德、物质秩序的崩溃。

在这一类型的例子中,有一些则强调了大后方孤儿的拼命与无助,比如《萤火虫之墓》(野坂昭如著,1967年出版,1988年上映)、《甘蔗田之歌》(2003)和《在这世界的角落》(2007)。[41]

施害者叙事:堕入黑暗的地狱

从《艾希曼在耶路撒冷》(Eichmann in Jerusalem,1963)到讲述发生在1968年的美莱村大屠杀的纪录片以及弗朗西斯·科波拉(Francis Coppola)的电影《现代启示录》(Apocalypse Now,1979),流行文化中有许多故事讲述的都是失败战争中那些臭名昭著的施害者。无论他们的行为是在何处或者如何做出的,施害者叙事都倾向于将其框定为心理失常、精神崩溃,并投向了暴虐和邪恶的一面。美国历史学家克里斯托弗·布朗宁(Christopher Browning)回溯第二次世界大战中德国施害者的历史,他们的日常工作就是冷血地大规模屠杀波兰平民。[42] 在20世纪60年代,这些施害者经过本国同胞的审判,最终被绳之以法。相比之下,第二次世界大战中的日本施害者受到的是战争胜利者和受害者的审判,而非本国人——因为日本天皇被美国占领军免责,加上接下来的冷战,事态变得更加复杂。不过,日本的施害者叙事同样揭露了日本人在某种程度上承认了自己犯下的恶行,并坚信曝光和面对本国同胞的可怕过去,在本质上对于个人和社会有着重要意义。向前看、翻过新的一页、与过去一刀两断,需要的是对个人道德失败的自省。具体到从军国主义暴力中恢复、创伤抚平的问题上,这一途径预设的前提是直面自我最黑暗、最无法接受的面向。

在战后的日本,在公众有关战争罪责的讨论中影响最大的人物之一是研究战争历史和战争责任的历史学家家永三郎。[43] 这位著作等身的学者同时是一位著名的原告,曾就应该如何教授国家历史与日本政府打了一场旷日持久的官司。作为一名战争期间被动的旁观者,家永出于悔恨感,投身拨乱反正中,出版了讲述施害者历史的教科书,宣称就那场战争及其发动方式来说,国家难辞其咎。[44] 他的三场法律诉讼绵延 32 年(1965—1997),让国家历史的关键叙事留在了公众视线中,尤其是战争中的黑暗篇章:在中国进行的侵略、强奸和掳掠;"731 部队"的生物实验;南京大屠杀;对殖民地人口和战俘的强迫劳动;对冲绳贫民的迫害。[45] 从家永的历史叙事来看,那场战争违反了国际公约,是一场非法的侵略战争,其动机则是出于日本企图控制华北地区的经济和政治野心,其结果便是一场持续 15 年的战争。他对日本政府批评道:

> 十五年战争是一场不公不义、不计后果的战争,日本政府一开始的目的和手段便名不正言不顺,而且……发动战争和拒绝及时地结束战争,均是政府非法和错误的行为。[46]

家永的诉讼唤起了公众对日本作为施害者的认识,激发了公民运动和民间组织的支持,使得他可以继续起诉。第二场诉讼获得有利裁决后，其他历史书编写者也受到鼓舞，在20世纪七八十年代增加了对施害者历史的讲述。[47]几十种流行的历史书、小说、纪录片，甚至是供学校图书馆使用的漫画卡通历史书，都坚定地讲述了殖民和战争时期日本在亚洲犯下的罪行，其他文化媒体也紧随其后。如本书在第三、四章中即将讲到的，教师、激进分子、艺术家、漫画家和媒体经常会讲述和传播这类故事，使得儿童比过去更多地接触到日本的施害行为，进而为下一代人重现了战争的文化创伤。不过，这类对施害者历史的公开清算也遭到了激烈的反击。诺贝尔文学奖得主大江健三郎，曾因在1970年的作品《冲绳札记》中谈到冲绳平民的大规模自杀与日本军队有牵连，吃了诽谤官司。[48]今天，最新的施害者叙事依然在媒体上由记者和学者向全国复述着；而在国际舞台上，它们也通过女权和人权活动家成功吸引了更广泛的媒体关注。

战败文化中的分裂记忆

正如这些独特的叙事所展示的那样，一个国家对战争（尤其是战败）的记忆，无法制造出一幅整齐划一、全体赞同的图像，而是创造了一场充满分歧和不同声音的公共讨论。事实上，这类多样化的记忆远比人们想象得要普遍，尤其是在事件之后几代人的时间跨度内。[49]例如，康拉德·雅劳施（Konrad Jarausch）和迈克尔·盖耶（Michael Geyer）针对1989年两德统一之后有关希特勒的战争、纳粹政权和犹太人大屠杀"分裂、多重、交叉"的记忆叙事进行的讨论,就表明德国人的个人讲述同样充满了矛盾的回忆。尽管德国的官方政策是悔罪,但根据认知、经历和自身利益的不同,施害者、受害者、旁观者和通敌者的故事却兼而存之。从根本上讲,这些故事互不相容,无法为整个国家形成一种连贯、统一的叙述。[50]具体到德国,分裂的记忆源自一套特定的社会和政治状况:冷战期间东西方不同的政治体制、代际影响、前线战场和其他战时经历,以及不同的意识形态假设——这一点对于一个统一的德国而言,已经变得无法摆脱。[51]

法国的战争记忆同样未能带来全国性的共识:有关抵抗运动英雄的讨论,在其国家自我认知中,夹杂着维希傀儡政府罪行的施害者叙事和法国被纳粹占领期间的受害者叙事。[52]奥地利也类似,纳粹吞并的受害者叙事给正义的英雄叙事以及军队联盟的施害者叙事让出了一部分位置。每种叙事提供的都只是"全部"叙事的一部分,而这个"全部"却仍然难以捉摸,互不协调。[53]

日本分裂的记忆文化,同样让人联想起了第一次世界大战中战败的那些国家,如奥斯曼帝国之后的土耳其[54];后共产主义国家,如冷战之后的匈牙利和波兰。[55]这种近期的比较研究,在解释非西方国家的困境时尤其充满见地——被西方国家打败的国家,不得不修改它们极权主义历史的意义,而且要按照西方对它们该如何"接受"这种历史的预期来改。对于自由的民主国家而言,通过"追寻真相"来面对它们的全能主义过去,是一种"可接受"和"文明"的方式,这种普遍的观点作为一条共同线索,贯穿了不同个案中的战败文化。这本书以普通的欧洲模式为基础,从犹太大屠杀中吸取经验,植根于西方反犹主义,表明了什么是"适合"被记住的,但这也限制了非西方的文化记忆。它们在竭力处理过错的同时,也设下了复杂的障碍。

具体到日本,有关日本军国主义和极权主义历史中的英雄、受害者和施害者那些污点记忆和模糊情感,通过许多政治争议间接浮出了表面,比如在新全球地缘政治背景下的再军事化问题。从日本第一次派出自卫队——日本实质上的常备军——参加联合国的海外维和任务开始(1992年,海湾战争之后),日本士兵是否会再次伤害或者被外国人伤害的问题便一直挥之不去。随着日本因"9·11"事件的影响及为应对朝鲜的导弹威胁(1998、2006、2009、2013、2014)而制定了新的安全法案(2004),这类争论还与对赋予自卫队太多权力和再次信任军队领导的恐惧紧密联系在一起。国会中的新民族主义派别成功修订了《教育基本法》(2006),将爱国主义教育再次列入公立学校的教学安排中后,日本儿童可能再次被诱使去相信为国捐躯是一个可敬的目标,这引发了一部分人的忧虑和另一部分人的希望。这些不仅仅是政治中的鹰派与鸽派间的争议,更是在漫长的战败之后,反战国家之间培养起来的国家认同的核心出现了裂缝的明证。[56] 今天,随着东亚地区地缘政治的紧张关系不断升级,日本军队力量不断增长,对于可能再次卷入一场军事冲突的忧虑也日渐增加。对于宪法的新解释——现在将会允许在有限范围内进行集体自卫(2014)——无论人们是支持还是反对,这一针对"和平"在一个和平主义国家到底意味着什么的新调整,再加上对上一场由不加控制的军事权力所操控的灾难性战争记忆的推波助澜,再次引发了人们的焦虑。[57]

在日本的战后历史中,战争英雄、受害者和施害者叙事的时间顺序,始于远东国际军事法庭(1946—1948)。第二次世界大战是现代历史上伤亡人数最多的一场世界性战争,作为始作俑者之一,日本难辞其咎。据估计,"二战"的死亡人数约为 6000 万,而其中三分之一在亚洲。[58] 日本对东亚、东南亚和南太平洋地区的侵略,大约导致了 2000 万到 3000 万亚洲人死亡。死亡原因不仅是战争,还包括针对平民的轰炸、掳掠、强奸,以及饥饿和折磨。[59] 亚洲—太平洋战争的平民死亡总数十分惊人:日本约有 100 万,这包括在广岛和长崎的原子弹爆炸和上百座城市的空袭中死亡的人;中国超过了 1600 万[*];美国约在 2000 人以下。士兵的死亡率到了战争末期尤其高:日本士兵大约死了 230 万,死亡率为 38%,超过了德国士兵(33%),是美国士兵(2%)的 19 倍。[60] 由于日本军队在亚洲—太平洋地区的战场面积广阔,食物、药物和弹药的供给中断,所以约有 60%—70% 的士兵并非阵亡,而是死于饥饿、疾病,或者是干脆被抛弃了。他们的遗骸只有一半得以回归故里,剩下的则至今散落在那片广大的区域中。由于官方禁止投降,只有一波比例很小的士兵被俘虏,1956 年,他们中的最后一批才回国。

---

[*] 据最新数据,抗战期间中国军民伤亡 3500 多万人。见人民网,《中国抗战军民伤亡超 3500 万》,http://politics.people.com.cn/n/2015/0714/c70731-27303815.html。——编注

几百万平民和老兵的遣返工作,最终花了几十年才完成。[61]

在法庭上,同盟国以"胜利者的正义"指控日本的军事领导层犯有破坏和平罪,并违反了其他战争公约,明确界定了日本的施害者罪责。对施害者的指控,还包括南京大屠杀和马尼拉大屠杀这类暴行的罪责。[62]除了在远东法庭被控告和处决的甲级战犯外,还有数千名低级别的施害者因在东亚和东南亚地区犯下战争罪行(1946—1951)被控为乙级和丙级战犯。[63]然而,对于更大范围内的罪责——由无数通常不太有名的施害者所犯——并没有进行全国性的清算。那时已经否认自己"神圣"地位的天皇,也没有被追究破坏和平的罪责,反而逃过了起诉。同样,大部分日本人据说是受了一个欺骗性的军国主义政府误导,也未被追责。成千上万的平民因与战时政府勾结而遭到了整肃,但随着冷战在东亚地区的升级,很多人甚至在占领结束前便获得了赦免。[64]

日本在1952年重获主权后的时间顺序则相对简单。20世纪50年代中期,随着保守的自由民主党(自民党)在政府中逐渐占据主导地位,对物质增长的需求和稳定经济的要务取代对过去行为的惩罚,成为重中之重,而国家安全和与美国结盟这类政治要务则代替同中国和苏联的和解,取得了优先权。在一个决心弥补战争造成的巨大损失的国家,这些保守派凭借着推动经济发展以前所未有的速度增长,逐渐站稳了脚跟,进而获得了制度掌控权,控制了战争的官方元叙事,试图将其描绘成一场悲剧性的冲突——是为了国家的生死存亡而打,虽然不愿意,但还是勇敢地去战斗。在这一英雄叙事中,当下的经济增长与繁荣，是在过去的国家悲剧基础上辛苦得来的奖赏。

然而，反对派对于保守派所谓的"不折不扣的进步"抱着怀疑和不信任的态度，进行了强烈反对，并和一系列同样在抗衡的社会组织和运动相联合，其中包括在20世纪六七十年代反对《日美安保条约》、核试验和越南战争的教师工会和一些和平运动。这些组织由教育家、知识分子、记者、公会成员和激进人士领导，他们声称，战争是由好战政府中那些野心勃勃的领导者发动的，这些人不计后果进行的军事侵略和殖民活动，给亚洲带来了巨大的创痛和苦难。中间派的主张则狭窄些，强调的是整场战争给日本国内造成的伤亡，比如广岛和长崎原子弹爆炸以及美军数千次空袭中的受害者。在中间派看来，这场战争是一场悲剧性的冲突，由一个运转失常的军国主义政府愚蠢地发起，最终以惨败而告终。

在20世纪六七十年代那些有关战争记忆的政治对抗中，不同的利益相关者在铭记日本所遭受的苦难上，逐渐取得了一定程度上的一致。虽然他们对于该把谁定为英雄、受害者或者施害者，如何回忆日本在战争期间对亚洲施加的伤害仍然存在分歧，却都记得各自遭受的损失，也无法否认身边那些显而易见的苦难。就此而言，文化创伤可以被正常化，无论是老兵还是平民，无论是富豪还是穷人，无论是精英阶层还是受压迫者，至少可以在他们对战争的厌恶上找到共同点。最终，这些演变成了强大的反军国主义和反核武器情绪，并成为战败文化中不可或缺的部分。[65]

在20世纪八九十年代，围绕着逐渐兴起的人权和旨在纠正历史错误的转型运动,一种全球的记忆文化出现了。迫于东亚邻国和国际媒体的压力,日本长期存在的历史清算问题在很多方面引起了国际性的关注:自我开脱的历史教科书的分歧,官方道歉的艰难,曾经的殖民对象和受害者的赔偿诉讼,有关对战争死者和战犯的争议性纪念,有关博物馆展览的争议,等等。其中最引人注目的例子,是针对"慰安妇"的赔偿问题。这些曾在战争期间被迫为日本士兵提供性服务的女性开始打破沉默,向日本政府提出赔偿要求。"慰安妇"的案件逐渐成为一项反对性暴力的跨国女权主义运动,成功引起了世界对女性在战争中所受迫害的关注,同时也打破了被精心制造出来的那种"无辜"的日本兵形象。[66] 这类进展之所以成为关注焦点,不仅得益于全球趋势,还因为制造记忆的条件被一些国内事件改变了,如昭和天皇的去世、自民党一党执政的终结、泡沫经济的崩溃,以及一些地区性事件,如东亚地区,尤其是中国在政治、经济和文化重要性方面的崛起。数十年来的种种激烈争议,最终使施害者的历史在流行文化中越来越得到承认,还推动了各种公民运动构成的广泛国际联盟为和解做出努力。

到 21 世纪初,为东亚地区和解所做的努力引发了一种新民族主义的强烈反对。[67] 这是伴随着中国惊人的经济崛起,东亚地区政治力量平衡发生改变,进而对"历史问题"的全球化做出的反应。[68] 面对经济的下行和衰退、失业和日益加剧的不平等,日本越来越忧虑,在冷战后的国际秩序中,他们面临的问题也不断增多,比如:在安全问题上要长期依赖美国这位胜利者;在海湾战争(1990)中未能成为胜利者联盟的一员;

未能获得联合国安全理事会只为"二战"胜利者预留的常任理事国席位（2005）。痛苦战败的幽灵徘徊不去，日本的一些批评家开始称其为"第二场战败"或"第三场战败"。[69] 2010年之后，国际与国内争端更是有增无减，其中最明显的包括在边界岛屿的归属权问题上不可调和的矛盾、日本海两侧的民族主义者仇恨运动，以及更多的道歉和赔偿要求。

我所描述的日本战争记忆中的这些深刻分歧同样可见于几十份全国性民意测验。这些调查揭示出，在对战争遗产的国家清算上有三种分裂的观点，分歧主要集中在如何评价战争及其结果的性质和表现。[70] 回答可以分成三种：（1）战争是罪恶的，本应避免；（2）战争是罪恶的，但无法避免；（3）时局危险，战争无法避免。在推定日本罪责的问题上，这种多样性的回答，对应了本书将会展示的不同记忆叙事。全国性民意测验证实了这一趋势，比如在2006年，日本最大的全国性报纸《读卖新闻》发表的一份调查显示，约三分之一的人（34%）认为亚洲—太平洋战争是一场侵略战争；三分之一（34%）的人赞同只有侵华战争才算是侵略战争，太平洋战争不是；还有10%则认为，两场战争都不是侵略战争；剩下的21%则说不清。[71] 这种分歧，在全国发行量第二大的《朝日新闻》于2006年所做的一项调查中也很明显：三分之一（31%）的受访者认为，日本在中国发动的是一场侵略战争；不到一半（45%）的人认为，这既是一场侵略战争，也是一场自卫战争。[72] 针对战败文化的多样化观点，在民意测验和全国性调查中一再得到印证，且在各代人中都保持着一种固定的规律；但这些无法单一地通过代际、性别或政党关系来做出解释。[73]

这类分歧自有其后果，尤其在战败文化中：当被问及是否相信政治领导者时，日本民众的看法普遍消极：只有23%的日本人相信他们的政治领导人，在全世界135个做过此调查的国家中，日本排名第127位。[74]与此同时，在一项比较调查中，当被问及他们是否对自己"持有积极的态度"时，日本人的自尊心在53个国家中敬陪末座。[75]不难想象，面对痛苦的过去，一些渴望修复战败遗产并从中恢复过来的人将其内化后，产生了负面的国家记忆，而这类总体趋势在一定程度上正源于此。

关于本书

集体记忆的研究告诉我们，社会性的记忆行为，总是根据回忆过去的情况不同而具有选择性。本书在评估战争记忆时，没有将其视为一种固定的回忆，而是把它看成了在当时的特定情况下对主观构建的现实进行的表达。在把这类记忆形成的情况视作文化构建来评估时，很重要的一点是，不仅要涉及决策者和知识精英，还要把普通人的情感、价值观和动机也一并考虑进来。因此，我的分析对战争记忆的制造者和消费者都进行了探索，且使用了广泛的原始资料——从个人证词、采访到大众文化传媒的资料——来探索日本人的国家认同受家庭、学校和社群影响的各种方式。

这类日常情感在很多情境中都有表现：在厨房和客厅，在课堂、报纸、电视、互联网。分析不同环境中的大众叙事，可以洞悉各种有关记忆的道德观和动机。为此，我分析了大众叙事中谈及战争、战败与殖民遗产的内容：报纸社论、致编辑的信、畅销书、高中课本、卡通教育片、电影、动画影片、电视纪录片和讨论、儿童故事、补习学校的辅导笔记、官方和非官方演讲、个人回忆录、网站和博客、公共和私人博物馆展览。我还深入研究了直接和已发表的采访、民族志田野考察和重点小组采访，提炼和破解影响战争意义和战败遗产的文化假设与价值。这种三角式途径的采用，让我思考了在大众媒体、课堂和家庭中日常发生的各种记忆交流片段。[76] 本书主要集中在对1985年到2015年这个时间段进行解读，从社会学的角度展示，近几十年人们在应对道德框架与情感之间的矛盾时，是如何从不同的角度对文化创伤进行了翻新和重述。在这种探索中，研究探问了在创伤本身最终无法被理解和修复时，个人身上的文化伤疤能否完全愈合，历史的囹圄能否彻底逃脱。

作为一本在全球"记忆文化"背景下评价日本个案的书，我的分析还采用了"影子比较"（shadow comparisons）法[77]，批评性地运用了从探讨其他社会艰难记忆和文化创伤的著作中产生的概念和观点。由于这类针对德国记忆的批评性著作广泛、多样、全面，所以我会经常借此来阐释日本的一些模式，通过间接或直接的比对，来洞悉各种意义的内涵。具体而言，我参考的著作主要来自德国的社会学家、心理学家和历史学家，他们包括阿莱达·阿斯曼（Aleida Assmann）、伯恩哈德·吉森、杰弗里·奥立克（Jeffrey Olick）、加布里埃尔·罗森塔尔（Gabrielle Rosenthal）、丹·巴昂（Dan Bar-On）、奥马尔·巴托夫（Omar Bartov）、德克·摩西（Dirk Moses）、康拉德·雅劳施、迈克尔·盖耶尔。其他对日本个案有所启发的比较，包括了"一战"后的土耳其、越战后的美国和后共产主义时代的中欧。通过这一比较方法，我得以对文化创伤在不同战败文化中的意义进行观察。[78]

我的社会学研究途径建立在很多人的著作之上。其中包括美国的日本近代史学家，如约翰·道尔（John Dower）、卡罗尔·格拉克（Carol Gluck）、亚力克西斯·杜登（Alexis Dudden）、劳拉·海恩（Laura Hein）、马克·塞尔登（Mark Selden）、五十岚惠邦和弗兰齐斯卡·泽拉菲姆（Franziska Seraphim），以及人类学家玉野井麻利子和丽莎·米山（Lisa Yoneyama）。他们对日本社会不同文化情境之下的记忆构建进行的密切观察极具开创性。我的研究还受到了日本社会学家的影响，诸如小熊英二、吉田裕、福间良明、佐藤卓巳、上野千鹤子、白井聪，以及一些研究战争记忆的重要学者，如加藤典洋、高桥哲哉、成田龙一，在日本社会深受战争和战败的负面遗产影响的方方面面，他们的研究都很有启发性。

本书的基础依据，是这样一个认识论立场：历史和记忆之间的区别，即便在最好的情况下，也是模糊的[79]，记忆叙事无法为历史事件和事实提供绝对的真相。[80]更确切地讲，在我看来，记忆叙事是一种交流载体，揭示的是叙述者在解决自我认同时的依赖和焦虑。对有争议的艰难"事实"的解读之所以会产生分歧，是因为人们想让过去变得更容易承受，让现在变得更容易接受。不过，这一视角提出了一个问题，那就是从海量的信息中选择创伤叙事进行考察时，研究将会如何限定选择参数。在本书中，我对创伤叙事样本进行选择时，是通过评估它们的突出性，依赖的指标包括发行量、销售量、人气排名和分布广度。另一个选择标准是传播叙事的文化产品的持久力，衡量标准是传播中的重新创作和媒介类型、评论、广告、博客和其他受众反馈的数量。只要有可能，作为我的样本策略，我会选择具有普遍性的样本，尤其是从五家全国性报纸（《朝日新闻》《读卖新闻》《日本经济新闻》《每日新闻》《产经新闻》）的社论、公开的证词和回忆录系列，以及纪念性文学作品中进行选择时。

经过本章的介绍后，第二章会描述战争和战败记忆在日常生活的三个领域中是如何被讨论的，这三个领域包括家庭、大众媒体和学校。我将广泛地举例介绍这类情境中的记忆叙事和它们的叙事者，考量它们不同的国家视野。第二章还将带领读者去认识一些老兵，听听他们是如何讲述自己的战争经历的。文化创伤在他们很多人身上都留下了无法抹去的伤痕，影响了他们向子女和孙辈讲述战争故事的方式。通过对 430 个案例的调查，我发现很多人都下意识地表现为无助的受害者，并利用这种叙事来修复他们的个人历史。一小部分人承认他们对战争负有责任，但很少有人会谈起他们在战争中的行为。在战后成长起来的孩子及其子女，则会收集各种故事来构建"家庭相簿"，有选择性地将战争记忆拼凑在一起，组成一套连贯的家族叙事。[81] 这种跨代际的修复工程，实质上是将战争的文化创伤作为某种"切近自家"的东西，而非一件世界范围内的大事传递下去。

第三章讲述的是日本在每年8月15日的纪念中如何回忆战争和战争亡者。我会展示在战争罪责和国家牺牲的问题上，政治表演和大众媒体的讨论为什么非但没有让全国团结起来，反而造成了分歧。通过调查1985年到2014年每年8月15日的政治表演，以及报纸社论、电视和电影围绕相关纪念活动进行的讨论，我发现，在20世纪90年代，很多日本的记忆制造者面对纠正历史错误的国家压力时曾给予过积极的回应，但到了21世纪初却遭到了强烈的反对。[82]因此，全球性的忏悔政治对日本的影响利弊兼有。[83]

第四章会阐述日本是如何在课堂上和校外活动中向学生教授战争的。尽管被西方媒体带有成见地指责有为过去洗白的倾向，但日本在向下一代教授战争、和平和国家的历史时，实际上却成功地培养出了和平主义者。这一章会介绍从遍布全国的和平纪念馆，到46本社会研究教科书，再到著名的儿童历史漫画在内的大量教学材料和纪念遗址。负面的情感记忆，尤其是对重复暴力冲突的恐惧，已经被用来有效地推动和平教育。在供儿童学习的战争材料中，除了有关英雄和受害者的内容外，还有比例惊人的施害者叙事。这类文化创伤故事通常会被改编为道德故事，目的是防止重演国家失败。

第五章考量了在成为"正常国家"——一个完全有军事能力发动战争的国家——这个十字路口上的日本。面对东亚地区越来越紧张和不确定的地缘政治，"二战"之后的一代人（现在占了全国人口的80%）必须做出许多决定。在考虑这些问题时，我将放眼国际环境，因为全球性的索赔活动，加剧了人们对日本残暴历史的审视。我将提出日本摆脱当下存在的"历史问题"的三种策略，也就是国家主义、和平主义与和解主义，它们分别对应的是本书中一再阐述的三类创伤叙事。我将会把这一讨论的焦点，放在目前有关修订战后和平宪法的争议上（目前还从未被修改过），展示过去那场战争的涟漪如何直接影响了今日的决策。最后，我会用日本的个案和德国做对比，思考可能适用于其他国家的教训。[84]

第二章

修复个人历史与校准家族记忆

从小到大，我常听家里人讲一个与1945年5月时东京空袭有关的战争故事：美国空军投下了成千上万枚燃烧弹，其中一枚将我祖父在驹泽的家烧成了灰烬。跟孩子们讲这个故事的时候，大人们——通常是我母亲——想要表达的，并不是幸运的一家人在炸死了几十万人的夜袭中侥幸逃过一劫，而是不幸的一家人被命运的转折搞得家破人亡，并在之后很长一段时间里，这家人在经济上和情感上饱受折磨。而且，总还要再补充的一个细节是，房子是我祖父职业生涯中最辉煌的成就，修建时花去了他的毕生积蓄，因此，房子以及别的财产损失给他造成了巨大的打击。从家庭角度讲述时，这个故事勾起的是敬畏、哀伤和惋惜的情感，但由于它缺乏相应的历史和政治语境，所以小时候我觉得几百架美国B-29战斗机那晚一路飞到东京，好像就是专门要炸毁我祖父的房子。日本家庭在讲述类似的战争记忆时，也通常会将焦点集中在个人痛苦上，因为这在当时盖过了其他一切问题。直到几十年后，我才了解到日本也曾针对许多中国城市，比如重庆，发动过猛烈的空袭，同样毁掉了无数的平民住所，炸死了成千上万人。

以这种方式向许多战后的孩子讲述那些战争故事，常常会被描述为家族记忆中的"可怕经历"，但实际上，它们通常涉及的只是战争最后几年发生的事件，也就是日本的损失日渐加剧，失败即将来临的那几年。正是出于这部分原因，许多有关前线和大后方的战争故事关注的通常都是1945年左右的各种穷困潦倒、天怒人怨和九死一生的经历。许多幸存者记得的都是一种无助感——从狂轰滥炸的空袭、无比惨烈的失败，到疾病和营养不良导致的身体虚弱，再到杀戮、撤离和强奸——在那个时候，几乎每个人的安全感都被完全剥夺了。这种创伤和绝望，给那些经历过它的人留下了不可磨灭的伤痕，影响了他们后来向子女和孙辈讲述自己所经历的战争故事的方式。战后日本社会大量涌现出的这类创伤故事，使日本倾向于从受害者的角度而不是从侵略者或英雄的角度来审视战争，于是引发了广泛的批评。[1]

玛丽安·赫什（Marianne Hirsch）将这种类型的知识称为"后记忆"（postmemory），指的是那些没有经历过事件本身，但却在成长过程中深受其影响的人，产生的一种对精神创伤的想象式理解。在实际情况中，这种继承自父母和祖父母的文化创伤的经历，后来又成了构建家庭关系和社会身份的事件背景。创伤本身往往很难被完全描述或者表达，甚至可能都无法被完全理解清楚，但是，创伤带来的禁忌、成见和痛苦，却能通过这类亲密关系和情感纽带得到传播，成为共有的文化和认知框架，供几代人来解读那些事件。[2]"后记忆"这一概念在理解战争记忆上有十分重大的意义，因为时下对战争的讨论，基本上都是由继承这类解读框架的战后几代人在做。同时它还表明，个人视角和代际之间亲密的情感联结关系会如何影响战后几代人对战争的道德评价，而这样的评价，往往要比学校的课本和文化的表象来得更真切和私密。[3]家族内部流传下来的私人记忆，对公共知识分子、艺术家、政治家和官员的思想感情所造成的影响，其实要比人们一般认为的程度更深。家族记忆是发自肺腑、切中骨髓的，不管其表述是否明晰，都背负着一种深重的情感内涵，那就是生活在战争年代，利益攸关的到底是什么。这个概念得到了不少人的认同，比如著名当代文化评论家大塚英志就发现，在他的成长过程中，即便在对父母那些乏味的战争故事渐渐失去兴趣之后，"我也可以感觉到父亲想要传达给我的那种东西，虽然我说不清到底是什么，但很肯定的是，它构成了我当下写作主题的基础"。[4]其他的同代人也印证了这一点，比如畅销漫画《次元舰队》（*Zipang*，通过时间旅行来改变第二次世界大战的历史走向）的作者川口开治承认他的作品实际上是"希望搞清楚我们的父母到底是怎样一代人"，同时也坦陈他自己从来都不敢去问他父亲在中国打仗时都干些什么。[5]

后记忆是一块大画布，有关战争经历的个人叙事，可以作为一项跨代际的工程而得到修复。德国心理学家加布里埃尔·罗森塔尔解释说，个人历史修复是一种对创伤经历的跨代际解释性重构，通常包括选择性记忆、隐瞒策略和将罪责归咎于他人，如此，受害者的家庭历史才能被构建，创伤的恢复才得以进行。[6]正如我们将会在本章中看到的，个人历史的修复不等于失忆，而是一种解释性重构，粉饰那些难以提及的东西，忽略那些难以听取的内容。比如，一家人不愿讨论父亲在侵略战争中毫无意义的死亡，为了缓解这种痛苦，或许会让孩子把父亲想象成一名无辜的受害者。当父亲从战场归来后，在情感上封闭自我时——这种情况十分典型——不让他们有意识地感到愤怒、怨恨和懊恼，就成了孩子的责任。[7]这种类型的家庭动态，将家庭和谐置于为那场遥远大战中受到伤害的陌生人伸张正义的抽象概念之上。几代人之间这种针对孰轻孰重而发展出来的心照不宣的理解，是战后家庭中个人历史修复项目的核心所在。这一途径是为了方便自我保护，让日常生活变得可以忍受，同时也是一种普遍的机制，使得施害—受害者—英雄角色在日常生活中发生颠倒。[8]

本章将会通过个人历史修复的镜头，来探究后记忆的轮廓，追问艰难的战争记忆是如何在家庭中被讲述的，又产生了什么样的后果。这个问题对于理解政治认同和责任感的传播至关重要，因为我们如何向自己和他人呈现我们的无助感，会极大地影响我们的政治效能和赋权感。[9]社会学家尼娜·艾利亚索弗（Nina Eliasoph）提出，在面对艰难的境况时，我们会有意地建立无助感以确保社交关系的平稳运转，利用情绪工作

(emotion work)*来消除棘手的冲突,"告诉自己我们不在乎,或者只在乎那些我们暗中认为自己能轻易处理的问题,或者绝望地双手一摊"。在家中反复讲述战争中的无助经历,可以唤起同情性的情绪工作来协助修复家庭历史,但引来的也有可能只是他人的漠然。通过谈论父亲、母亲和家人的无助来保护"切进自家"的关系,可以极其有效地传达战争对于"小人物"而言那种恶毒的本质,并拒绝战争的专制叙事。不过,正如我们将在本章中看到的,这也会促成一种对民族文化的视而不见,忽视"离家很远"的那些无助受害者遭遇的不公。[10]

我会通过考察老兵及其子女和孙辈的个人证言,来探索家庭记忆中的叙事和政治认同中的自我效能,这一话题少有人研究。这些描述战争如何影响他们生活的证言摘录自日常的文化资料:过去30年写给全国性报纸编辑的信件和出版过的证言选集。在分析每代人的模式时,我创建了综合性的年龄分组,通过计算叙述者的出生年份,将他们的证言分成两个类别:战时一代人的证言和战后子女及孙辈的证言。利用大量公开的个人证言,我创建了一个包括430份案例的数据组:390份为战时一代,40份为战后的子女和孙辈,抽样时间为1986年到2013年。[11]主要数据来自中间偏左派的《朝日新闻》的读者版,为了在更广泛的社会学背景下解读它们,我还拿20份由战时上层人士的子女所做的证言进行了比较——后面这组子女

---

* 最早由美国社会学家阿莉·拉塞尔·霍赫希尔德(Arlie Russell Hochschild)于1979年提出,指为激发、塑造或压制自身感受所付出的努力。其在有偿工作环境中的应用被称为情绪劳作(emotional labor)。此处指在私人生活中展开的无报酬的情感工作。——编注

抽样由1989年到2007年间发表于保守派月刊《文艺春秋》的文章构成。[12] 由此，通过将草根证言和上层证言做横向对比，我评估了记忆构建的总体趋势。

日本的战争证言可见于多种类型的出版物，且恰巧与撰写个人史（自分史）的流行在同一时期——自20世纪六七十年代以来，这种自传体形式的回忆录写作便一直方兴未艾。[13] 仅1999年一年，就有约3万本自助出版的战时回忆录被国立国会图书馆收录。[14] 从20世纪80年代开始，随着各种禁忌的解除，战争证言开始大量涌现。[15] 它们由幸存者以"目击者"的身份创作：在广阔的亚洲和太平洋地区战斗过的老兵；在大后方的原子弹爆炸和空袭中幸存的平民；中国东北、朝鲜半岛和其他地区的难民；在流离失所和贫穷中幸存的平民和孤儿；被起诉的战犯。精神病学家罗伯特·利夫顿（Robert Lifton）提出，这类目击者经历过死亡的创伤后，会创造一种"幸存者使命"，为他们的幸存赋予意义。[16] 这类"使命"会汇聚成一股股证言潮，因为幸存者年纪越来越大，会觉得自己作为最后一批健在的幸存者有必要发声。这些战时一代的证言同业已存在的大量口述史合集（部分将会在第三章讨论）一起，以卷宗和系列出版物、平面媒体、数字档案的形式，创建了规模庞大的战争经历档案。[17] 这类"目击者"叙事，一直以来便在日本的记忆文化中扮演着重要角色，推动战争故事在战后社会中的广泛传播。[18]

诚然，这类个人证言是主观的文化构建，并非情绪的历史事实记录。心理学家杰罗姆·布鲁纳（Jerome Bruner）谈到自传时曾说过："我们构建的人生，是这种意义构建过程的结果。"而且，我们在历史情境中也会构建这种意义，借此表达自我。[19] 在这里，创作自我叙事是一种企图为经历框定意义来修复和确证自我的方式。[20] 因此，很多证言中都会包含一些隐藏的信息，通过期待一种更加开明的未来来缓和幸存的负担，便不足为奇了。《朝日新闻》中的许多样本，在描述完痛苦的战争经历后，都会以"战争是可鄙的"作结。无论是直接还是间接，它们传达出的信念都是，没有哪部分的战争经历是值得的或者可挽回的。这些证言并没有宣称自己具有什么思想复杂性，但年复一年地出版了几十年，它们的争论仍然构成了一种连贯的道德观点：战争、牺牲和对政府领导阶层的盲目信任，是可怕的、无法逆转的错误。

这条嵌在"幸存者使命"中的信息，解释了为什么即使可怕的战争经历会勾起痛苦的回忆，而且难以表达清楚，战争证言和口述史在过去几十年中仍然不断涌现。这类证言是战争记忆的民主化和流行化的一部分，给了大众一个发声和被聆听的机会。数量最多的是有关无助受害者的叙事，其中不断传递着一种和平主义情感，那就是战争的苦难永远不能重演。《朝日新闻》的证言中，还包括一部分施害者叙事和英雄叙事，但数量少一些。后面这两类大部分描述的是有关战争早期经历的记忆，因为那会儿还是胜多败少。也有少量的证言，不同程度地描绘了道德的复杂性。不过，总的来说，绝大部分证言展示的是一个反英雄式的战时日本：在《朝日新闻》的证言中，几乎所有的参与者最后看起来都不怎么光彩。

战时一代的证言

第二次世界大战中的老兵,无论是美国的还是日本的,通常被称为"沉默的一代",因为他们不太愿意谈论自己在当兵时的所见与所为。[21]这些老兵在解释他们的缄默时,通常会说"没经历过的人是不会理解的"。这个简略的说法,其实是在说那种经历归根结底是无法被描述的,但同时也可以防止别人进一步问起那些让他们痛苦到不愿讲述的事。如果我们考虑一下创伤经历的强烈程度(通常是与死亡擦肩而过),那么这种经历的不可讨论性就不奇怪了。今天,我们已经了解了创伤后应激障碍(PTSD),可以认识到震惊、悲痛和内疚感不得不被压制,而且需要很长时间才能厘清、化解和承认。尽管战后日本、德国或者美国的老兵在平民生活遭遇的种种艰难——悲伤、内疚、自我保护、天真不再——看起来很像,但这些人可以用来应对损失和伤害、抚平痛苦的文化选项,却不尽相同。[22]

就很多日本老兵而言,宣泄和自我认可的欲望随时间发生了转变。在20世纪80年代,他们开始以撰写回忆录和证言来表达自我。在一个对精神保健的认识还比较有限的时代,这么做是为了寻找意义和抚平创伤。他们撰写个人的战争叙事,动机很复杂:追悼亡者、通过追悼亡者来抚平创伤、缓解自身因幸存而产生的心理负担、通过重忆创伤来将其克服,或者在一个已不再重视他们的战争经历的社会中寻求认可。这导致他们会对自己的故事有所隐瞒——略去罪行、隐瞒姓名、将恶行归罪他人,等等——尤其是在战后的最初几十年中。随着更多真

第二章　修复个人历史与校准家族记忆

实直白的侵略记录和内疚、悔恨的供认被公之于众，这类禁忌慢慢开始动摇。随着时间的推移，老兵那些出于保护自己、战友及战争亡者的荣誉而产生的忌讳，逐渐变得宽松了。[23]

鉴于有史以来第一场国家战败造成了规模空前的破坏，回归故土后的士兵感到悲恸欲绝便不足为怪了，更何况他们还对发动并输掉一场不公、"错误"的战争感到耻辱。[24] 社会学家吉田裕认为，老兵的自我认同中充满了徒劳、无助、无能和绝望感，以及对日本军队的战略人员和执行人员的不信任。他们的战后生活总体上并不快乐：他们的内心中，对战时的领导者藏着深深的仇恨和怨怒，对于死去的士兵则有一种沉重的负罪和蒙恩感。此外，在"战后民主"的道德秩序中，他们对自己的人生也有保留意见和矛盾情绪。毫无疑问，他们回到家乡时，身上背负的个人历史需要修复和弥合，但各自却只能独自面对心中的伤痛、愧疚、愤怒和懊悔，缺乏能消除这一切的必要社会支持。[25]

读者致编辑的公开信专栏在日本的报纸出版业中由来已久，《朝日新闻》的这一实践可以追溯到1898年。[26] 秉承这种传统，《朝日新闻》1986年开始在读者版发表一系列战争主题的特别来信。大获成功后，该报的读者版"声"每月会定期刊登个人的战争经历证言，每组八到十篇。这一固定栏目今天还有，每月在特别专栏"口述战争"中[27]，主要刊登战时一代（现已八九十岁）撰写的一些证言，但也越来越频繁地开始发表其子女写的东西——在发现某些承载记忆的物品，如旧日记、照片或者笔记本之后，对已去世的父母经历的战争进行了"回忆"。

一些从中选出的证言经过编辑，目前已经结集出版了好几卷，有些选集还出了英译版。[28] 据粗略估计，1986年7月至今，《朝日新闻》总共刊登了2000多例有关战争的证言；这座记忆资料宝库既可以单独研究，也可以和其他类型的记忆放在一起探讨。[29]

回溯20世纪80年代到21世纪头十年的证言发展，我们可以看到一些重要的趋势：（1）不论书写人在撰写个人经历时的年龄有多大，有关暴力和濒临死亡的记忆都会对幸存者造成一生的影响；（2）老兵对于所犯罪行的记忆不会消失，但随着年龄越来越大，要面对自身的死亡，他们的相关记忆会呈现出新的重要意义；（3）战争经历，如抛弃、背叛、恐惧、内疚和羞耻，对情绪的深远影响仍然无法抹去。

整体而言，那些士兵在遥远地区打仗时所遭遇的濒死经历中，创伤占大多数。下面的摘录描述了三名士兵的经历，写作时间是20世纪80年代末，当时他们都是60多岁。第一位老兵描述了自己的逃亡经历。当时，美军在菲律宾的内格罗斯岛登陆后，他所在的部队遭遇了严重饥荒。第二位老兵以前是老师，虽然他曾发誓要为天皇献出生命，但还是在战争中幸存了下来，现在他对自己被教导去信仰的东西有一种深深的憎恶。第三位老兵19岁时在新几内亚被俘虏，最终经受住耻辱和恐惧活了下来，周围的战俘曾唆使战友自杀。

> 我的兄弟们，一个接一个（死了）……活下来的士兵中有很多都身负重伤。绷带里生了蛆，在伤口里蠕来蠕去，

发出一股恶臭……食物供给被切断了。我们吃光了野草和植物的茎秆，吃光了昆虫和爬行动物，完全就是营养不良的个案——饥饿咬噬着人们的精神……有的人彻底绝望后，选择了自杀。他们自杀的枪声在山谷中回荡着……有些人当了逃兵……或者和其他日本兵争抢食物。[30]

我一直想着"为天皇捐躯"。报名参军后，我跟那些来送我的人说："我回来时，一定是死着回来的。"从那一刻起，我就再也没想过我的父母兄弟……（但是）天皇陛下终究不是神。那场战争是侵略行为。对我来说，皇军曾是天神之军，但最终却发现，那其实只是个卑鄙的故事。我对自己发誓，永远不会再唱《君之代》（日本国歌）。[31]

我不想死。我害怕死；我想活下去。那是一种折磨人的痛苦……死亡，死亡，死亡。死亡残酷地低语着。这就是战争带给我们的东西。[32]

这些战败士兵的证言揭示了，沦落至赤裸裸的自我保护和濒临体力及精神崩溃边缘时，人会是什么样子。让人不知所措的疲惫与绝望占据了人的主要回忆之时，它还会继续影响包括早期所犯罪行在内的经历。这些有关受苦受难的讲述会引发同情，将注意力转移到士兵面临的困境上，在某种意义上抵消了他们先前作为战争参与者所犯下的暴力行为。如此来说，将无助的苦难作为战争经历的主要事件呈现，就成了一种辩护的立场，是基于战败之后发生的改变，对个人记忆的重新塑造。

不过，这种自我保护的立场，会慢慢让位于谈论罪责感的欲望。[33] 在 25 年后，年龄相近的老兵（现已八九十岁）举起《朝日新闻》系列的薪火，开始撰写证言，谈论他们的罪责和责任。这些近期的证言，同样聚焦于战争几近失败前的最后几年，但在描述是谁遭受苦难时包容性更强。第一名士兵已有 93 岁高龄，他回忆了在新几内亚东部撤离时翻越 4000 多米高的萨鲁瓦吉德岭（Mount Sarawaged）时的可怕经历。起初他们得到命令，一旦营地失守，不要投降，直接自杀（宁为玉碎，不为瓦全），但后来又接到新命令，抛下受伤士兵撤退。第二名士兵是一位 85 岁的老兵，他把自己的同情扩展到了全亚洲受害者所遭受的苦难上。他供认，1945 年，战争快结束时，他的小分队曾在（印度洋上的）尼科巴群岛（Nicobar Islands）折磨当地平民，原因是怀疑他们向已做好进攻准备的英国舰艇发送信号。他的小分队将这些人杀掉并掩藏了证据。第三份证言来自一位不愿透露姓名的 85 岁老兵，他写到自己在中国的早期经历。和许多被征入伍的士兵一样，他在中国洛阳屠杀过中国囚犯，并清楚表明，这只是诸多（可能更残忍的）犯罪行为中的一个。

> 我们将伤员丢下，给了他们手榴弹……萨鲁瓦吉德岭的撤退是一场同饥饿和劳累的战斗，在丛林中，我们只能睡在树顶上……
>
> 有些人下山谷去找水，但再也没回来；其他人走不了路便开枪自杀了。自杀人数不断增多。没有人高喊"天皇万岁"……战争结束时，我们在韦瓦克（Wewak）。战争

即地狱。[34]

我能听到人们被折磨时发出的惨叫。我看到了他们。审讯根本毫无计划；大家能用来交流的字只有 yes 和 no。我们仅凭怀疑就处死了他们……得知战争结束后，由于担心会因为战争罪被捕，上级军官让我们把沟渠里的尸体抬出来烧掉。[35]

前事难料，所以最好在你被杀前先把别人杀了。这是当时唯一明智的做法……

我用我的剑杀了一名在逃的中国士兵……我永远也不想再看到他那痛苦的脸了……我们这边也有很多人被杀。弟兄们要是死了，你的复仇欲会变得很强大……

这还只是冰山一角。战斗前线完全就是一场令人恶心的生死之战。我至今依然会因此噩梦连连。[36]

理解战时一代的证言需要认识到的一点是，战争经历会因年龄和应征入伍的年份不同而不同。他们故事中所讲述的不同经历取决于他们是在哪儿当的兵、做了些什么、当时年纪多大、结果如何。现在这些年逾九十的老人，在刚开始和中国打仗时就到了征兵的年龄，因此，他们是以成年人的身份经历了整场战争。那些小他们十岁的人，是在 20 世纪 40 年代太平洋战争爆发后才去参战，这一年龄组未能充分意识到自己也是亚洲大陆侵略行为的一部分。而比这些人小十岁的那一代，则是在压迫的战时体制最高峰时成长起来的，在战争结束前经历过更加强化的思想灌输。[37]尽管日本从未设立自己的战争罪公诉制度——与战后的德国形成鲜明对比——但有关施害者行为的证言依然是匿名表述。[38]因为老兵组织（战友会）会施压，要求保护战争中死亡的人和其他涉嫌犯罪的人的家庭。[39]在这方面，家庭的反对意见有时被认为是老兵发声的最大障碍。[40]一些著名的诽谤诉讼案件，可能也阻碍了更多人站出来坦白。

还有无数的战争故事是由女性讲述的，谈的是大后方的经历，同样聚焦于濒临死亡的经历造成的创伤。女性是日本记忆文化的重要组成部分，很多女性的证言同样与无助、破碎的家庭有关。这类平民故事流露着某种天真，对于那些支持战争的行为或者自身即为发动战争国家的一员，她们基本上从未表现出任何的悔恨感并宣称自己在大后方也遭受着暴力的冲击，同样是这种日常折磨的受害者。下面这两份证言，来自两位七十五六岁的女性，她们讲述了在少女时代经历的不同战争创伤。第一位女性描述了（冲绳县）那霸市一次危险的疏散，她目睹母亲和祖父被残忍杀害后形成的内心创伤；第二位女性讲述了父母在东京空袭中身亡后，自己瞬间成为孤儿的经历。几十年后，第二位女性成为原告之一，与其他人共同起诉日本政府，要求对她们遭受的苦难做出赔偿。

炸弹落在后院里，房子（我们在里面躲着）成了一片火海。我摇了摇我爷爷，但他已经死了。我母亲一动不动地在地上趴着，双腿已经被炸飞。他们全都当场死亡……

我认识到，当一切都失去后，你甚至都哭不出来。我各剪了他们的一小卷头发，装在了随身的应急包里。[41]

1945年3月10日，人间成了地狱。我的爸爸、妈妈和哥哥全在东京空袭中死了。我爸爸是律师，他和我妈妈都是善良的和平主义者……我的五感官能消失了，甚至连死尸的恶臭都闻不到。

我一生都被束缚在这场"战争创伤"中，从来都无法跟别人讲起我的恐惧和痛苦……我们这些"惊恐万分"的孩子，花了60年时间才办成我们的"东京大空袭展"……并起诉政府对我们的不作为……

我们宪法中的第九条，是用310万条命换来的。它是我们为后代留下的和平遗产。[42]

下面这段话摘自第三位女性的证言,同样七十五六岁的她，回忆了一位"神风特攻队"飞行员，在她看来，这是一位正义、英勇的烈士。作为骄傲的帝国臣民，她的创伤是一种间接性的暴力创伤。同前两位女性一样，她也没有提到日本作为施害国要承担的罪责，没有对此表达任何感受。

我们的老师让我们写作文，赞颂我们县第一位牺牲自己的"神风特攻队"飞行员……很多人都来参加仪式（追认少尉为"战神"）。我们到台上大声宣布："我们会保护大后方！我们一定要打胜仗！"少尉的最后一首诗是那样高尚，让我十分动容……我们学校在房顶设立了纪念堂……随着更多人死去，被挂上去的遗像也越来越多。[43]

这些女性的证言完全聚焦在自身的创伤和艰难经历上。我认为，很多战时一代的证言都基于这样一个信念：如果创伤能通过这种间接的方式传递下去，那么对战争的厌恶或许也可以长存。诚然，《朝日新闻》上刊登的证言要比《文艺春秋》这类保守派出版物上的证言更趋向于谈论对军国权威和压迫的厌恶[44]，但聚焦于描述战时的艰难经历，却是各类出版物所持政治倾向的共同之处。部分原因与收集和出版战争故事的编辑判断有关。报刊的编辑征集读者证言时，通常会在公告中鼓励某些类型的故事。比如，2002年，当《朝日新闻》征集战争经历的证言时，便要求战时一代的故事"要反映战争的悲惨，传递和平的教训"，要求故事描述"失去的家庭成员和战友，以及战场上悲惨、残酷的经历"。[45] 同样，《文艺春秋》月刊的一位编辑在1995年的一篇专题稿中，描述了他们要寻找的记忆类型：

纪念我们的父亲、母亲、兄弟姐妹，我们自己或者是那些难忘的亲属的旅程。日本家庭在彻底的悲观中，在8月15日的暑热中，开始了战后之旅。贫穷、饥饿和破坏……接着，一场史无前例的混乱向我们发起了袭击。战争已经结束50年了，追溯我们日本家庭从毁灭迈向繁荣所走过的道路，意义深远。[46]

这种传递战争记忆的努力，带着一丝使命感，希望将这些知识和理解保存下来，使之成为与战时一代的永恒联系。这类苦难故事，以及施害—受害者的颠倒，后来成了日本记忆文化的一项关键特征。或许，日本的记忆文化可以被称为在一个战败的社会中有关无助感的讨论。

代际之间被压抑的对话：填补空白与抚平伤口

对日本的战后一代而言，在后记忆中回忆那些士兵是一件复杂的事，因为那些人也是战争的施害者。根据国际法，日本军队犯有发动侵略战争的罪责，包括在亚洲和太平洋地区的暴行和无数野蛮行为。但是，虽然他们是杀人犯和掠夺者，但他们也是我们的父亲，爱我们，为了我们而战斗、被杀和牺牲。我们与他们的关系无法否认；个人家庭的逻辑和政治逻辑间的矛盾无法忽视，这让后记忆无所适从。"我的家人在战争中都干了什么？""父亲再卑鄙，也是父亲。""保护爷爷！"[47]一方面想要维护亲人，另一方面又渴望了解真正的家庭历史，个人忠诚与历史真相的困境，正是战后一代人战争遗产中的核心问题。

后记忆之所以对日本战后而言非常复杂，还因为代际间的亲近性和依赖性。长久以来，家庭都是父权体系，具体到日本，更是与长子身份和由性别、年龄定义的权威关系有关。[48]因此，年龄层级和年龄准则在战后的家庭关系中扮演着举足轻重的角色。战后日本继续将孝顺长辈作为美德，对批评家长的权威深恶痛绝。虽然家庭的法律架构已在1947年实现了民主化，家庭道德准则的变化却相对缓慢。战争结束几十年后，大多数战时一代日本家庭的男性仍然拥有户主的权威，与早已结婚的子女和孙辈一起，数代人同堂而居。[49]这类跨代际家庭在经济上也有很强的依赖性。当时的日本社会给老年人提供的养老金有限，而在以资历为基础的薪酬体制下，年轻人的薪水也十分有限。在这种社会环境中，平息家庭纷争需要投入的情绪工作，通常包括服从由年龄和性别定义的权威。[50]同时，家庭遗产是一项重要的身份来源，尤其是在一个宗教、哲学或者其他道德权威的来源似乎十分有限的世界中。那么，1960年和1968年这些年轻人的改革或许就如同其他社会改革运动一样昙花一现，并且仅局限在那代人的极小一部分之中：据社会学家小熊英二估算，只有5%的年轻人参加了1968年的抗议活动，而这些参与者中，后来几乎没有一个人从政。[51]或许正是部分出于上述原因，日本战后一代并没有发展出自己的"新记忆资料"，而是大体上把从前一代那里继承的记忆当成了自己的家族历史。[52]尽管战后几十年中，最显著的变化之一是生活方式在迅速崛起的消费社会中出现的变化，但是政治价值观的转变却没有依从同样的趋势。[53]这种代际亲近性在很大程度上延续到了现在：每五个日本青少年中就有一个仍然在三代同堂的家庭中长大——在所有后工业化社会中，这个共同生活的比例是最高的。[54]

第二章 修复个人历史与校准家族记忆

代际亲近性的历史背景，在理解战后日本的家族记忆上具有绝对的相关性，这证明了传递情感记忆的有效性。从那些听着战争故事长大的成年人的证言中，我们可以发现一些重要的趋势：（1）家族历史中那些空白和模糊的地方，孩子通常会以父母的正面形象来填补；（2）他们通常倾向于把战时的父母描述为无助的，因而大体上是无辜的；（3）战争经历，如抛弃、背叛、恐惧、内疚和羞耻，对情绪的深远影响仍然无法抹去。

"他是个好父亲"

在探究战后家庭应对黑历史和制造战后身份的策略时，德国心理学家哈拉尔德·韦尔策（Harald Welzer）、萨宾·摩勒（Sabine Moller）和卡洛琳·恰格瑙（Karoline Tschuggnall）引入了家庭相簿的概念，借指人们为家庭成员构建的正面形象，以此来防止负面家族历史被暴露。在这种保护性的动态关系之下，子女和孙辈在他们的书《爷爷不是纳粹》（"Opa war kein Nazi"）中，用填补信息空白来抚平创口，强调了家庭成员在战争中遭受的苦难，以及他们的勇气和品德。这种独立于社会中官方战争叙事的典型特征，同样适用于对修复历史极为重视的日本家庭。[55] 不过，家庭相簿其实不尽相同。很多人以家庭成员的故事来校准自己想象出的战争故事；一些人虽然对父母的无助感到憎恶，但却认同他们曾经面临的艰难；其他人则觉得自己要编造父母遭受的压力和伤痛。韦尔策和同事们提出了一个假设，那就是孙辈更容易将战时一代"英雄化"，不过目前在这方面,针对日本孙辈一代的证据并不多。[56]

在下面三个例子中,"婴儿潮"一代的成年子女讲述了他们在成长过程中听到的那些有关父辈从军生涯的故事,以及他们自己如何看待父辈的战后生活。他们没有免于听到父辈的战争是一场可耻的事件,但这些子女依然声称对父辈的罪责并不十分了解。他们在谈到父辈遭受的苦难时颇具防御性,并指出他们的父亲在战后一直在努力过上正直的生活。

20岁时……我才吃惊地发现日本军队在前线的所作所为。我记得父亲曾经在中国东北地区待过,于是就去问母亲。她告诉我,父亲是这么说的:"日本军队吹嘘伟大的大和精神……但它的所作所为却禽兽不如。他们在中国到处强奸妇女……"她说,他很生自己的气,并且对于自己作为一名下等兵,无法阻止这一切而感到耻辱。我听了之后,很庆幸我是他的孩子。(黑木弘子)[57]

小时候,我从没听父亲谈起过战争。如果电视上在播战争影像资料之类的东西,母亲会默默把电视关了。这类事情告诉我,战争一定在我父母正值壮年的人生中产生了深刻的影响。

我在1951年出生之后,父亲发誓不再进行任何形式的杀戮。他战前曾在县里的畜牧部工作,后来再也没有回去。我母亲也再没有教书。

只有一次,母亲满含热泪地告诉我,父亲对于他的营

里发生的背叛恨得咬牙切齿。父亲再也不会像以前那样静静地微笑了。(岩崎真理子)[58]

我父亲曾是皇家海军的职业军官，爷爷以前也是皇军部队的职业军官。但是战后，他们都遭到了整肃，经历了一些苦难。

父亲不怎么谈论战争，但他似乎一度负责为鹿儿岛（知览町）的神风战机导航。他是侦察机飞行员，但在鹿儿岛湾被美军打了下来……他摔碎了髋骨，但设法从沉没的飞机里逃了出来，然后被一艘渔船救起。我觉得他后来一直在努力（做个好人）。(佐久间洋一)[59]

创伤记忆在家庭中"默默传递"，需要子女以父辈乐观、正面的形象来填补空白：第一位女性弘子期望着，或许她父亲从没与"禽兽们"一起在中国强奸、掳掠和杀戮；第二位女性真理子希望，父亲不再杀戮的决定让他可以从痛苦的经历中有所解脱；最后一位讲述者洋一在战争结束60年之后似乎仍不知晓父亲和祖父曾经是"施害者"，哪怕两人都受到了美国占领军的整肃。他父亲在派遣（"神风特攻队"）飞行员执行自杀任务方面该负多少责任，也没有得到解答。代际间被压抑的对话让这位儿子希望，父亲在某种程度上无辜多于有罪，或许通过在战后努力过上正直的生活而获得救赎。这三个孩子都强调了各自父亲的无助：是"一名下等兵"，对"营里发生的背叛恨得咬牙切齿"，或者"被美军打了下来"。这些证言中提到的脆弱和伤痛,恰好完全呼应了前一部分那些老兵的证言内容。

"好父亲"这个主题,不断在很多子女的证言中出现,证明了家庭历史的持续修复。下面这两位60多岁的儿子,在写到各自的父亲时,将他们塑造为被战争的可怕经历改变的好人。第一位讲述者隆雄知道,臭名昭著的大屠杀发生时,他父亲身在南京城,但是并不清楚父亲参与犯罪的程度有多深。第二位讲述者清志在成长期间,父亲发誓要弥补自己在当兵时浪费的时间,因此尽职、努力地工作,他对此感到十分钦佩。然而他父亲后来开始做噩梦、精神崩溃,被惨烈战争的记忆反复困扰着,还开始殴打妻子。

> 我父亲当时在南京是一名运输员工。我听说他是个好父亲,但在听闻并阅读那些老兵的证言之后,了解到各种掳掠、放火、强奸、处决和生物实验后,我不得不好奇他是否参与过……我对此心情有些矛盾。
>
> 我们一定不能让子女和孙辈再被送去打仗了。立场坚定(反对战争)就是对我父亲的纪念。(樱泽隆雄)[60]

> 我父亲性格温和,以前从不喝酒,后来却成了一个完全不同的人。家庭破碎了。我母亲精神痛苦,饱受折磨。我父亲一直被战争囚禁着,并在几年后去世。
>
> 肯定还有很多像我父亲一样身体和心灵遭受了严重创伤的老兵。所有卷入战争的人都是受害者。(及川清志)[61]

第二章 修复个人历史与校准家族记忆

儿子们宣称，他们对父亲遭遇那些改变命运的暴力知之甚少，但是忍着没有进一步询问。从战争结束到儿子们发表证言的这 60 年间，伤口并未平复，家庭相簿中的空白依然存在。不过，"好父亲"的形象延续了那种人性化的理念，即这些父亲是环境的受害者，是被迫参与战争的——换言之，他们是脆弱、无助的人，除了那么做，别无选择。

"我们一定永远不要再打仗"

战争记忆确实很难传递，但是，就算它们被压抑下去，也并非真的"被遗忘了"；就算它们一直笼罩在沉默中，还是会在家庭中传递下去。[62] 战争记忆的默默传递是一种极其复杂的社会心理现象，它所围绕的创伤经历，在犹太人大屠杀的幸存者及其后代，还有德国的战时一代及其后代身上，曾被细致地研究。这类研究发现，对于那些受过创伤的人，沉默并不等于"失忆"，而是一种掩饰不幸的现象，这恰恰证明了处理艰难经历需要大量的时间、精力、距离和自我意识，然后这些经历才可能被传递。[63] 老兵同样不太愿意透露任何可能暗示罪责或耻辱的信息，部分原因是为了保护家人，避免他们丧失纯真，或者不想被认为是共犯。避免承认可能对亲人造成伤害的信息在战争老兵中很普遍，不仅战败国的老兵如此，连战胜者也一样。[64]

但是，保持沉默需要两个人才能完成——一个不说，一个不问。沉默需要子女的合作，他们也有参与这种沉默遗产。以色列心理学家丹·巴昂把不讲的人和不听的人之间的分歧贴切地描述为双层的沉默墙。[65]子女或许出于自保，会选择一块"遗忘的面纱"。[66]"就仿佛在家人之间，还有朋友和邻居之间，有一种心照不宣的协议，不谈论，不直言，不明确任何联系，以便保护对方。毕竟，事无巨细地追问和诚实地寻找答案，可能会让很多人丢面子。"[67]子女之所以参与这个协约，是因为他们从父母身上察觉到——不是通过语言交流——这些记忆只有被降到最低，才能承受，于是这就在父母和子女间制造了一种相互间的保护。[68]

日本的父亲们从战场上回来后，他们的子女同样要竭力面对被压抑的对话。在双层墙的两边，很多问题依然没有被触及，最终也不会得到回答。为了解答这些未做解答的问题，很多人走捷径，绕过因果链，辩称如果没有战争，这一切苦难都不会发生，因此我们一定永远不要再打仗。简言之，不能有下次。对战争的摒弃，以及战后宪法的第九条，共同解决了把好父亲送到坏局势中这一问题。下面三位成年子女的证言，绕过家庭沉默，将家庭秘密转变成为反战的决心。第一位女性恭子很希望父亲谈论在西伯利亚做战俘的经历时别那么忌讳。不过，对于父亲作为殖民官在日本占领中国东北时扮演的角色，她的好奇心似乎就有些克制了。他在战争经历的早期很强力，到了后期则很无助，这二者之间的联系，被压缩进了恭子对保持反战立场的重要性做出的结论中。

> 我对父亲的了解，仅限于他曾是（中国东北）造币厂

的一名官员……不得不去西伯利亚的建筑工地工作。有一次,他从脚手架上摔下来,受了重伤……有些苦难甚至都没法讲出来。我们一定永远不要再打仗。(大竹恭子)[69]

第二份证言中的真由美也从来没有听到父亲谈过战争。她声称,关于父亲的军旅生涯是通过母亲了解到的。她知道他身上遍布枪伤,且清楚地记得全家出去玩时,他的骑马技术让她们大吃一惊,还有有人碰巧用中文问他什么时,他能用中文回答。真由美曾好奇,当父亲拒绝军队的抚恤金、拒绝唱军歌时,这种反战举动到底意味着什么。

> 我父亲从来没提过战争。对于那场战场,他唯一教给我的东西就是大腿上的伤疤和内心诡异的阴暗面。现在我做了母亲,也不希望儿子背负我父亲的精神负担。
> 我想让我儿子知道那种负担和阴暗意味着什么。他应该会想见见他外公。(岸田真由美)[70]

在第三份证言中,贤对父亲在战争结束前战死在菲律宾吕宋岛(Luzon island)感到很悲痛。1937年,他父亲首度被征召入伍,但贤也在证言中特意提到,父亲在中国并非作战人员,而是在上海的军需处担任无军衔的官员,因此没有犯杀人罪。

> 第二次被征兵时,他告诉我母亲,这次他也许无法活着回来了……我不敢想象他当时是什么感受。父亲,你痛

恨战争，厌恶军队。我一定会把你的日记传给你的孙辈和重孙辈。我们绝不会让几百万人白白牺牲。（熊川贤）[71]

贤对父亲的记忆完全来自母亲及父亲的日记，因而与他们的说法完全契合。他十分忠于那份摆在他面前的叙事，并发誓要把它传递给自己的孩子。反战信息是父亲留给他的"遗产"中相当重要的一方面，贤相信他是在完成一项父亲无法继续的使命。他将和平主义信息同父亲的记忆结合在一起，成为一名后记忆的承载者。贤是在用他的后记忆制作一本家庭相簿。现在，这本相簿已经同家庭遗产和身份融为一体。

日本再造了许多类似贤和真由美这种有关战争经历的后记忆，其推动力是他们怀有"铭记历史的责任"与坚定的反战承诺。通过这种方式，很多战后的子女都"记得"父母在空袭、原子弹爆炸、忍饥挨饿、穷困潦倒时的无助经历。其他全国性的惨剧来了又走，有些要超过亚洲—太平洋战争对战后一代的直接影响，但是"那场战争"和1945年，依然是权衡道德正直度的指示物和战后道德认同的牢固支柱。[72]这条反战信息已固定成为家庭相簿中被一致拥护的高尚教训。它为一场可怕的事件提供了连贯性、完整性和解脱感，将记忆变成了一条意涵丰富的家族信条。[73]父母和祖父母的叙事一旦被整合到家庭遗产中，便很少再会被质疑历史细节的准确性。战后几代人的后记忆代表的是一种对家庭团结的肯定和对遗产的道德承诺，而不是对历史事实的忠实描绘。

无助感这个主题，在下面两份证言中将再次出现，两位属

第二章　修复个人历史与校准家族记忆　　　　　　　　　　　　059

于战后第三和第四代人的女性描述了祖父和曾祖父传给她们的道德遗产。第一位女性幸惠在祖父去世前听他讲过在菲律宾打仗的事，她举例说明了战败后士兵逃亡时的困境，几乎同本章前面那些老兵自己的证言一模一样；她的故事也反复强调了他们在面临死亡时的恐惧和无助。第二位女性宽子是个十几岁的姑娘，她深情地回忆了自己的曾祖父，告诉我们，她听曾祖母讲过从中国东北回国时的艰难旅程。虽然宽子不记得多少细节，但是她对当时的情绪，对曾祖母的眼泪和悔恨记忆犹新。

> 我爷爷处处都能见到死亡，对于自己的无能为力感到十分绝望。逃亡路上，他们吃光食物后，甚至还吃过弟兄们尸体上长出来的蛆……他们一定非常恐惧死亡，常常想起自己的人生、家人和朋友……
>
> 战争就建立在所有这些悲伤和眼泪之上。我们必须铲除将人变成非人的战争……如果每个人都为和平祈祷，我觉得和平就有可能实现。（网野幸惠）[74]
>
> 我总是很期待去看我曾祖母，她以前老跟我讲她的战时经历。我并没有注意听……直到她死后，我才意识到这些故事有多珍贵……我想不起细节了，但清楚地记得她每年都会默默地流泪，说我们永远不能再打仗。我要把她的话刻在心里，帮助建立一个和平的社会。（松原宽子）[75]

显而易见，尽管这些女性缺乏一手了解，但对于家人的战争故事却有着强烈的情感认同。要想更好地理解日本的草根和平主义，我们就要将家族记忆中这些缺乏批判和表达情感的维度考虑进去，包括它们如何有效地避免未来的一代代人认为自己也拥有伤害他人的潜力。几十年来，家庭相簿让很多人免受暴力影响，所以和平也成了这些将家庭相簿深藏在心底的人的个人认同。仔细分析一下证言中宣称的无助感和对战争的厌恶便不难发现，"有勇气不发动战争"已经成为一种默认的道德理念，但不是通过理性的哲学分析，而是个人的情绪化推理。这种理念并不意味着要为前人的行为负责，而是指未来不会再发动一场可怕的战争。

"他就是个恶霸"

很多成年子女的证言都聚焦在战争对他们个人生活和家人造成的破坏性影响上。他们举例介绍了在破碎的家庭中——缺席的父亲、压力重重的母亲以及很多紧张、失常的关系——长大要面临的种种问题。尤为有趣的是，有些人还公开了他们与父辈的深层冲突，这些父亲的军事独裁价值观，似乎对家庭关系很有破坏性。在这些案例中，真相的交流在家中受阻并非因为尴尬的沉默，而是父亲坚持要将自己的专制观念强加到战后一代的身上，但这些子女却拒不接受。代际之间对彼此的忧惧显而易见。在大多数情况下，子女觉得远离无法适应和平年代的父亲们所生活的那个世界，会更安全些。

具体来说，从战场上退役下来的老兵死守着自己英雄化的形象，并视之为军事权威，而且很可能害怕战败后会失去这种权威，并感到威胁，所以他们会竭力在家中重塑自己的权力基地。这些人没有像本章前面讨论过的那些老兵一样以无助、战败的士兵形象示人，而认为自己是在军事层级体系中依然享有权力和特权的人。对他们而言，参军并不是什么耻辱，虽然他们可能只会在相对安全的环境中才表达内心的炫耀。他们不认为自己是有道德问题的施害者，而是骁勇善战的士兵。日本社会学家高桥三郎曾举例说明这些依旧沉浸于过往军旅生涯的男人，他们之间的感受和独特关系。为保持联系，他们建立了老兵关系组织（战友会）。在20世纪六七十年代，随着战后生活逐渐稳定，这些人开始在这类组织中活跃起来。[76] 他们定期见面，悼念战争亡者，持续更新名录，与死者的亲友保持联系，还经常会出版新闻简报以及与所在部队有关的历史记录。这类组织很有争议，有相当数量的老兵有意回避了它们，他们痛恨有关暴力的记忆，以及在军队中受到的欺侮。因此，老兵这个群体绝不是铁板一块。[77]

下面的证言中，三位婴儿潮一代的女性分享了她们的记忆，在成长过程中，她们的父亲很享受他们的战争事迹和军事荣耀。这些女儿公开批评了父亲，认为他们缺乏从人道主义角度反思自身行为的能力，完全意识不到自己作为施害者的罪责。她们并不掩饰自己对战时一代的厌恶。第一位女性浩子，对于父亲无法抛开的军旅生活情结、总是在炫耀的事迹，甚至是杀害平民的罪行，感到难以置信。她毫无保留地批评了父亲。第二位女性敦子也毫不掩饰自己的反感，痛恨父亲将她和"现在的年轻人"斥责为"软弱无能的一代",而原因仅仅是他们都没有经历过战争。第三位女性不愿透露姓名,严厉批评了父亲和家乡那些助长他狂妄自大心态的人。

  父亲又在唱军歌了。他心情好得不得了。我捂住了耳朵。一听到那种独特的节奏,我就心烦意乱。他老是炫耀自己的军旅生涯……他说他没打过仗,可还是在炫耀他所谓的英雄事迹……有一次,他说起在菲律宾当地杀人时太过激动,我忍不住冲他大叫起来。(渡边浩子)[78]

  所有的炫耀,那些老掉牙的战争说教——他们太恶心了……他们从来都没有扪心自问过……还口口声声说我们要感谢他们为战争做出的牺牲。狂妄至极!要不是因为战争,也不会有这么多人悲痛难过了;我们的通胀会低一些,社会福利会好一些,生活会幸福一些……
说什么战争事迹,他们该多聊聊战争责任吧?(须田敦子)[79]

  我父亲出身贫寒,所以在军队当了官之后,他肯定很喜欢那种耀武扬威的感觉吧。在我的成长过程中,没有一天没听他讲那些神气活现的战争故事。他说他曾经砍过中国敌人的头;他说他曾让一只狗吃掉一名囚犯……他兴致勃勃地讲,连一丝反省都没有。他就是个恶霸,但我们那个土里土气的小镇还很尊敬他,因为他当过军官。(匿名)[80]

日本社会学家福间良明发现，战争经历的传递行为（继承）有很多种方式，有些牵涉痛苦的自我批评，其他则是令人感觉美好的怀旧。[81] 在这种意义上，传承战争记忆本身并不一定让大家都感到悔恨，也有可能非但无法增加代际间的亲密，反而会引发恨意，破坏关系（断绝）。前面的例子揭示出，随着子女逐渐开始痛恨父母无力反思和反悔战时的暴力行为，代际关系会产生断裂。这类代际摩擦在20世纪六七十年代达到了高潮，尤其是在参与了反对越南战争的学生运动及和平运动的年轻人中间，他们从越南遭受的帝国主义侵略与亚洲遭受的日本侵略中，看到了类似之处。[82]

最后，另一组为上述证言提供比较的案例，来自战时重要领导人的成年子女为《文艺春秋》这类保守派月刊的纪念特刊撰写的评论。这类有关公众人物的私人故事倾向于淡化父辈的结构性权力地位，转而描述一种"不失尊严的无助感"。语气始终充满同情和体恤，避免对在世的家人造成伤害：一位充满爱意的父亲，在一场他反对的战争中被杀（山本义正）；一位体贴周到的父亲曾希望停止战争，而且总会哀悼那些死去的部下（今村和男）；一位可爱、潇洒的父亲不得不参加一场不可能获胜的悲惨战争（西泰德）。[83] 战争的主要内容是冷酷无情的暴力，而这实质上被隐藏于照在英雄父辈身上的聚光灯之后的阴影中。这些故事暗示军事机构中有很多反对战争的好人，并将其有权有势的领导人变成了一群富有爱心的居家男人——符合战后社会价值观的英雄形象。

家庭归属感和结构性无助感

"世界并不会以'构思精巧的故事'这一形式呈现自身。"就此而言,我们必须认识到,本章中的战争证言只是一面之词,甚至与事实真相完全相反。[84]它们要传达的是经过选择的战争记忆,其组织编排的方式,对于叙述者而言,会产生意义和连贯性。它们也并非对现实的如实描述,而是经过重新组织的叙事,为的是让我们的自我认知具有连贯性,引发情绪上的共鸣。[85]因此,我们很容易指责本章中节选的这些狭隘、自我的叙事带有自利偏见,只记得家人的痛苦,却忽略了战争中数亿亚洲受害者遭受的苦难。然而,这些单方面的叙事,也可被认作足够清晰的个人故事,在修复个人历史的伤口时,有助于稳定个人和集体的身份认同,避免同外部世界产生危险的政治纠葛。

仔细分析本章中的证言会发现,对于战后的一代代人而言,把视野放得更大些——这一点他们完全有能力做到——其危险之处在于一种深切的无效感或者无助感,而这种感受已经通过家人的战争故事被他们深藏在了心中。像父母那样,战争对他们来说也同样是压倒性地让人感到害怕。他们仓皇地意识到,如果被置于同样的环境中,置于父母曾经生活的极权主义和军国主义社会中,坦率地讲,他们也不会有魄力做出不同的举动。[86]因此,当人们感到自己无法做出任何改变时,无助感便会驱使他们假装冷漠无情。[87]由战败叙事造成的这种普遍的无效感,部分构成了战后一代人狭窄、非政治的视野。在他们身处的地方,只有部分信息被表达出来,目的是避免他们了解到那些让人不舒服的内容。[88]但具体到他们身上，这些令人难以接受的内容并非指70年前那场真正的战争，而是说，他们意识到如果面临同样的"杀或被杀"的困境，也不知道该拿自己怎么办。

当我们意识到战后的和平主义未能训练战后的平民去思考——甚至是想象——用合法的手段来反对发动战争的军事机器，比如出于良心而拒绝服从兵役、不服从上级的不合法命令、质疑过分使用武力，以及依据国际合约保护平民与士兵在战时应享有的权利时，无效感的问题也说得通。战败后的社会没有建立这类社会机制来规范军事力量，而是给全社会开了一张避免构建军事力量的药方。这张药方将侵略和好战非法化，剪掉了民众的利爪，同时也剥夺了他们必要时起身反抗国家权力的合法手段。这样的药方在日本社会中确保了一种深层次的结构性权力剥夺。

结构性无助的重要性，通过比较日本和英国的战争证言能够更清楚地看到，后者描述的是一种完全不同的自我效能。[89]与日本相比，英国广播公司（BBC）在21世纪初期向各行各业的人采集的证言，具有典型的坚忍特征、继续向前的决心和对胜利的乐观。他们就连谈到遭遇空袭时，都不会对苦难着墨过多，讲起来既没有大惊小怪，也不自我怜悯，而是团结一致地支持正在打仗的国家。同时，他们也没有发誓要和平，或者宣称永远不会再打仗。很显然，胜利者似乎没有被战争带来的权力剥夺感所拖累。

最近几十年的日本社会，新一代人的自我价值和自我效能都比前一代更低。在今天的高中生群体中,大部分人(84%)都觉得自己不够好(白活在人间),嫌弃自己不够聪明、可爱、有原则和自给自足,比例远超美国、中国和韩国的同龄人。[90]而且,对于做一个日本人意味着什么,年轻一代的态度十分暧昧。据报告显示,他们在很大程度上(47%)说不清是否爱自己的国家。[91]这些战后一代的日本年轻人成长于一个严重依赖权威服从和遵守规范的社会中,基本上没有受到什么激励,也没有多少余地来超越他们被划定的社会和家庭界限。[92]因此,在这种社会秩序中,他们的自我实现变成了创造自己的模糊区,一种介于是否、黑白之间的道德模糊区,以此来应对从父母那里承继的社会问题。这种现象,很像精神病学家野田正彰所谓的"无冲突"公民的形成,这类人怯于批评权威,结果甚至都失去了思考冲突的能力。[93]

儿童和人类发育专家发现,将父亲视为权威的子女,通常会对政治问题有更多的了解和兴趣,而不这么看待父亲的子女则不会获得多少政治态度,也不会发展出政治倾向,而且会更多地给出"不知道"这样的回答。[94]因此,父母的指导在建立子女的政治性格上至关重要,对于道德性格的发展也会有影响。同样,在对子女的道德教导方面,比如教他们不说谎,日本和德国父母的参与度要低于美国和韩国。[95]真实性的道德权威度较低,在日本尤为明显(水平大约只有德国的一半)。在这方面没有接受过多少引导和指导的儿童,显然处于不利地位,无法学会自信地长大,也不敢冒险超越家庭和国家留下的遗产。

2006年，几乎一半的日本人认为，有关战争责任的讨论和行动远远不够，并且觉得此类努力应该继续下去。[96]在很多方面，跨代际的历史修复工程放大了还未处理完的战争道德和政治责任。不过，也有很多值得注意的先锋在努力冲破结构性无助感的怪圈。很多活动分子和志愿者都在为亚洲战争的受害者——如慰安妇和被强迫的劳工——竭力伸张正义。很多人在NGO（非政府组织）担任志愿者，为中国和韩国原告的诉讼提供支持[97]，很像本书第一章谈到的那些为家永审判提供过支持的志愿者。此外，一些施害者的后代还主动替先人赔罪，并公开讨论了他们所做的工作，比如仓桥绫子、牛岛贞满、驹井修。[98]随着目击者一代纷纷离世，关键人物的战争故事现在开始被后代重新讲述，而他们会出于各自的需要，对战争叙事进行重塑和改造。而传承记忆的任务转手之后，战争叙事的形态、规模和强度也发生了变化。这些民族创伤的新保管人或许会竭尽全力地审慎评判自己的历史，避免自我免罪的倾向，通过这些努力，他们或许能获得勇气和安全感，来重新改变日本对历史的暧昧态度。

第三章

反思战败

——大众媒介中的英雄、受害者与施害者

每年的8月15日,日本都会举办活动,纪念第二次世界大战的结束,这类活动已成为国家日程表上的保留项目。那一天,政府领导、达官显贵、老兵和死者亲友、媒体评论员和观察家都会参与一年一度的纪念仪式,铭记失败的战争和"重申国家对和平的誓言"。老百姓可以在中午打开电视,观看由国家主办的"全国战殁者追悼式"的现场直播,地点就在东京最大的演出场所之一武道馆。这是纪念日当天重要的官方活动,由天皇亲自出席,发表悼词,纪念那些在战争中死亡的人,然后首相会发表简短的演讲。整场仪式持续一小时,安排得庄严肃穆。舞台中央是一块高耸的纪念碑,代表着战争死者的亡灵,周围则有黄色和白色菊花摆成的双峰造型。很多参加者都身着黑衣,包括政府各机构的代表和全国各地的5000多名死者家属代表。每年,这项仪式都会在同一时间、同一地点、同一舞台上举行,采用同样的流程、同样的讲话、同样的葬礼布景。

这种年复一年的同样性，为战争记忆带来了某种熟悉和难忘的感觉，因为它反复强调的是一种促进集体悼念的连续性官方记忆。与此同时，它还允许国家重申战争讨论，将其重新与个人的损失叙事联系在一起，并强行叠加在丧葬编排的文化模板上。

在那天，人们还会在报纸上看到各种纪念社论，通常是重复一些国家失败的悲惨经历，发誓用和平的承诺来战胜它们。战争与和平的庄严主题会大量出现在主要的国家和地方报纸上，呼吁读者通过永远不要忘记苦难、传递痛苦教训、直面艰难的历史等方式来把战争记忆传承下去。根据报纸的政治倾向，强调程度会各有不同。[1]晚上，以及当月的大部分时间里，观众都能在电视上找到很多类似主题的内容，如纪念性纪录片、现场讨论、口述史采访、真人出演的戏剧和情景再现或者故事片。过去几十年中，随着越来越多的人开始回忆，媒体的战争讨论在这个月会格外激增：几十家全国发行的杂志会出版纪念专题，塑造和再塑造战争的集体记忆；大型出版社争先恐后地出版战争记忆类图书，以及回忆各种事件和经历的特别版，如口述历史集；电影制作人则会用他们最新的"纪念性"故事片来争抢观众。大众媒体十分善于用哗众取宠的标题把人们的注意力吸引到负面遗产上，比如"日本被打败了""日本的失败""日本战败的原因""我们为什么输了那场战争"。[2]

这类协同一致的纪念活动，证明战争记忆在日本的现代生活中依然根深蒂固。与此同时，它们还表明在一种集中的时间框架内翻来覆去地制造熟悉的战争记忆——反复讲述自杀式任务、死伤无数的轰炸、致命的危险、恐惧、饥饿、暴力、杀戮、死亡，等等——会产生累积性效应，并将这些可恨的事件定位在过去，置于1945年8月15日所象征的断裂时间点的另一侧。广义上而言，1945年8月15日代表的已经不只是军事冲突的结束，而是一个战败国的文化创伤，整个国家的社会和道德秩序的崩溃，以及付诸东流的东亚帝国之梦。1945年8月15日对日本来说，象征的是一种国家历史的断裂而非严格意义上的军事事件，其理念类似于德国的"1945年5月8日"（"零时"）——同样强调了同可耻的过去彻底决裂。日本的纪念表演和讨论是论证的工具，目的是把1945年的失败同当下区分开来，同时又向后代强调这些事件是文化创伤。[3]这类纪念活动还掩盖了老百姓之间的广泛分歧——在其他地方的全国性纪念活动中，这种民众分歧的趋势很常见。

将8月15日定为纪念日，日本经过了多年的酝酿。和大部分"被创造出来的传统"一样，在今天看来历史悠久的习俗，事实上并非由历史必要性决定，而是后代人慢慢构建起来的，为的是象征、加强和重塑战败的政治含义。官方的纪念日其实可以是8月14日（签字接受《波茨坦公告》的日期）或者9月2日（签订投降书），但归根结底，8月15日更能引发情感上的共鸣，因为它代表了天皇与子民之间的仪式。天皇通过广播向子民宣布投降后，人们在情感上最终接受了现实。此外，选择8月15日还因为其他一些巧合，比如盂兰盆节，人们会在这一天纪念亡灵。[4]

日本被美军占领期间（1945—1952），8月15日这一天并没有什么纪念活动。占领军明令禁止参拜纪念战犯的靖国神社，并会在9月2日（对日作战胜利纪念日）庆祝日本的投降。直到1952年收回主权后，日本政府才第一次为阵亡士兵举行纪念仪式。这次纪念启动了记忆构建的过程，但焦点并不是向胜利者投降，而是集中在了天皇宣布战争结束这件事上。1963年，政府开始将纪念活动作为年度仪式在广播和电视上播送。到1965年，这种世俗祭奠转移到武道馆之后，战争记忆的构建已经进行得如火如荼，将盂兰盆节的亡灵同士兵、父辈与子辈的死亡联系起来，融为一体。电影、小说、电视节目和其他文化传媒将8月15日而非9月2日的事件戏剧化，同样强调了这个日期才是天皇时代和战争的终结。[5]

　　但是，将战争结束仪式化的行为之下，却深藏着社会对如何评价日本在这场战争中的作为而产生的分歧。有些人抵制这种一年一度的全国性纪念活动，并以纪念日本侵略战争的亚洲受害者来表达抗议，比如1993年之前社会党就是这么做的。另一些人则一直想要提高年度纪念活动的规格，超越国家仪式，煽动首相正式到引发巨大争议的靖国神社定期纪念战争死者。由于对纪念有不同的看法，不同组织给8月15日也赋予了不同的意义：对一些人而言，这天只是要发誓再也不能发动战争；对另一些人而言，这天则是将天皇与民众的联系神秘化或者为一场有污点的战争洗白的方式；对其他人而言，这天是个愤怒的时刻，要铭记军队不值得信赖，铭记独裁统治的罪恶。[6]

　　一些学者注意到，纪念活动严峻地考验着一个社会在应对历史的不同版本时的能力。[7]仪式化的纪念活动可以恢复一个道德共同体的价值观，弥合政治冲突和争论中的分歧，但也能演变成异议和争执的催化剂。[8]过去20年中，围绕着日本的8月15日周年纪念，各种观点和声音甚嚣尘上，激起了许多批评、冲突和敌意，虽然在一定程度上也创造了复述历史创伤以警醒世人的共同基础。这一次，政府的官方声明变了，祭奠战争亡者的象征性政治表演也变了。纪念性电视节目迅速增多，报纸社论的立场变得更强硬，大型媒体集团启动了纪念项目，重新探查战争责任。博物馆展览努力寻找共同语言来表现亚洲—太平洋战争的意义，但收效各异。在各种战争争议的观点背后，有两个根本性问题需要回答：我们为什么要打一场赢不了的战争？他们为什么要为一场败局已定的战争浴血奋战？

这些长期存在的问题，正是对战争责任和国家归属感的忧虑关切之核心所在，而归根结底，它们探究的是个人与国家、生者与死者之间的关系。面对各种争议，人们或许会提供不同的叙事，讨论不同的合理立场，选择不同的解决方案，但最终，答案会由个人对失败、不公和苦难的了解所做出的政治反应构成。相关的道德疑虑数不胜数且根深蒂固：政府发动战争，动员人民为国家而献身是否合法？如果战争不义，我们的人民是否白白牺牲？战争失败后，或者它本身不义时，生者将战争死者从英雄变成施害者，是否正确？为什么领导者没有中止战争？谁应该为大规模的死亡和牺牲负责？这类问题与我们的日常习惯格格不入。在日常生活中，我们会尽力避免了解自己不想了解的事情；我们希望保护自身，不想知道那些太令人不安和具有威胁性的信息，但这些问题却会让我们的希望落空。因此，此类问题总会让人们感到很不舒服，用英国社会学家斯坦利·科恩（Stanley Cohen）的话来讲，是一种"知道和不知道"同时存在的状态，但这种出于自我保护的否认，从来都是一种不完整的状况，因为有些信息总会驻留在脑海中。当人们试图系统地构建事实真相的叙事时，会从自满的状态中惊醒，认识到那些有关远方苦难的信息一直被安全地隐藏在自己的意识深处，而现在已经无法逃避，必须要对这些曾避免回答的问题做出回答了。[9]

本章讨论的有关纪念活动的争议，比如靖国神社，之所以具有爆炸性，是因为它们惊扰了这种同时"知道和不知道"并存的状态，揭露了整个国家的历史及其人民的黑暗面。这些争议背负着各种未解的法律、宗教、哲学和历史复杂性，而且从作为日本人的道德身份的阴暗面而言，在某种意义上"我们"本身就是与这类潜在问题有关的副产品。本章将考察公共记忆上的种种角力，这类争斗会迫使人们在面对一种变化无常的记忆文化时，探索自己的道德指南，重塑自己的记忆。我会探究各种用来回答那些根本性问题的叙事层面，集中关注政治表演和媒体讨论在纪念活动期间的相互影响。我还将追索记忆的角力如何在探求一种更易接受的国家认同时对文化创伤进行的重塑。

纪念活动的政治表演

本尼迪克特·安德森（Benedict Anderson）告诉我们，现代性的主要特征是民族国家的崛起，它可以大规模地发动年轻人"为国捐躯"的热情。[10] 一旦被动员起来，民族主义热情会让现代战争中的士兵们相信，"他是在为某种比他更伟大的东西献出生命，而这个东西会比他有限的个人生命更长久，具有更伟大和永恒的生命力"。[11] 但是复员之后，这种热情便会萎缩，不再满足生活的硝烟所需要的滋养。对于战败方的人们而言，这种热情不再具有任何社会和道德的合理性。在一场注定失败的战争中，想要为几百万人的暴力死亡寻找辩护理由尤其之难。

认识到战争的无意义和为死亡寻找某种意义之间的矛盾，在召集了数百万士兵的现代战争之后，依然是个无解的困境。而这种矛盾，在被打败的国家中尤其严重，正如沃尔夫冈·希弗尔布施的主张所言，通过为失败寻求一种进步性的叙事来满足在战败中寻找积极意义的渴望，是一种普遍且强大的需求。正是这种创造意义的强烈冲动，才让美国邦联（即南军）在南北战争之后产生了"败局命定"（Lost Cause）的错误观念*，让在第一次世界大战中战死的德国士兵心中出现了"阵亡者皆为烈士"的错误想法。[12] 在胜利者中间，大规模的死亡也需要寻找道德理由，而其中最著名的，就是英国将第一次世界大战称为"终结一切战争的战争"。在黑暗中寻找"一线光明"的企图，强迫人们回答民族牺牲的终极价值这一重要问题。

这类互相冲突的欲望和充满矛盾的论证，是为理解日本公

---

* 这一历史观念认为内战期间南方的立场是正义的、英雄的，否认奴隶制是引爆战争的导火索，认为黑奴对现状并无不满。其支持者在"一战"期间和20世纪五六十年代都曾发起运动，以期让美国白人拥有对南北战争的"正确认知"。——编注

共讨论中的亚洲—太平洋战争所做努力的核心所在。如果日本挑起了一场打不赢的战争——大多数人现在都认同——那么为随之而来的灾难性损失赋予意义的努力，便会面对巨大的难题：既无法解释清楚，也无法为之找到正当理由。到了21世纪初，在时间和空间上进一步与战争现实疏离的新一代政治家、公共知识分子、记者、教师和家庭，又提出了这些"拒绝消失"且没有简单答案的问题。[13]

过去，政治分裂在公共讨论中被描述为对立的两类：反动与进步、左与右、自由民主党与社会党，等等。但是随着政党在冷战结束之后进行了重新配置和结盟，这类两分法的描述能力减弱了许多。自民党一党独大的结束、海湾战争以及朝鲜的导弹发射，共同改变了以和平主义为基础、长期安全的国家自我定义。潜藏在这些旧两分法之下的复杂情况开始显现出来。现在引出的政治表演和争端有着新的行动计划、利益、联盟和议程，这些都被新老参与者重新编入有关战争记忆的讨论中去，尽管在一定程度上仍然有所隐藏。[14]

我们为什么要为一场打不赢的战争去送死？

1985年，德国总统理查德·冯·魏茨泽克（Richard von Weizsäcker）在纪念"二战"结束40周年时，针对德国的罪责问题向联邦议员发表了明确的讲话。同年，日本首相中曾根康弘打破战后的政治惯例，在8月15日正式参拜了饱受争议的靖国神社。这是战后日本第一位以首相身份参拜的在任政府首脑。靖国神社设立于中曾根参拜的100多年前，目的是纪念为天皇而战斗和牺牲的士兵。今天的靖国神社中，供奉着亚洲—太平洋战争中的阵亡者，包括被指控犯有破坏和平罪的甲级战犯。这种高度引人关注的表演，遭到了中国政府的强烈反对，出于在战争中遭受的严重伤亡和破坏，中方对这种企图将战争合法化的象征行为十分恼火。康弘意识到他的行动加剧了中日关系的紧张，在随后的几年中再未参拜。以首相身份在8月15日参拜靖国神社的行为此后中断20年，一直到2005年。[15]在此期间，日本的战争记忆情况发生了剧烈变化。

随后几十年日本的发展，与以下几项有重要关系：不断变化的政治和政府领导层、日益增多的国际关注，以及公众日渐意识到趁战时一代还未去世，该对战争的遗留问题做个了结了。1989年，饱受争议、统治过战时日本的昭和天皇去世，为处理一些旧的禁忌话题打开了讨论空间；1993年，自民党在大选中惨败，让其他政党55年以来第一次有机会夺回了官方战争叙事的控制权。1995年，随着社会党首相开始领导联立政权，战争结束50周年的纪念活动为日本提供了一个机会，使其打破了以往在国际舞台上表达对战争的悔意时含糊其词的惯例。首相村山富市意图改变国内的政治僵局，在向国会提交的一份忏悔决议中，明确指出了日本的战争责任。但此举并未成功；241名议员离席抗议，一些人声称村山的行为过火，另一些人则指责他在表达"深切悔意"上走得还不够远。国会最终通过了一份大打折扣的议案，几乎完全没有满足人们对真正面对帝国主义历史错误的高期待。[16] 两个月之后的8月15日，村山冒着风险发表了一份官方声明，承认日本在亚洲—太平洋战争中作为施害者所犯的恶行。20世纪90年代到21世纪初，人们越来越广泛地意识到日本的施害者身份，这份声明就是先兆。

> 在刚刚过去的一段时期中，日本依据一项错误的国策，走上了战争的道路，使日本国民陷入了生死存亡的危机，日本的殖民统治和侵略给许多国家，特别是亚洲各国人民带来了巨大的破坏和苦难。为了避免未来再犯此类错误，我秉着谦卑的精神，正视这些无可辩驳的历史事实，再次表示深刻的反省和由衷的歉意。同时，请允许我向那段历史中的所有国内外受害者，表示沉痛的哀悼。[17]

这份声明经他的内阁批准后，尽管仍然会引发一些意识形态上的不和谐之音，却给他的继任者带来了意外持久的参照。承认其施害者行为和对历史错误应负的责任，自远东国际军事法庭（1946—1948）之后，尤其是自20世纪六七十年代的反战运动以来，便一直是日本争吵不休的战后讨论中不可或缺的一部分。因此，在这种意义上，村山的认错本身并无新意。[18]但是在官方的国家性战争叙事中明确表达政府的责任，却直到这届联立政权执政之后才发生。[19]由官方正式表述后，这种施害者叙事此后一直被继任者所采用，其中包括联立政权中的一些保守派政治家。[20]

接下来的改变发生在战败60周年纪念的2005年。当年10月，首相小泉纯一郎效仿中曾根参拜靖国神社。参拜前，

第三章　反思战败

小泉在官方的纪念声明中表达了意味深长的受害者情绪：

> 在战争结束60周年纪念到来之际，想到我们今天享受到的和平与繁荣，是建立在那些被迫在战争中失去生命的人们所做出的终极牺牲之上，我要重申我的决心，那就是日本永远不会再次走上战争的道路。超过300万的爱国同胞在战争中死去——有些是在战场上怀着对祖国的想念和对家人的忧虑死去，有些则是在战争的破坏中或在战后遥远的异国他乡惨死。[21]

在担任首相期间，小泉还在随后的六次纪念活动中重申了这一被迫牺牲的说法。[22] 不过，小泉在以人们是在战争中"被迫"死去为前提的同时，还借用村山的说法，对日本的"殖民统治和侵略"为亚洲带来的苦难表达了歉意。可是当这两种情绪并置，却模糊了罪责和无辜的分界，将侵略行为和为国牺牲混为一谈。为了适应现代社会，这类讲话重新编写了为国牺牲的脚本。因为在现代社会中，心甘情愿地为国牺牲从逻辑上是和"热爱和平"的国家理念不相容的。

这种人们是"被迫"为国牺牲的说法，已成为近来受害者叙事中的一个标志，在电影、纪录片到小说和漫画书中都有表达，但对每个人而言，它的意义却不尽相同。在此处，被迫牺牲者的无助已经成为一种用以解释和理解战争恐怖的"组织性比喻手法"。这种为令人无法忍受的恐惧经历所提供的表达方式，强调了身边的家庭成员和朋友的苦难，而非远方受害者所遭受的痛苦。[23] 与此同时，这种回溯过往的说法，宣称人们不想打仗，还使得利己性的"受害者意识"变得合理，掩盖了更大层面的施害者罪责以及一些经验证据，如很多人一开始都曾狂热地支持过战争。[24] 让事情更复杂的是，21世纪初的官方叙事实际上众声喧哗，众议院议长河野洋平这类自民党党员就表达过异议。他在任期间，曾呼吁停止参拜靖国神社（2005）并进一步解释清楚日本的战争罪责（2006）。[25]

但是，在接下来的10年中，官方叙事又发生了转变。2013年8月15日，首相安倍晋三在官方纪念讲话中融入了自己强烈的民族主义信仰：他取消了日本对"殖民统治和侵略"表示悔意的惯例，不再强调士兵为国牺牲的非自愿性质，以及惯常的"发誓永远不再发动战争"。这类官方讲话中的修改意义重大。他大笔一挥，无视阵亡士兵的肇事者或非自愿战士的意味，转而将他们高尚化和"英雄化"。[26] 接着，在改变国家叙事四个月之后，安倍又表演了一场高度引人关注的政治行动，在执政纪念日（2013年12月26日，而非8月15日）参拜了靖国神社。在充分了解这场参拜的政治象征的情况下，他仍旧这样做了，并且把自1979年以来被判定为甲级战犯，身为日本内阁总理大臣及陆军大将的东条英机奉为先烈。两年之后，2015年8月15日，安倍发表了纪念战争结束70周年的声明。这份声明非同小可，其中不仅谈到了施害者、受害者、悔恨和誓言，还进一步偏向了民族主义。在声明中，安倍用描述英雄的说法将战争发动者说成"国际新秩序的挑战者"，暗示日本的领导层受国际经济僵局的阻碍，忽视了前进的道路。那些士兵都是英雄的"爱国者,在战场上……献出了自己的生命",并不是被迫去打仗的人,而"留在大后方、荣誉和尊严受到了极大伤害的女性"不会被遗忘。归根结底,此份声明表明,安倍强烈希望能在任期内让日本忘掉自己"漫长的战败"。

这类政治表演——是否到供奉战犯、饱受争议的靖国神社去参拜,或者重新定义为国牺牲的含义——都是在试图重塑战争的国家象征,进而重塑日本的国家身份。这些表演的意义重大,是因为仪式、讲话、赞颂和祭拜会渲染社会关系,强化精心构建的意义。[27]后继的首相十分清楚,经过精心校准的语义变化会改变国家叙事的意义和道德地位,因此他们都曾利用职位来宣扬他们对战败的文化创伤所抱持的道德观。中曾根和安倍推动了阵亡英雄叙事,树立了幸运的失败这一说法:正是因为战争亡者的高尚牺牲,日本才能享受今天的和平繁荣。相比之下,村山在国家叙事中强调了施害者叙事,承认日本在过去曾堕入黑暗之中,指明了与曾经的对手和殖民地做出深刻和解的方向。而小泉则扩大了受害者叙事,公开肯定了经历过同一场灾难的人们将休戚与共:日本永远不会忘记战争造成的苦难。

靖国神社在历史上曾是将战争亡者和为国牺牲合理化的一项关键的社会手段,但现在已经丧失了其象征性理想,无法将下一代日本人变成为祖国或者天皇牺牲的信徒。到21世纪,随着越来越多的战时一代变老、离世,神社的利益相关者也急剧减少,而那些崇拜天皇的人也同样成了少数派。[28]根据日本哲学家高桥哲哉的说法,对民族主义倡导者而言,靖国神社争议背后的强烈情感逻辑,可以归结为一种"情绪的炼金术",一个通过将有关战争亡者的说辞转移到战前的全国动员背景之下,进而改变死者道德地位的问题。[29]对于其反对者而言,靖国神社是为那场失败的战争及阵亡士兵构建意义的核心。但是,对于那些希望让阵亡士兵继续保持无辜形象的人而言,将他们杀害的亚洲受害者排除在外就成了一种必要。[30]这种将士兵铭记为受害者的方式,让很多日本人避免了直面亲人在战争中死得毫无意义这个问题,而且在不搅扰他们心照不宣地"知道和不知道"自身黑暗历史的同时,也免去了他们"承认自己在支持战争的问题上应该负有的责任"。[31]因此,"靖国神社问题"体现出了深深的个人冲突、悼念和自我保护的矛盾,并且因为当下的政治状况而变得更加复杂。

全国性报刊社论中有关战争责任和牺牲的讨论

从20世纪90年代一直到21世纪的前10年,大众媒体,如报纸、电视节目、电影和小说,在让人们更广泛地认识战争记忆方面,通过正面或负面的方式扮演了重要角色。如果说8月15日的纪念仪式就像一年一度的葬礼,8月15日的报纸社论则是对大规模死亡的嘈杂反思。虽然全国性报纸在报道施害者罪责这类政治上的敏感话题时通常会小心谨慎,但还是会在社论中彰显报纸的政治立场。每年8月15日刊发的纪念社论,已经成了十分有效的载体,来表明他们在战争合法性、为国牺牲和战争责任问题上的立场。在这个小节中,我会举例说明它们利用不同的施害者、受害者和英雄叙事线索来发表的各种论点。

借着国内外的"记忆风潮",较之此前,全国性报纸的纪念社论在20世纪90年代和21世纪初开始更直言不讳地表达施害者罪责。[32] 随着20世纪90年代的政治转变,日本的施害者叙事在公共讨论中更加深入,且恰逢一些政治新走向的发生,如1995年的"村山谈话"和1993年的"河野谈话"——时任内阁官房长官的河野洋平发表讲话向"慰安妇"致歉,"不问出身,再次向所有经历众多苦痛、身心受到创伤的从军慰安妇,表示诚挚的道歉和反省"。[33] 在此期间,通过新的历史研究,战时"慰安妇"的困境成了媒体的关注焦点。[34] 女权主义运动也使众多女性针对政府提起的性劳工诉讼得到了关注。亚洲妇女基金会的筹建,便是为了向"慰安妇"进行赔偿,不过并没有成为正式的政府基金会。[35] 战俘、劳工和其他遭遇过虐待的受害者发起的新诉讼,也使得施害者叙事在此期间一直停留在公众视野中。1993年,一家名为战争责任中心的研究机构成立,开始出版一份专门探讨战争责任问题的期刊。进步的《星期五周刊》同样于1993年创刊,为独立记者报道那些容易引发政治波动的话题,如对战时非正义行为进行赔偿,提供一个发声渠道。公共领域的这些变化汇聚在一起,让更多人认识到了日本的施害者行为,在一个民主化的亚洲,他们开始通过国际媒体听取受害者的证言。

然而,这种趋势很快便引发了强烈反应。[36] 1997年,一群民族主义学者和反对派公共知识分子,组成了一个名为"新历史教科书编撰会"（简称"编撰会"）的联盟，意图将经过他们修订的历史版本插入到公众讨论之中。[37] 2006年，安倍的第一届政府将爱国主义教育引入了教学计划。[38] 其他新法规则提出了开始在学校使用国歌和国旗——尽管进步教师进行了强烈抗议，反对将他们同战争联系到一起。[39] 在21世纪初经济停滞的背景下，这种激进的右翼民粹主义吸引了那些在社会上被剥夺了权利的人的支持。[40] 民粹主义者想要修补和恢复战时英雄的清白，挑战判定了日本的战败和战争罪的东京审判的结果。在他们眼中，推动政府官员参拜靖国神社是道德和政治改革运动，目的是要消除战败的耻辱，努力净化"肮脏的"国家认同。

五大全国性报纸的8月15日纪念社论，始终采信这样一种概念，即为国牺牲是"我们的和平根基"，并且将之视为一种规范性框架，决心在悼念死者时为他们突然被夺去的生命寻找出某种意义。[41] 大部分社论都附和着破坏、损失和大规模死亡这类主题，直接或间接地邀请读者铭记被迫的为国牺牲。几百万战争死者光荣地"为国牺牲"这一说法，至今仍是一种关键的比喻手法，但其背后的逻辑一直都很牵强。毕竟，如果国家在决策上更谨慎、勇敢、目光长远的话，大部分的死亡，甚至战争本身都有可能被避免。不过，人们对于社论中的这种认同性说辞，还是有着很强烈的需求，因此，读者通常可以在政治立场各异的全国性报纸中——从《朝日新闻》《每日新闻》《日经新闻》到《读卖新闻》《产经新闻》——找到它的某个版本。这种对英年早逝的创伤的关注，通常会让报纸将矛头指向那些给自己的人民制造了巨大灾难的**影子施害者**。

在"幸运的失败"叙事中,为国牺牲为日本的和平繁荣做出了贡献。这个观点在下面这篇《读卖新闻》的社论中得到了明确的表达:

> 谁都不应该忘记,310万日本人在战争中死去,日本今日的和平和繁荣便是建立在他们的死之上的。[42]

在这种对死者的颂扬中加入突然的悼念也很常见,比如《朝日新闻》(发行量为800万)的这篇社论:

> 310万人——在上一场战争中死亡的军事人员和平民总数。他们都是谁?又是如何遇难的?
> 伊贺孝子(68岁)一直在搜寻那些在1945年夏天的50场大阪空袭中死去的人的名字……她花了16年时间,在大阪市登记了4817个名字,在堺市登记了914个名字。这些还仅仅是一半,遇难者人数据说有1.5万左右……伊贺为了不被烧死而跳进水池里时,才13岁。她母亲当场死亡。她还在读一年级的弟弟被严重烧伤,三天后去世……现在她只能与父亲相依为命,两人在废墟中挖了一个坑,将他们的遗体埋了进去。这样的情景有很多……对很多像伊贺这样的人来说,战争中的死者依然活着。[43]

接着,这种绝望会变成对日本领导阶层的怒火,他们就是

影子施害者，比如下面这篇《每日新闻》（发行量为400万）的社论：

> 日本的军队跑去（亚洲），出于自私的原因夺走（他们的土地），然后杀人无数。首相绝不能去供奉着东条英机和其他战时领导人的神社去参拜。这些人发动了（战争），没有尽早终止战争，没有教士兵对待战犯的国际规则，用不投降政策迫使他们集体自杀，做出的决定导致了数百万人死亡。[44]

从20世纪90年代到21世纪初，尽管报纸一致表达了悼念死者的意图，但在处理施害者罪责上的政治分歧却愈加显著。[45]三份全国性报纸——《朝日新闻》《每日新闻》《日经新闻》（发行量为300万）——开始定期发表纪念社论，将历史上的日本定义为一个施害者国家。最大的报纸《读卖新闻》（发行量为1000万）和最小的《产经新闻》（发行量为200万）有所不同，在战争罪责问题上采取了防御性的民族主义立场，宣称那种罪责是胜利者不公平的捏造。[46]（《读卖新闻》后来在2006年改变了立场。）2005年8月15日，也就是战争结束60周年纪念日当天，除《产经新闻》外，所有全国性报纸的社论都直接将问题聚焦到了战争责任的问题上。四家报纸这种一致的看法，同早年形成了惊人对比。和平主义的《朝日新闻》尤其直言不讳，声称和平是日本对那场战争的赎罪，是修复道德身份、赢得世界尊重的途径。[47]《读卖新闻》的反战叙事源于对自身历史污点的悔意，因为该报曾在战争中同政府勾结，煽动大量读者加入战争，用歪曲的报道误导了他们。[48]鉴于报纸感到自己对战争负有责任，所以它们对于政府承担责任并起诉战时领导人和官员的要求尤其强烈。

《日本经济新闻》（"日经"）是一份高端商务报纸，主要面向务实且具有国际思维的读者，在这场大战中，该报也加入了自己直接、明晰和务实的社论。与《朝日新闻》不同的是，《产经新闻》的纪念社论中避开意识形态，发表了毫无保留的观点。比如，该报对小泉再三参拜靖国神社持明确的反对态度，对战时领导层进行了毫不留情的批评。"战时领导人给国家带来了毁灭，给邻国造成了巨大损失，他们的责任永远不能被抹除……日本领导人在外交上无能得可怕，拖延了战争的结束，造成了更多的伤亡。"[49]

2005年之后，终于轮到了《读卖新闻》直面战争责任。其时，该报抛开东京审判的结果，对展示领导人的战争责任进行了独立的"重新审视"。最终承认他们自己的调查发现与东京审判的基本类似后，《读卖新闻》不再为靖国神社和甲级战犯辩护。这一转变将会在下一小节中详细讨论。

对比《每日新闻》（日本历史最悠久的日报[50]）和《产经新闻》的社论，可以发现明显的反差。双方的政治思想有着天壤之别，但在某种程度上，可以说它们都把政治基调变成了私人口吻。战争责任事关"我们"而不是"他们"，因此，《每日新闻》接受战争责任和《产经新闻》拒绝战争责任，实质上是允许或拒绝将历史的黑暗面纳入自己的身份认同。不过，《每日新闻》虽然坚持把施害者罪责作为"我们的"国家认同的一部分,但也具有其模糊性和复杂性。在2005年的纪念社论中,日本既是施害者也是受害者;日本军队和甲级战犯是施害者,三百多万死去的日本人是受害者。[51]而在五份全国性报纸中最反动的《产经新闻》看来,日本是受害者,是被胜利者污名化的国家。因此,当务之急是反抗这类说法,从西方的话语霸权中夺回国家历史的英雄叙事。[52]

尽管日本媒体在近来的社论中也谈到了亚洲受害者,但批评家还是经常谴责日本叙事中的自满情绪:总是随随便便躲在舒适区里,而没有深刻地探究战争的政治和历史缘由、结构性暴力和武力的滥用,而当初正是这些因素延续了施害者的权力。[53]社会学家尼娜·艾利亚索弗曾探究过为什么"行为能力完全正常的人可以一直将自己错认为无辜的受害者,对于自己制造的伤害视而不见,似乎非常短视"。原因不是因为他们傻,而是因为这是一种建立社交纽带的方式。[54]共用笼统的受害者口吻,还可以增进结构性的无助感,并成为一种使受害者身份合理化的工具。[55]这种反复出现的自我怜悯状态,在一定程度上解释了为什么日本的受害者意识能在过去几十年中一直存在,且在重新制造战败文化方面如此有效。

尤其关心给自己同胞带来的破坏,而不在乎对其他人造成的伤害,这种现象在许多记忆叙事中都存在,包括美国人的越战记忆。[56]日本的受害者叙事,还展现了一种看待战争死者的狭隘民族主义视角。前文在讲到努力从那些永远无法再回家的人的死中寻找救赎时,我们讨论过这种关心"切近自家"的人而非远方的别人的倾向,本章末尾还会对此做进一步探讨。

现在的日本是一个和平主义国家，但正如为国牺牲的意义在其漫长的战败中不断发生着变化和转换一样，答案也通常充满了模糊和矛盾，为各种对受害者身份的解读留出了余地。

文化传媒在纪念方面的创作

历史学家约翰·博德纳（John Bodnar）曾说，记忆文化会制造出"错综复杂的视野，其中混杂着真正发生的事情，以及一种对之前的世界是什么样和能够再次成为什么样的虚构抱有希望的观点"。它们无法完美地代表过去，而是把"真实和虚构融为一体，其推动力无法简单地被归结为是记忆的需要，因为其中还包括一种忘记的渴望"。[57] 日本那些与纪念有关的出版物和节目、电视纪录片、故事片，就是这类记忆文化的产物。它们在描绘战时的日本士兵和平民时，用的是英雄、受害者和施害者这种叙事手段，且程度各有不同；故事中主人公的经历和行为与他们同军政府的关系一样，不尽相同。这些叙述通过描绘个人的人生，来展示战争和战败的不同形象和体现，将不同的意义、行动和结果融到一起。本节要讲的，是在大众媒体中制造了这些"错综复杂视野"的文化记忆项目。

在一个宣称信奉和平主义的战败国纪念战争及其死者，是一项在道德上和政治上都相当复杂的活动。无论是纪录片还是戏剧再现，记忆产品都难逃道德评估：那些讲述暴力和危险、受辱的男性气概、无助的破坏和损失、从国家的压迫下解放、对领导层的愤怒，及人类品行无情倒退的故事，通常都会被框定为道德警示，好让更多的人在当下看到。但近来的媒体创作既没有弥合这些迥然不同的记忆，也没有提供集体性的结论或者恢复国民团结，反而进一步加深了有关战败创伤的各种更深层次的成见。它们满足了铭记艰难历史的种种复杂需求——纠正不公和历史错误，抚平破裂的伤口，恢复正面的道德和国家认同——但并没有汇聚成一份纯粹的"集体记忆"。

大体而言，从20世纪90年代至今，共有三种成见主宰着这片记忆景观。首先，是一种紧迫感："目击者一代"正在逝去，从他们那儿搞清楚战争中到底发生了什么的时间已经越来越有限。战时一代人的老去，重新激发了散播受害者叙事的努力，也就是"小人物"在战争中遭受了怎样的苦难，而这又再次巩固了和平主义的反战信息。其次，人们更加深刻地意识到战争中的个人所遭受的不公，而这就让施害者叙事变得更加明晰，进而得到了更广泛的传播。过去几十年中，亚洲的战争受害者日益得到承认，而他们的索赔请求同样被注入了一种紧迫感，要趁着"目击者一代"还健在时，把问题都解决掉。再次，恢复日本被战争和战败毁掉的国家认同的努力，重新激发了一种狂热的认同政治。鉴于人们对日本的施害者历史有了更深刻的认识，为了有所回应，新的英雄叙事出现了，这种新叙事直接或间接地表达出强加给那些参战的日本男人一个"不人道"的身份标签的不满。这些民族主义行为的目的是要修正这些人被贬损的形象，"恢复他们的尊严"。下面，我们就将讨论这些与不同世代的关切产生交叉的趋势。

我们那场可怕与痛苦的战争

承认自己身为施害者的阴暗历史，对哪个国家而言都不容易。压制、忽略或者重新阐释有罪和可耻的历史是一种自我保护的冲动，而这种冲动通常会胜过承认相关历史的意愿。照亮国家历史的阴暗面、质疑日本在战争中的政治和道德责任，依赖的是战时一代人的努力。他们中的许多人成了教育家、知识分子、记者和激进分子，坚决主张接受施害者的身份，直面责任，纠正日本造成的种种不公。这代人中那些声望卓著的公共知识分子，在阐明这类关切时起到了关键作用，几十年来一直影响着进步的精英人士。在这份努力中，关键的领军人物不仅包括家永三郎这样的历史学家（见第一章），还包括各领域的知识分子，比如丸山真男、鹤见俊辅、小田实、大江健三郎，等等。20世纪七八十年代，诸如本多胜一和森村诚一这样的著名作家，出版了有关日本军队在中国犯下野蛮侵略的畅销新闻调查作品；而教师工会、和平运动和人权运动等社会组织和运动，则以不同的方式坚定地传播着施害者叙事，表达着他们对纠正历史不公正的关切，并取得了不同程度的成功。[58]

在千禧年之交，日本的主流新闻媒体在此基础上又推出了周年纪念特稿，通过许多备受瞩目的战争记忆项目，来重新评价该领域的状况。这些项目专为普通受众制作：连续数日、数月在报刊上连载，经过改编，在图书、电视节目和网站中再次呈现。其中一个例子是《读卖新闻》刊发的有关战争责任的长篇系列报道，希望将其作为东京审判的反审判，由日本人自己来为日本人调查。这项长达一年(从2004年8月到2005年8月)的独立调查,主要聚焦战时领导人的行为和责任,并最终列出了一份自己的"谁该为那场败仗负责"的人员名单。这份名单不但与1946—1948年的同盟国审判名单多有重合,而且更长。不过和同盟国的审判一样,该名单也免去了昭和天皇的战争罪责。[59]

经过"重新审视",《读卖新闻》改变立场,开始反对靖国神社,带头先锋便是该报的著名主编,已经80多岁的渡边恒雄。渡边的愤怒和那些在战争中见证过很多人死亡的同代人并无不同:

> 日本军队最残暴的表现,便是"神风特攻队"的自杀性任务。士兵并非(像官方所称的那样)心甘情愿。他们是受上级的命令,几乎等同于来自天皇的命令……
>
> 军部还强迫(前线)士兵集体自杀(玉碎)。他们不派兵增援,反而命令士兵就地自杀(不能投降)。这些都是惨无人道的谋杀行为。
>
> 不负责任、草率粗略的作战计划,还迫使无数国家"烈士"活活饿死——尤其是在南太平洋地区。大量士兵都死于饥饿……因此宣称他们是"高呼着天皇万岁,为国捐躯",是对历史的彻底歪曲。我们必须推翻这个(谎言)。[60]

类似的还有《朝日新闻》的项目。2006年,该报连续四个月刊登系列报道,考察了"挥之不去的历史"上的战争罪责。[61]

其重新审视东京审判的方式是跨国性的，调查了从美国到印度各国的观点——其中，印度法官提出了唯一的反对意见，裁定所有被告都无罪——并探究了天皇和大众媒体（包括《朝日新闻》自己在战争中的合作）的战争罪责，但未考察普通民众的责任。此外，该项目还调查了德国、法国、英国、韩国、南非、智利和美国的案例，展示了其他国家如何悼念战争亡者并摆脱自身历史。同其他纪念性项目不同的是，《朝日新闻》采用国家化视角，检视日本在朝鲜半岛、中国台湾等地的殖民历史以及大东亚共荣圈计划成为必然的需要。该项目通过国际专家的评论和对亚洲受害者的采访，调查了日本在占据朝鲜半岛和中国东北三省的过程中造成的伤害。这一途径表明，战争和殖民压迫的责任，无法归咎到一小撮"不计后果的军事领导人"身上。不过，该项目并没有指明责任该由谁来负，而是把结论留给了读者来做，让他们判断被占领地区的殖民主义者、实业领袖和军事当局的协同责任。

记录和存档战争经历的迫切性，还引出了一个口述史项目——《证言记录：士兵的战争》（2007—2012），由日本放送协会（NHK）制作。[62] 同英国广播公司的口述史项目《第二次世界大战：人民的战争》（WW2 People's War）一样，NHK的项目同样是战争证言的数字存储库，供网上查阅。从2007年8月开始，到2012年太平洋战争开战70周年纪念为止，该项目在几年中深入研究、录制采访，制作了多期节目，通过士兵自己的话，有力地讲述了亲历并且在战争中幸存下来到底是一种什么情形。从节目中可以看出，这些老兵在回顾痛苦的过去时感到极为不幸，对于惨痛经历充满怨恨，对自己在绝望时的自保行为十分愧疚，对自己的卑鄙作为感到羞耻，对自己实施的暴力深感困扰。[63]他们的证言中充斥着仇恨，仇恨自己在赤裸裸的生存本能之下被迫做出的那些事，仇恨他们的上级让他们变成了可悲的禽兽和无足轻重的棋子。透过这些有关人性丧失和堕落的生动证言来看，这场战争实际上丝毫算不上是英雄式的。

在老兵们对自身经历意义所进行的反思中可以明显看到，他们大多数人都在这种痛苦中找不到任何的救赎。他们背负的懊恼、愤怒、哀痛、自责和厌恶，依然无法消解，也没有答案。但是，各种经历到底是什么样子——比如在撤退前杀死受伤的战友[64]；抢夺当地农民的食物[65]；听从无能的领导下令冲锋，却没有任何策略或战术，只是一个个地白白送命[66]；认识到对军队领导而言，人命根本不值钱[67]；一直被身为幸存者的内疚感折磨[68]；对无意义的损失和苦难感到哀痛[69]和愤怒[70]；回忆起那些精神失常的人[71]和为了从苦难中解脱出来而自杀的人[72]；杀死敌人[73]；出于赤裸裸的求生欲，甚至不得不吃人[74]——观众必须通过思考，从读到、听到的内容中得出自己的结论。在这些证言中唯一积极的方面，就是那些正直之人的例子（比如一名指挥官为了救下属而自杀[75]）以及士兵互相之间的同情。[76]

在思想性月刊《世界》推出的一个专题中，在华的日本施害者回顾了以战犯身份被关押在中国的再教育营期间，从情感上清算自己所犯的残暴罪行。从1997年到1998年，精神病学家野田正彰在专题连载的一年半时间中,通过分析几十名曾经的日本军事人员的情感历程,考察了施害者创伤的影响。[77]和美国精神病学家罗伯特·利夫顿对越战老兵的研究一样[78],野田正彰也展示了老兵们艰难的情绪康复之路,比如重新获得了认识和感受疼痛的能力;对于那些生命和家庭被他们毁掉的人生出同情;承认自己有虐待行为,为罪行承担责任;重新学会了仁慈。遣返回国后,这些曾经的战犯发起了一场道德目击者运动,发表演讲、出版回忆录,甚至还在1997年创立了自己的刊物。[79]野田的研究不仅使得他们的故事更容易被大众接受和理解,还揭示出了这些男人在经历过帝国主义意识形态的灌输后,心灵会变得严重麻木,无法再感受到良心的自责。而此前,这类由专业精神病学家对施害者档案进行的心理学研究在日本基本上是空白的。

野田举例说明的案例之一是汤浅谦,这名受到指控的战犯曾在中国战俘营待过多年,回到日本后加入了一个致力于为日本所犯战争罪赎罪的老兵运动组织中,并成为活跃分子。几十年来,他一直在勇敢地讲述自己担任军医时在中国山西所犯的罪行:为"外科手术实践"而杀害了14名犯人。尽管对他来说,反复讲述自己做的恶很艰难,但他从不遮遮掩掩。2000年,他接受记者采访时坦率直言,并将自己的证言公开发表在了运动的网站上,与其他同事的证言一起供公众查阅:

> 日本军队侵略中国的目的……是掠夺他们的资源。因此,本质上就是抢劫……

> 我的战友谁都不敢站出来说话……所以，我来说吧，以此告慰那些被杀害的中国人的在天之灵……
>
> 我曾……在14个中国人身上……进行过七次……活体解剖……我至今依然记得……他们的脸……
>
> 回想起那时候，我的心中就会充满自责、怨恨和后悔。[80]

类似野田所做的这类研究，让人们对埋藏在"知道和不知道"中的记忆的阴暗面，重新开始了探索。

我们父辈那场愚蠢的战争

在他关于战后战争电视纪录片的经典研究中，樱井均对于早期的努力持自我批评态度，认为那是"自说自话"。他回忆道，在封闭的状态下工作，制作人努力想表达清楚的受害感，实际上只对日本国内的人而言能说得通。但是到了20世纪90年代和21世纪初，战争罪责和对日本的施害者历史负责这类令人感到不自在的主题，已经是电视节目中避无可避的话题。今天的纪录片通常会设计详尽的调查性报道，去追查海外的证据和目击者，还会将美国和欧洲的档案资料纳入其中。这类批判性的纪录片和纪实动作片已经成为每年8月的主要节目，并且能够获得很高的收视率。其中尤其值得一提的是《NHK特别节目》，这个每周在黄金时间播出两次的系列纪录片，一直以来都是获奖调查节目的发源地，在向不同代际的观众塑造和传播战争记忆的过程中扮演了重要角色，虽然偶尔也会引发争议，但其总的政治倾向仍然保持在国家资助的公共电视台范围内。[81]

《NHK特别节目》现在的制作团队完全由战后一代构成，他们针对亚洲—太平洋战争，制作出了一些最有深度的调查性新闻报道。这个系列的纪录片发掘了许多战争主题，尤其是军事组织及其行为，比如对战时海军所犯错误和罪行的系统性掩盖（《日本海军400个小时的证言》，2009）[82]；军队、政府、权力精英和媒体的投机取巧、玩忽职守和串通勾结，未能一起终止战争（《日本为何通向战争之路？》，2011，四集系列片）[83]；为侵华战争提供资金，日本军队涉足鸦片贸易（《调查报道：日军和鸦片》，2008）[84]，等等。

比如在2009年，为纪念战争结束64周年，NHK曾在黄金时段连续三天（8月8日、9日和10日）播出一部纪录片。该纪录片以新近发现的资料为基础，展示了旧日的皇家海军军官曾在20世纪70年代到90年代间，先后会面130多次，讨论战争到底哪里出了错，并开诚布公地交换了各自的看法。这些总时长达400小时的录像谈话，构成了该节目的基础。这些军官在片中直言不讳地承认他们曾在东京审判中包庇领导人、承认海军在印度尼西亚和中国犯下的罪行，甚至还坦率地讨论了天皇的战争责任。[85] 该节目还采访了他们的子女（现均已六七十岁），试图结合相关的背景来理解这些军官的行为和动机。子女们似乎认为，良心自责的迹象已经让他们的父辈得到了救赎："那是内疚的沉默""他每天都会为阵亡士兵祈祷""我听到他说，自杀的命令简直令人发指"。

无能与不负责任的证据越积越多后，产生了一种强大的累积性效果，虽然该项目并没有直接批评那些官员，但是揭露出了他们集体丧失勇气、不敢直面困难，以及从他人那里寻求支持的事实后，项目给了数据自己说话的机会，那就是皇家海军和皇家陆军一样有罪，且只为自身谋利。[86]

6年后的2011年，也就是太平洋战争开战70周年时，《NHK特别节目》播放了一部四集系列片，质问日本当年为何决定要与美国打一场根本赢不了的战争。[87]这部在当年早些时候首播、后又在8月的纪念活动期间重播的系列片，探究了致使日本在1941年卷入太平洋战争的历史背景。NHK的记者确定了四个有罪的团体：驻外使团、军队、媒体，以及国家和军队领导层。纪录片没有单独挑出个人来责备，但那种大难临头的感觉无所不在。纪录片中谈到了日本所犯下的巨大错误及其造成的悲剧后果，并强调了蔓延在四个团体中的那种深刻的集体不负责任感。尤其值得注意的是，该片的矛头直指大众媒体，指责它们同国家审查机构沆瀣一气，捏造战斗的意愿、吹嘘战斗的热情、拔高战斗的地位。主持人在评论中指出，战后的人们要从这段历史中学到道德的警示。

> 最重要的是要意识到虽然他们十分清楚战争是个愚蠢的选项，但还是发动了战争。我们不能说那只是一时发疯而已，毕竟有那么多人的死都是因为日本。那么多人牺牲了自己，我们绝不能停止质问自己为什么选择发动战争。[88]

第三章　反思战败

战争的愚蠢性和可悲性主题，在另一集《NHK特别节目》中再次出现——《红纸送到了村子里：他们是谁，为什么被送上了前线》（1996年8月）。该片通过追踪富山县某乡村的征兵记录，讲述了一个村庄的生命和生计的彻底毁灭[89]——在八年间，该村共有246名男性收到了印在红纸上的征兵令，被抓去打仗。整个故事暗示出，政府就是让村民受害的**影子施害者**，并间接表达了一个负面观点，那就是村民和村庄的经济在政府的名义之下遭到了扼杀。采访自始至终充斥着在那些得以返回故乡、努力恢复郁金香种植的幸存者心中无言的愤恨。一名15岁便被征召入伍的农民回忆了他是如何注定为国家献出自己的生命："简直太残忍了。"有些人被征召了三四次，甚至在44岁还被再次征召参战。但最终，这些死亡的深重还是无法逃脱一个事实，那就是他们的死毫无意义，因为只有这个评价符合人们的广泛共识：公众遭到了战时领导人的蒙骗——受蒙骗而犯下了参加战争的错误。[90]人们觉悟到了政府的胁迫、利用和背叛。诸如小泉发表的政府演讲，并不能轻易平息人们的怒火。

虽然NHK经常会为调查性纪录片节目提供新的证据和发现，也招致了相当程度的政治争议。其中一个例子发生在2001年。当时，NHK的教育台表面上向政治压力妥协，修改了对女性国际战犯法庭的叙述，弱化了对"慰安妇"所受罪行的关注。这个独立的民间法庭被设计为东京审判的女性反审判庭，于2000年珍珠港纪念日开庭后，指控昭和天皇等人犯有战时性劳工罪。在著名女权主义者、记者松井耶依的组织下，随后针对"编辑过"的 NHK 节目提起的诉讼，意外地进一步提高了人们对"慰安妇"问题和电视节目本身的关注度。这是节目制作人最初没有料到的。[91]

当然，近来这些有关日本战时施害行为的描述也引来了异议。一些人批评道，施害者叙事过于"政治正确"，只停留在表面，未能深入理解施害者的动机和情感。[92]在这些批评者——大部分是政治左派——看来，加深人们的认识需要公众认识到，施害者历史是一段无法抹去的国家历史，只能被纳入国家认同中去。伴随此类叙事的那种走惯常形式的和平宣誓，模糊了施害者作为殖民者、军事侵略者、战犯和"普通"士兵的角色，没有说清楚他们是否有意成为"我们"还是"他们"。从批判性记忆的角度而言，观众与施害者的这种模糊关系，给在日本的战争责任问题上得出有利自身的结论留出了很大空间：战争的责任会被归咎到一小群人身上——尤其是被东京审判判定有罪的那些数量有限的领导人，而剩下的军人、官僚、政府、权力精英和平民则可以相对保持"清白"，甚至把自己说成是受害者。

与此形成对比的是，政治光谱另一端的人则批评这些施害者叙事过于"自我仇恨"和"带有偏见"，但这些批评者不是质疑《NHK 特别节目》的报道谴责得还不够，而是认为谴责得过分了。[93]

我们祖辈那场英勇的战争

鉴于西方的主流世界观认为"二战"中正义战胜了邪恶，

第三章 反思战败

日本在接受自己的历史时,既要处理被污名化的这种偏差认同,也要对惨痛的损失做出解释。大屠杀的始作俑者已经被妖魔化,被形容为狂热、野蛮和退步,被从正常人贬为了反常人,日本国民的道德品质也遭到了质疑。社会学家欧文·戈夫曼(Erving Goffman)对污名(stigma)的定义是,"一种会严重损害名誉的属性",可以将承受者"从一个完整、平常的人"贬损为"一个有污点、被打了折扣的人"。[94] 这种偏差认同没有轻易消失,在全球大众文化的广阔画布上依然以讽刺和刻板的形象大量出现,让日本观众尴尬、难堪。而且,在漫长的战败期间,这种偏差也被很多日本人内化了。

因此,这种被贬损和打过折扣的身份认同随着时间的推移,使得几代人的民族自尊发生扭曲并不意外——虽然日本的新民族主义者对此惊恐万分。要想理解本章中探讨的那些为恢复爱国英雄有污点的形象而做出的尝试,就不能不把这种强烈的怨恨考虑进去。从 20 世纪 90 年代到 21 世纪初,战争的苦难和愚蠢形象成为文化媒体的主流认识后,一些人便试图通过对"反常的"日本军队进行重新构想来抵消这种形象。接下来,我就将讨论与此相关的尝试。这类故事通过暗中强调亲属关系,以及与那段假想历史在时间上的间隔,将叙事框定为我们祖辈的战争。内容讲的通常都是家庭中一些英勇战斗过、未能活着回来的战争英雄。但是在最近,对这些爷爷辈故事的描述也开始探究不同的故事结局,好弥补吃了一场败仗的战士只有死掉才能成为英雄这一情节的漏洞,他们展示了那些在战争中活下来的爷爷们——为了帮助他人而幸存,尽管军事计划有错误但还是幸运的生还，或者是为家庭的未来而幸存下来。要把这些在改变人生的流血杀戮中幸存的人美化到真实可信并非易事，同样不容易做到的，还有将他们描绘成更友善、绅士的战士，渴望活命而非牺牲，好回到亲爱的家人身旁。[95] 不过，这份努力还是在试图把整场战争变成一次为了保护至亲至爱，而非报效祖国或者天皇而开展的战争。

当然，这类战争和家庭的形象会被更新修正，以便符合21世纪的理念，并与那些在浪漫美好的时代中成长起来的年轻观众产生共鸣。与当下相比，战时的人们在情感上对家庭生活的依恋普遍要弱一些：他们的婚姻通常是包办婚姻，缺乏浪漫的爱情；当希望长子继承财产时，他们还会把其他孩子送人收养[96]；在战时日本的神道教氛围下，儿子在战争中死亡后，母亲会收到祝贺，还不能为他们的死哀伤，但是现在，亲情已变得越来越重要。所以，为年轻受众提供改进后的英雄榜样，就会使得日本军队有可能获得形象上的新提升，以便供人仰慕——虽然这些都是虚构的。

因此，在这种重要转变后，更新换代后的英雄不再是烈士，也并不一定会在战争中死去。在新的战争电影和小说中，日本士兵不再愿意为天皇或国家而战斗和牺牲，而是只为他们的"至亲至爱"，包括他们的父母、配偶、子女、兄弟姐妹和朋友。更伟大的事业已经变了：他们珍视生存，拒绝在战争中为国牺牲。因此，英雄不再是战争贩子，而是追求和平的人。

虽然这样的变化能取悦观众，但近年一些故事片恰好在8月15日纪念日当天上映，描绘的仍然是战争和战败的不同含义，各种真实或虚构的情景，以及一大群风格迥异的角色。近来这类故事片的主角有：一位被军警囚禁后折磨致死的异见人士及其遗孀；一位被指控为战犯的人努力给自己洗清罪名；一位海军上校违抗命令，拒绝让手下参加自杀性任务，然后在战后同心上人喜结连理；一位获授勋章的士兵，在战斗中毁容、截肢，饱受自己在中国奸淫掳掠的记忆困扰，无情变态地虐待妻子；一位普通的小店老板维持着道德良知，引导着子女度过了混乱的战争年代；一位爱做梦的普通工程师一心一意追求着童年的梦想，要建造世界上最棒的飞行器，丝毫没有意识到它可以被用作杀伤性武器，导致大屠杀。[97]这类战争故事并非要表达什么有争议的真理主张，而是想照亮依然存在矛盾的更大整体中的不同部分。观众需要把这些部分拼在一起，认识到这些角色在道德上是复杂的，有着多种维度，而我们的理解则是不完美和不完整的。

近来的一些电影，如《盛夏的猎户座》（2009），在构思、创作、设计和表演上，都由战后出生的人完成。他们从没经历过战争，但在成长过程中明白了日本的战败和日本士兵在"二战"中的所作所为给军队留下的无法抹去的污点。但是，在《盛夏的猎户座》以及其他同类型影片中，军人主角既没有惨死战场，也没有成为战争的受害者，而是勇敢、坚强地幸存了下来。这部电影围绕由偶像明星玉木宏扮演的仓本舰长展开，他掌管的潜水艇受命去挫败美国驱逐舰在太平洋上的行动，但仓本与以前那种狂热的日本军队领导人的形象截然相反，是一个和善、礼貌、勇敢、聪明和有决断力的领导者，认为自己的任务和责任是不让他手下的人去白白送死。于是，他冷静地扛住压力，拒绝为了节省弹药而派他的人使用人操鱼雷（"回天鱼雷"）执行自杀性任务。他冷静又充满同情地劝告舰上四位狂热的回天志愿者*："听我的话。我们打仗不是为了死。我们打仗是为了活下去。人不是武器。我们只有一次宝贵的生命。"

虽然他的好朋友死在了一艘被击沉的潜水艇中，但仓本在战争中活了下来，娶了好朋友的妹妹为妻，一直活到了孙女长大成人。现在，孙女发现了他曾经的从军生涯，并且记得他后来的家庭生活……虽然要把这部娱乐动作片斥为支持战争和军队的电影很容易，但应该认识到，本片也否定了以前那种在1945年之前被军队褒扬的"神风特攻队"任务和自杀式进攻。观众在这种经过净化和修正的历史中找到了道德尊严，因为生活在其中的日本人相互尊重，坚决拒绝牺牲下属，拒绝把他们当成可有可无的棋子。这种经过改观的新形象让年轻观众在主角拒绝虚假的勇敢时，可以认同并赞赏他的行为，就像认同并赞赏《拯救大兵瑞恩》（Saving Private Ryan）中的汤姆·汉克斯（Tom Hanks）那样。《盛夏的猎户座》试图摆脱带有偏见色彩的"日本佬"这种标签，此类或许可以被称为"爷爷"故事的类型片现在已越来越多，为的是对曾经的武装形象进行重塑，使之可以成为日本人的自豪对象。

在今天做一名好士兵，就是要拥有一颗温暖的心和正确的家庭观。类似的英雄爷爷的故事，正在成为一种流行的幻想电

---

* 回天志愿者：日本"二战"时期执行自杀式武装袭击的士兵。"回天"意指扭转战局。——编注

第三章 反思战败

影新门类,战后出生的观众可以在这个经过重新构想的世界中,从勇敢、诚实的军人英雄身上找到共鸣。百万级畅销小说《永远的0》及同名电影,讲述了一个无业、任性的孙子在逐渐了解祖父人生的过程中,慢慢发现了人生的真谛——对家人的爱,不为国家和天皇白白送命。他的祖父虽然是皇家海军杰出的零式战斗机飞行员,但勇敢地坚持着以上这条原则,这是整个故事的关键。主人公宫部是一名很酷的飞行员、爱护下属的军官、英明的战略家、爱家顾家的男人,在海军的强迫下,他成了一名特攻队的自杀飞行员,并在战争最后阶段牺牲。在这个故事的道德视野中,一面是对飞行员的颂扬,一面是对以国家名义害死这些有才华的年轻人的特攻队制度的批判,在完整保持了人们对牺牲的同情和尊重的同时,将这些牺牲的目的从国家、天皇和祖国转移到了家人和家庭之上。[98]

对年轻观众来说,这些故事是一种充满娱乐性的幻想,对应了目前充斥着全球娱乐媒体的那种"挚爱亲人"和"家庭价值观"的理念。此外,《永远的0》还在谴责海军中那些无能的官僚、自私懦弱的军方高层,以及其他不计后果的战争贩子时,表达了一种有选择性的反军国主义倾向,认为所有这些人都要对日本年轻人的惨死负责。在这种世界观中,特攻队队员并不是狂热的极端民族主义自杀式飞行员,而是身陷绝境后别无选择的好男人。他们想为家人而活,但却死了。不过,把这些人描绘成"普通好男人"也有很大的局限:故事必须要在1941年后开始,描绘对美而非对华战争。如果宫部的故事从1941年以前(他被部署在中国期间)开始讲,那他很可能只能被描述为那种执行残暴的地毯式轰炸任务的飞行员，比如臭名昭著的重庆空袭行动。这个虚构的影片类型要传递的信息是：忽略那些让人难堪的记忆，战时的文化遗产中有些东西值得珍视，它们可以且应该构成正面的国家和道德认同的基础。

具有讽刺意味的是，战后的作家和制作人重新构想的这些爷爷，实际上采纳的是流行全球的英美文化中的规范和道德范畴。勇气、原则、能力、忠诚和奉献构成的实际上是好莱坞模式中正面道德认同的基础。日本在战时那种终极的勇气和忠诚理念——甘愿为天皇或祖国牺牲自己的生命——与和平时期的理念，即在一个"爱好和平"的国家中为家人、爱情和幸福而活，是完全不符合的。要想让商业媒体中这类爷爷战争的故事得以成立，必须通过修正历史来弥合这种认知失调。

今天的年轻观众如何看待这类为国牺牲的故事？2001年8月15日，即战争结束56周年纪念日当天，《NHK特别节目》在黄金时间又播出了一期，在演播室采访了30多位年轻观众，让他们分享自己对战时日本，尤其是对那些担任自杀式飞行员的年轻士兵的想法和看法。大部分观众虽然都对祖辈的战争持批评态度，但是观点远未达成一致。

> 我干不了（神风飞行员）做的那些事。怎么会有年轻人为了某个理想做那种事？是因为他没有选择吗？我不理解。

> 我不明白。他们去赴死，是因为别无选择？为什么一个理想（大义）就能左右这么多年轻人？我做不到。

我觉得他们说自己没办法，有些避重就轻。

我有点儿能理解。我可能也会那样做。我们现在和战前的日本有点儿像：没有原则或者廉耻心。

说他们没办法，肯定很让人恼火。这是顺从，接受自己无法控制的事情。

我也会说我没办法。我会说一百遍。但我不会考虑公众的利益。我只会考虑我自己。我可不想努力过头。

像那样在战后转换视角……太没骨气了。

这类负面遗产的影响还没完。我从韩国朋友的身上可以看出，他们的心中仍然充满着愤怒。新的关系可以从道歉开始。

我确实能感到（作为）国家（一分子）的压力，但我不知道如何将它纳入我自己（内化）。我不知道自己该相信什么，这让我很紧张。

我不知道。我不知道"负责任"是什么意思。我能做什么？

我认为维持和平是承担罪责的最好方式。[99]

这些年轻人的观点既不统一,也不相互认同,对于战争的看法和理解以及能从中收获什么,各有各的角度。但显而易见的是,其中还是有一些共同的情绪:他们对战时一代在战后完全改变了自身的道德认同,表示出一种几乎不加掩饰的蔑视;对于除了"永不再战",没有其他道德原则来引导他们思考日本的未来,表现出了一些愤怒;关心和平则被普遍认为是一个崇高的目标。

国家归属感和被压制的同情感

日本社会学家福间良明对现在媒体中的施害者叙事持批评态度,他认为,这些叙事现在已经变得过于政治正确和自满。他对受害者叙事也有异议,认为这些故事被当成了避免探究施害者罪责的避难所。福间辩称,要想深入探究这两种立场,我们就必然需要理解两者的联系,在理解施害者态度与受害者态度之间建立一个电路,在更深层次上将二者联系起来。对施害—受害者态度的深入认识,可以让我们理解施害者自己的复杂情感,并最终把我们从"知道和不知道"的安全区里逼出来,让我们无法再刻意回避有关恶行的指控。它将迫使我们扪心自问,在同样的情况下,我们是否会采取不同的做法,加深我们的施害—受害者意识,最终可以让我们从无法表达、难以言喻的情感深渊中出来,认识到施害者虐待受害者的政治结构。因此,我们的任务并不是放弃让人心安理得的受害者情绪,而是把它们编织到一个更具包容性的想象电路中。[100]

但这个新的电路,正如历史学家荒井信一所主张的,需要我们对日本的帝国扩张和殖民占领拥有更深切的责任感。[101]没有这种责任感,日本人便无法对亚洲受害者产生同情,反而会坚称自己只是无辜的旁观者,被迫卷入一场不宣而战的战争。然而,要想获得责任感,非常重要的一点是要更深切地意识到,普通大众在战争中无论是作为合作者还是旁观者,都有着不可推卸的责任。不过,正如下面这位战争亲历者的话中所反映的,那么做会很难,很痛苦:

> 毕竟,每个年龄比我大点儿的人,不论性别,都有过这样或那样的战争经历。我们互相逗乐、互相帮助,一起熬过了那场战争。因此,思考战争责任,就意味着我们必须要进行自我批评,自我训诫……这对我们来说很难……如果这么做,我们就必须把自己从里面撕开;(我们)心灵还不够强大,受不了这个。[102]

这一复杂的记忆途径,接受了一种认同"既善又恶"的综合叙事的趋势。它试图越过善恶之分,在谴责他们的施害者行为时,将施害者认定为滥用武力的受害者。这些努力想要超越那种已经让日本的战败文化停滞许久的僵局,对于"远离家乡"的亚洲受害者提出了一种淡薄的责任感。[103]包括小田实、鹤见俊辅、加藤典洋、小熊英二、吉田裕在内的公共知识分子都试图冲破这个僵局，将意义的不同视野弥合起来。[104]

历史学家兵头晶子提出了一个概念框架，将施害者和受害者的焦点视为同一枚硬币的两面。[105]虽然对暴力变得麻木是进行暴力战争的必要条件，但它也可能使一个人对自己遭受的暴力不再敏感。可以说，兵头是在不给暴行找借口的同时，呼吁人们同情那些经过训练和适应，进而被迫实施暴行的人。这种途径要求人们在一定程度上同情那些士兵，因为他们变成杀人机器，不得不和魔鬼做出约定，是为了在地狱中活下去。这样，人们就没那么容易再把他们看成典型的英雄或反派了，但在一定程度上认识到施害—受害者的脆弱性和不完美，对于感同身受地意识到"这事也可能发生在我身上"，是必不可少的。

战后的一代人似乎注意到了这一点。最近的调查显示，比起战时一代，更多战后出生的人认为，日本应该对战争负责。[106]近一半（47%）觉得日本应该继续对他们给中国人民造成的巨大伤害负责。[107]超过三分之二（69%）的人认为，战后的日本对自己在战争中的所作所为并没有充分反省，日本应该讨论战争责任的问题。[108]

寻求一种综合、连贯的方式来理解英雄、受害者和施害者，可能会让战后的人们评价那些参与战争的个人时，认为他们既不是彻底的施害者，也非完全的受害者。以这种方式看待生活现实，会产生大量矛盾：接受好人也会作恶的现实，不要对好人做出卑鄙之事感到意外。这种途径最终走向了好与坏之间的模糊区，或者说普里莫·莱维（Primo Levi）所谓的"灰色地带"

（Grey Zone）。[109]

英雄、受害者和施害者叙事不安地共存，一定程度上是因为同一群人身上同时体现着不同的元素：这个故事中的受害者，到了那个故事里就成了施害者，再到另一个故事里又会被视为英雄。某个家庭可能会同时被铭记为军事侵略的狂热支持者、狂轰滥炸的受害者和邻居的大救星。一名普通的日本士兵，可能同时被认为是非法侵略的施害者、军队虐待的受害者，但又不愿服从杀害战俘的命令。再增加些复杂性的话，某个家庭回忆一些家庭成员时，可能会给他们安排不同的英雄／受害者／施害者角色，比如他可以是一个异见人士、战争烈士或者战犯。"神风特攻队"飞行员的道德复杂性，尤为深刻地体现了这种同时被分配多个角色的道德困境：虽然是愚蠢命令的"受害者"，但他做出了"英雄"的牺牲，进而将自己变成了一个犯有战争罪的军队之中的施害者。

早在 20 世纪 70 年代，公共知识分子、和平运动激进人士小田实便根据自己的经历——躲过日本投降前夜那场毫无意义的大阪空袭，以及参与了日本的反越战运动——阐述过他的综合性施害—受害者视野。他提出，施害者和受害者之间的区分是一种人为的道德构建，但实际上二者是互相咬合在一起的。当人们在军国主义政府的强迫下变成杀人机器后，施害者就诞生了。而单就这种转变（施害）是由一种权威的军事制度迫使、因而人们没有选择的余地（被征兵）而言，施害者在成为施害者前，是军国主义政府的受害者。这并不是要为那些犯下骇人罪行的施害者洗脱罪名，或者说让他们不必再为这些暴行负责，而是指施害者产生于另一种暴力之下，对他们施暴的是国家。不过，他们曾经是受害者这一点虽然无法否认，但并不能抵消他们的施害者身份。[110]

如果没有一种更复杂的想象通路，把受害者和施害者联系在一起，日本全国上下在试图保持阵亡士兵的无辜形象时，就只能继续把其他亚洲的遇难者排除在外。日本受害者的故事——出于很多目的被调动起来，且影响着更大层面上的战败文化创伤——基本上把遥远的亚洲受害者挤出了官方叙事和公共媒体之外。而当战后一代人似乎对亚洲受害者缺乏同情时，又倾向于把自身的行为归结为冷漠、狭隘和健忘。但是，优先考虑"切近自家"的问题并不罕见，而这种明显的冷漠，也许同人们对越南战争或者伊拉克战争中死去的敌人那种一无所知和毫无感觉一样，并没有什么不同。与之有关的，或许是与"切近自家"的痛苦相比，人们在面对"离家远"的痛苦时会觉得更无助一些，也可能在一定程度上源于人们的无奈感，觉得自身无足轻重，关切了也没用。[111]然而，只要同一个民族国家仍然存在，战争的责任便永远不会终止。[112]

比较研究学者仲正昌树指出，日本全国在平民的罪责和别国受害者的苦难等问题上的讨论范围有限，正是日本在施害—受害者身份方面的自我认知模糊不清的核心原因。他认为，日本的自我认知已经因政治原因受到了严重损害：这种情况源于政治左派和右派之间出于权宜而勾结起来，共同压制相关的讨论，以达到各自的目的。对左派而言，这有助于确保他们不会惹恼普通民众，失去这些人的政治支持；而对右翼来说，它有助于转移那种可能没完没了的有罪推定,包括对天皇的有罪推定。随着有关牺牲的讨论稳固下来,这种用沉默来保护旁观者的行为开始扩散开来,不让战争死者受到抨击成为全国性的当务之急。[113]这一模糊的自我认知,还源于有关广岛的鲜明记忆,因为整个事件在公共话语传播时,被表达为大规模的受害者叙事。这种叙事,在儿童的和平教育及和平主义社会化方面十分有效,但也会进一步在人们心中强化战争的致命暴力具有随机性和任意性这一观点,认识不到暴力是因为人的作用才成为可能。[114]下一章中,我将讨论向儿童传播战争记忆的问题。

第四章

战争与和平的教学

——教孩子"二战"史

每年 5 月和 6 月是日本的校外旅行考察季,很多孩子会在学校的组织下,到东京、京都、广岛、北海道、冲绳等地进行参观学习。2010 年春天一个阳光明媚的下午,这样一群小学生正在京都的世界和平博物馆游览,这里是他们学校旅行的一站。该博物馆始建于 1992 年,大约 80 名身穿鲜艳衬衫的男孩和女孩正在那些宽敞的展厅中闲庭信步。带领他们参观的志愿讲解员,会随时为他们介绍展览的情况。这样的博物馆在全国各地还有很多,都是所谓的"和平教育"场所。在这里,跨代际的战争记忆会被伪造和复制。在有关亚洲—太平洋战争的展区,孩子们听年长的导游耐心地介绍展品,讲解那些破烂的军服和旗帜、为了防备空袭搬空陈设、昏暗不堪的客厅模型、没多少选择的配给食物菜单、核炸弹的模型,以及学生士兵和被毁城市的照片。一些孩子听得入神,兴致盎然地了解战时日常生活的各方面,从食物、衣服,到信仰和意识形态都要受控制的那段时光；他们在分发下来的笔记本上记录着自己的印象。其他人则对做笔记兴趣不大，他们更愿意和朋友们一起玩或是自由自在地从一个展区逛到另一个展区，浏览、凝视、阅读或者思考任何引起他们注意的景象或物品。

"300万名日本人死亡，2000万亚洲人死亡。你看，我们杀死的人比我们自己失去的人多。我们杀的人是我们失去的人的六到七倍。"一名志愿讲解员用老人给孙子讲故事的那种口吻告诉孩子们。不过和日常的家人聊天不同，这里的话题是冷酷无情的大规模死亡："所有的供给都被切断后，有一半的士兵饿死了。""他们一直打啊打，一直打到全军覆没。"她继续不带感情地跟小孩子们讲发生在她人生中的那些致命暴力。另一位年长的讲解员领着孩子们来到一个仿造的战时家庭客厅，仔细讲解为什么人们无法制止战争："他们说，如果你不配合战事就是不爱国。"她和小游客们坐在那个简朴房间里的小餐桌旁，想要通过描述她母亲如何为夜间的空袭做准备——比如把窗户和灯涂成暗色——来弥合两代人之间的那道鸿沟。第三个讲解员说话时，就像一位正在讲课的老教师一样，站在一张广岛被炸后的照片前向孩子们解释战争与和平在宏观层面上同当下的生活有什么关系："现在，人们正聚集在联合国，讨论核不扩散条约。日本不希望拥有核武器，这可以追溯到1945年，广岛被炸地区的半径约为2000米。但是今天，只要三枚炸弹就可以摧毁整个日本。"听到所有的日本人都会像那样被摧毁后，小听众们都一动不动。这就是他们在早期接触到的观点：连他们这些小孩子也无法不受到核威胁的影响，并且很有可能

第四章 战争与和平的教学

被这种炸弹炸死。

几天后，在日本中部、东京西北方约50公里处的另一家和平博物馆，另一群参加校外考察的学生也在接受和平教育。当天下着雨，当地一大群戴着鲜红校帽的小学生在位于市政公园内、建于1993年的埼玉县和平资料馆中等待着资料馆工作人员向他们展示空袭模拟体验以及疏散演习。假想的"攻击"发生前，孩子们正在一间仿造的教室里观看一名专制主义的老师（在影片中）盛赞祖国的种种优点。空袭警报打断了课堂的平静，孩子们被带进"防空洞"，有几分钟的时间，里面充满了假烟雾，并播放着空袭的画面和声音。有些孩子的反应是焦虑和紧张，其他则看起来不知所措。为了对这一经历有所准备，演习前，他们在播放厅观看了一部动画电影《最后的空袭——熊谷》。该片根据1945年8月14日，即战争结束前一晚，埼玉县熊谷市真实经历的空袭事件改编，讲述了一位7岁小女孩在东京空袭中失去双亲后，被熊谷市的亲戚收留。无依无靠的她努力适应自己的新生活和新家，最终却在另一场空袭中殒命。这类被遗弃的孩子在战争中死去的阴郁主题，在很多专门为儿童制作的日本战争故事中十分常见。该类型中最著名的是《萤火虫之墓》，这部由动画大师宫崎骏的吉卜力工作室创作，改编自真实的空袭事件，同样作为和平教育影片在日本学校放映。"萤火虫"再次讲述了在某场毁灭性的空袭中失去母亲、在战争中失去父亲的一对兄妹相依为命的故事。后来，他们被冷漠无情的亲戚再次抛弃。两人衣衫褴褛，身无分文，无依无靠，最终饿死街头。小观众们可以与电影中的同龄人产生共鸣，本能地意识到战争中会发生可怕的那些事情,同样会让他们变得孤立无援;他们也很有可能失去父母、亲人、朋友,以及一切可以保护他们、让他们活下去的事物。在和平教育中,采用容易催生负面情绪(如怜悯、恐怖、对被遗弃和惨死的本能恐惧)的叙事其实很常见。

在《记忆伦理学》(Ethics of Memory)中,以色列哲学家阿维夏伊·玛格利特(Avishai Margalit)提出,负面情绪的记忆是道德行为的一种强大动力。[1]和平纪念馆正是这一观点的范例,作为一种展示记忆的场所,纪念馆通过讲述痛苦的过去,唤起参观者强烈的反战情绪。随着战时一代陆续离世,直接的战争经历叙事变得不容易在家中听到,越来越多类似的文化机构开始在创造代际记忆方面发挥起关键作用。利用文化创伤来打造一条和平主义的道德轨迹是这类机构传递记忆的常用手段。战争记忆的传递(通常被称为"继承")效果,仰赖于文化创伤的象征性分量,以及为后来人鲜活地保持这类原始情感记忆的能力。[2]被选择的叙事,通常会让人们用恐怖和害怕这样的情绪来记忆战争。因此,和平教育通常会催生和平主义的道德观,但其根据并不是对战争是正义还是非正义的理智判断,而是基于本能的求生直觉。在这种意义上,也难怪日本社会学家村上登司文近期在调查中发现,只有13.1%的日本中学生支持"正义战争"这一观点——保护国家的自卫战争——相比之下,在英国中学生中,这一比例达到了44.5%。[3]有些年轻的日本学生很早就有了一种道德意识,即"日本战争史上发生过什么可怕的事"。虽然他们并不一定知道或者理解事件的全部情况，但仍然可以在不断累积的负面情绪的促使下，背弃那份充满了暴力的历史遗产。

这类和平博物馆完全不同于战争博物馆，后者在铭记历史时提供的是英雄的爱国叙事。世界各地的战争和军事博物馆——远比和平博物馆的数量多，建立时间也更长——旨在通过展示历史人物英勇的战争业绩，来崇拜过去的战争和事件。大多数情况下，这类博物馆的展览倾向于弘扬军事传统，主要是介绍战事、展示武器、讲述领导人和士兵的故事，尽量避免提及毁灭性的后果。例如，伦敦的帝国军事博物馆（Imperial War Museum）和巴黎的荣军院（L'hotel des Invalides，巴黎伤残老军人院），就是这类展示军事成就和颂扬英雄遗产的资料库。不过，那里的道德信念依托的前提是，从根本上而言，他们发动战争有其正义性和合理性。正是这个前提，将战争同无法无天的大屠杀、同肆无忌惮的暴行区别开。然而这一点在战败文化中却很难建立起来，因为日本的军事失败很难适用于一场正义和英勇之战的胜利叙事。因此，日本的和平纪念馆比战争纪念馆多也就不奇怪了。尤其是在 20 世纪八九十年代，前者的数量增长尤其迅速。[4] 现在，世界上有三分之一的和平博物馆（65 座）都坐落在日本，从北海道到冲绳，遍布全国。[5]

战争博物馆的一个例子是东京的游就馆，由饱受争议的靖国神社私营。我们在第三章中曾讨论过靖国神社，里面供奉着战争死者，在第二次世界大战前曾是国家机构——为宣扬英勇爱国的叙事，这里试图抹掉战败和失败的耻辱，复活"大东亚战争"的故事，通过将其置于当时恶劣的地缘政治环境中，并在象征意义上将爱国事迹的价值与封建社会的武士风度等同起来,最终把"大东亚战争"描述成了一场正义和必要的战争。后来的日本人均在道德上蒙恩受惠于战争亡者是此类故事的固定内容,再佐以照片、个人物品、私人信件的展示,甚至还包括亚洲—太平洋战争中的自杀式飞行员最后的遗嘱。[6] 这类煽动情绪的叙事,通过将终极牺牲具象化,淡化其暴力后果,定下基调,鼓励参观者认识到自己蒙受了死者的恩惠,以至于想要维护他们的荣誉。为一场失败的战争而惨烈牺牲,这种说法在招来怜悯的同时也能引发敬意,在激起反感的同时也能唤起效仿的热情。不过,即使有关这类"英雄"的描绘能让小参观者感到震惊和敬畏,但这些悲剧性人物能激发多少人来模仿他们的行为却很值得怀疑。尤其是在今天,国家为什么值得人们再次为之付出生命,似乎并没有那么显而易见或者强烈的理由了。

正如德国记忆学者阿莱达·阿斯曼所主张的,今天的我们正处在 21 世纪初期的一个关键时刻,战争的历史记忆已被转译为公共领域中的文化记忆。[7] 随着战时一代的离世,没有经历过战争的战后一代,成了那份连同"永远不要忘记"的忠告一起存在的记忆的承载者。这种转译工作在博物馆、文化媒体和教育资料中是一项持续进行的文化工作,在这次过程中,国家叙事会不断地铭记、重新定位和再现。具体到日本身上,代际战争记忆的传递(继承),试图将战败文化转变为一种和平文化,而非像战后德国那样变成忏悔文化。文化创伤的遗产在此过程中被充分唤起,通常会更强调有关本国苦难的情感记忆，而不是对于在被殖民和被占领的亚洲造成了更多苦难的负罪感。在前面章节中讨论过的英雄／受害者／施害者叙事在此过程中会被调用，比如在博物馆展览、教科书、动画电影和儿童流行漫画当中。这些构成了本章中将要探讨的文化材料。

多种不同的创伤历史记忆可以在社会中并存发展，尤其是所记忆的是一场多维度的全球性战争时。作为一个国家，日本会把自身铭记为施害者国家和受到原子弹轰炸的受害者国家，但同时也是有能力进行勇敢战斗的国家。某个家庭有可能被同时铭记为军事侵略的狂热信徒和灾难性空袭的目标，以及左邻右舍的救星。因此，这个家庭作为施害者、受害者和英雄的多重记忆，可以共同存在而互不冲突。一名日本士兵，可能同时被认为是非法侵略的施害者、军队虐待的受害者，但又不愿服从杀害战俘的命令。在此，施害者、受害者和英雄这三种角色的所有记忆，可以隶属于同一个人。而当同一个家庭中的各成员扮演了不同角色，比如一个是持不同政见者，一个是战争亡者，一个是战犯时，有关他们的记忆也可以并行不悖地存在。因此，英雄、受害者和施害者的角色和记忆混杂在一起，以一种很难轻易界定的道德不确定性状态，尴尬地共存于不同的情形之中。这种多样并存的记忆，通常会在道德上互不相容，尤其是在人们对亚洲—太平洋战争更宏观的理解依然充满争议、难以定性的情况下更是如此。

不过，这些分裂记忆的承载者，仍然可以在共有的意义范围内行动。这个意义多少会被限制在一个规范性框架内，以便使社会团结成为可能。[8] 在一个分裂的战败国家，规范性框架会使用概括性较广的概念,比如"和平"或者"悔悟",让公共和私人生活中互不相容的叙事可以在同一个意义框架内共存。[9]因此,即便当"多种形式的记忆同时运行"时,人们也可以找到共同点,构建起不太牢固的关系。[10]在这种动态中,随着持续的记忆行为发生改变的,不是有关历史真相的说法,而是不同文化叙事的显著性。具体来说,就是在特定的时刻和特定的地点描述有争议的历史时,某些文化叙事会比其他的更受欢迎。不过,在不同时期,即使一些叙事盖过了另一些,它们也不会真的完全消失。因此,"接受历史"并非一项清晰、线性的工程,而是一种纷繁复杂的任务,会受到不同历史叙事周期性波动的影响,而这些叙事又通常难以相融,甚至相互矛盾,而且会因特定的情况和限制条件而变。

来自上面的历史:社会研究课本中的战争与和平

叙述富有争议的国家历史会带来的问题并非日本独有,我们在世界各地可以找到大量例子。描述不堪回首的历史会遇到各种难处,如美国的越南战争、中国的"文化大革命"、苏联的斯大林时期,以及以色列的拉宾遇刺,这样的例子比比皆是。[11]人们普遍会在如何描述惨痛历史的问题上发生分歧,不仅因为对历史的实际记录不同,还因为主流的叙事会影响到留给后代的国家遗产。在教育领域,历史问题又因为利用学校教育来塑造国家认同这一全国性的工程而被进一步复杂化。从土耳其到法国,再到希腊,社会研究和历史教育都是被用来突

第四章　战争与和平的教学

出国家英雄成就的手段，以此培养对国家的正面认同。[12]在美国，比如在冷战期间，历史教科书同样是各种战时道德故事和代理战争的意识形态的汇编。[13]诚然，教科书可以任由历史知识的承载者拿捏，且长期以来一直会受到此消彼长的政治潮流和机构干预的影响。[14]

而在日本，还有一个节外生枝的地方，那就是社会研究教育起初是由美国占领军（1945—1952）引入，借此在新殖民条件下按照美国的模样来对日本公民进行再教育。占领军禁止日本学校教授历史、地理或者进行道德教育，因为这些在战前曾经被用来煽动民族主义者支持战争的情绪。"忠于帝国"这种旧的思想原则，被民主国家的人权新理念所替代，并被框定为适用于新社会中的新公民的"正确"思想。因此，在1947年，社会研究取代了战前的民族主义教育，在被占领的日本引入了美式民主。[15]

在这个不顺的开端之后，社会研究成为被占后的日本最激烈的政治战场之一。[16]尽管那些希望看到日本改变其战前独裁教育结构的人对此乐观其成，但也遭到了那些担心自己的政治权威会被侵蚀的人的反对，逐渐成为公民教育问题上意识形态斗争最激烈的场所。就像美国教育中的神创论者和进化论者的激烈竞争一样，几十年来，日本这场为战争历史进行的斗争，也一直是一场旷日持久、争议不断的文化之战，争抢着下一代人的心灵和思想。许多日本的教师可以证明，关于如何讲述现代国家历史的控制权的争论，已经被对污点历史的内疚和羞愧赋予了强烈的政治色彩，以至于成了"一门讨厌的科目"。[17]

这里的关键问题是,像战时政府和美国占领军所做的那样,通过规范国家历史来培养"理想的"国家认同和团结是否正当。支持者——主要是国家和官僚机构——通过把历史教学和研究分开,使正面阐述历史变得合法化。他们主张,在历史教育中有关国家成就的故事,应该用来培养未来公民的国家归属感和信心。[18] 因此,教育的自主性和自由必然会受到削弱,进而从属于国家利益。反对者——主要是教师及其协会——则坚持教育应该完全基于学术的史学研究,不应受到政府的干预;历史教育应该确保教师教授真相和儿童学习真相的权利。[19] 相应的,日本的阴暗历史必须面面俱教,包括殖民压迫、战时暴行和战争罪行等不愿面对的真相,比如南京大屠杀、"731部队"、"慰安妇"和"三光"政策。[20] 因此,各方的分歧不仅关涉历史记录的准确性,更是一场代理战争,事关向后代教授批判性史学的价值。

向未来的公民教授施害者历史更加问题多多。在教科书中将日本描述为一场非正义战争的施害者,长期以来便是极度痛苦的和意识形态化分歧的核心,而原因正是国家认同和民族自豪感中固有的污点。从20世纪60年代起,真实地描绘施害者叙事的问题,便成了家永教科书诉讼中的争论焦点——家永在编写教科书时,将亚洲—太平洋战争中的日本描绘为侵略者,政府要求他做出修改,相关诉讼绵延30多年,一直持续到了90年代。这是日本现代史上跨度最长的诉讼。自20世纪80年代以来,批判地描述施害者行为,一直也是国际教科书争议的核心问题,并最终导致了1982年"近邻诸国条款"的出台,

第四章 战争与和平的教学

这一政策要求教科书的审定过程要将战争中那些受害邻国的关切考虑在其中。到90年代末，由此出现的越来越多的施害者叙事再次引发了教科书争议，其反对者主要是战后的知识分子。他们之中的民族主义者出版并发表了一系列备受争议的书籍和文章，抨击新出现的施害者叙事（对"慰安妇"的"奴役"、强迫劳工，等等），试图代之以他们自己教科书中的英雄叙事。几十年来这些反复无常的变化，体现了在接受有污点的战争遗产和罪责这份需要长期进行的工作中，日本战后一代如钟摆一样来回反复的清算、抵制、挑衅和巩固的过程。[21]

观察家指出，教科书虽然具有政治象征性，但作为协助解读历史的指导工具，它们的有效性却非常局限。比如，早在近30年前，托马斯·罗伦（Thomas Rohlen）就曾注意到，日本的大部分高中教科书仅仅是"各种事件的罗列"，明显在避免提供解读、表达情感、做出判断和评价。在他看来，这些是就传统的教科书展现了一系列事实，但没有提供可以让读者对事件做出有意义解读的明确叙事框架。[22] 然而，自那之后，在文部科学省连续提出的课程指导方针的许可范围内，教科书扩充了对当代历史的介绍，更加系统地讲述了战争内容。因此，认为现在日本学校的教科书全都一样是错误的。尽管各种教科书经过包装后看起来很相似——如大小、厚度、开本、风格、用词、内容和价格——但描述事件的视角却大相径庭。通过认真地遣词造句，它们在描述战争时便可以各有侧重，强调不同的意图、动机以及权利和责任的核心。它们的区别在于利用不同的框架来解读"一场非正义战争的施害者"。

例如，所有历史教科书都会涉及"九一八事变"、日本侵华战争和太平洋战争，但是在描述国家侵略或占领亚洲邻国的意图时，却各有不同：领土扩张的目的是获取对战争有利的战略资源，或者克服全球萧条之下的经济危机；军队被部署到中国，是为了强夺领土，或者挫败中国对日本的交战企图；（中国东北的日本关东军）任意妄为的驻军违抗命令、政策和协议，是为了殖民扩张领土，或者保障边界安全。不同的侧重和理由，暗示的是战时日本政府在侵略战争中的不同违法程度，进而也意味着它该负的责任、该受的职责和该担的罪责的程度不同。鉴于这样的差异，确实不能仅仅由亚洲—太平洋战争这个简短章节中的几个字或者短语就能决定，因此在定量的内容分析中极易被忽略。不过，毫无疑问的是，它们可以清楚地向学生或读者传递有关战争与和平的不同含义。[23]

本书选取了 5 家出版社的 15 本历史和公民学教科书来做讨论分析，它们都是高中课程中被广泛采用的教科书。选取的样本由五大社会研究学科中排名前三的教科书组成，这五大学科包括："日本史 A""日本史 B""现代社会""政治·经济""伦理"。[24] 我抽取了这些科目中占市场份额最高的历史和公民学教科书（2014 年版）。在 5 个科目上，11 家出版社一共出版了的 59 本教材。[25] 为了验证在这些教材中发现的趋势并为其提供相应的背景，我还拿同一教材的旧版本，以及同一出版社在同一课程上出版的其他教材进行了比较。加上次级样本中评估的 31 本教材，我在下面的分析中一共评估了 46 本社会研究方面的教科书。[26]

这些教材通常由6—12名学者和教师团队合著，倾向于根据文部科学省的课程指导方针，在后续版本中保持相同的"模式"；因此，它们经常会发展出独特的叙事风格，以表达各自的取向，而这样的取向通常会对各社会研究科目都有影响。所以，部分因为这个原因，学生和教师在谈到教材时，通常会直接提出版社的名字，而不是某一本具体的书名、作者姓名或作者团队（比如，"我们的历史课用的是山川版教材"）。在本书中，我也将遵循这一习惯。"日本史A"主要涉及大部分的现代和当代历史；"日本史B"则是按时间顺序介绍全部历史。历史课在日本高中是选修课，学生可以任选其一，但不能都选。[27]

高中历史课本中讲述的战争与和平

海登·怀特（Hayden White）认为，历史叙事包含了镶嵌于道德框架内的伦理判断，教科书的历史叙事也是如此。[28]历史教材不可能只是把经验的"真理"教给学生，就好像他们生活在一个道德真空中似的。用词和框架的选择，且无论是否有意，都影响着作者和读者对事件的解读。历史教材在遣词造句时，已经认识到所做选择的全部政治意义和影响。因此，一些主题词事实上就成了某种暗语，向读者传递着不同的信息。我们需要仔细留意这种"主题词"，因为它们会为军事和国家行动、战争的合法性赋予意义，然后才能破译其中的道德判断：比如"入侵""占领""殖民""吞并"等词汇，都充满了政治、道德和法律意义。因此，作者和出版社会仔细做出区分。同样，对于那些暗示了不同的战争道德责任的短语，也要多加注意：比如"没有选择，只能打仗"和"冲突意外升级"[29]，要表达的是日本国家并没有恶意企图，而"日本在没有宣战的情况下使战争升级"[30]和"这是日本军队扩大战争的图谋中的一部分"[31]则传递了完全相反的信号。

总而言之，历史教材将20世纪二三十年代描述为一个充满暴力与动荡的时代，让日本陷入了万劫不复的悲惨战争当中。日本贸然发动战争，受误判、失策、错误预期以及错误野心的影响，最终使自己卷入了同西方列强的高风险对抗当中。事实证明，在变幻莫测的20世纪早期，在革命（中国和苏联）、战争（中日战争、俄日战争和第一次世界大战）以及不断变化的国际条约和联盟这些情况下，日本的国家策略达不到预期效果。而随着领导层的更迭、政治对抗的加剧和民族主义暴力的升级，日本国家政策也被证明非常不稳定。当时的世界上饱受种族歧视、压迫、威胁、猜疑和殖民野心之苦。虽然这一切并非全都是日本造成的，但不可否认的是，日本曾在1922年签署了《九国公约》（该公约申明了中国的主权和领土完整），在1928年签署了《巴黎非战公约》（也称《关于废弃战争作为国家政策工具的一般条约》或《白里安—凯洛格公约》），在亚洲—太平洋地区发动战争，便是违反了这类国际协定。

亚洲—太平洋战争的根源

那么，学生们如何了解亚洲—太平洋战争的根本理由呢？高中历史教材提供了两种不同的大框架：（1）这是一场选择出来的战争，一种有意的侵略行为，受帝国主义野心驱使，由非正义的军事挑衅力量实施，最终演变成了一场血腥的消耗战；（2）这是一个必要的战争，迫于政治和经济压力，扩大对亚洲大陆的占领，最终意外地发展成一场长时间、大规模的冲突。[32]根据使用的教材、补充材料、授课老师的不同，学生们接触到了不同的框架。这两种情况最终要传递的道德信息是，在历史的关键时刻，日本政府行事不计后果，极大地辜负了人民的期望。

在广泛使用的六种教材中，有四种使用了第一个框架。[33]比如在其中一本中，日本是一个野心勃勃的国家，与中国打仗完全是为了获取权力和战略资源。日本与西方列强互相角逐政治影响力和对中国物质资源的控制权，认定这些殖民行为具有合法性，而且是成为世界强国的一种途径。因此，日本不是被迫发动战争，而是主动想要对亚洲地区进行殖民，掠夺土地和资源。[34]这一观点得到另一本教材的回应："世界新秩序背后的真实意图，并非是亚洲获得和平，而是日本建立霸权；相应的，日本扩大了在亚洲的侵略，企图寻找更多的战略资源使战争继续下去。"[35]这类教材采取的一贯立场是，对中国发动的战争是一场耗时15年的侵略战争（1931—1945），目的是夺取亚洲的战略资源和领土。

其他两种则描述了一场最终演变成长时间、大规模冲突的"必要的战争"。在一本被广泛使用的"日本史B"教材中，20世纪二三十年代的日本正处于一种功能失调的状态，无法解决随着政治党派冲突、军事对抗及相互矛盾的战略、意识形态和社会运动而产生的治理危机。同时，它还被一套有缺陷的治理体系所拖累，而这一体系至关重要地限制着非军事部门对军队的控制。国家领导人未能有效地应对突发的国际危机，在面对国际主义者和民族主义者、进步派和反动派、共产主义者、天皇主义者、和平主义者、和解主义者时，无法协调好他们的关系，有效地控制整个国家。这些教材着意强调日本感受到了国际的威胁，尤其是来自中国、苏联和美国的威胁，这一点很重要。按照这种说法，日本的殖民野心主要是出于防御性。而归根结底，在一个由充满敌意的西方帝国主义列强主宰的世界里，"除了诉诸战争，别无选择"。[36]

这些畅销的历史教材中，前一组将日本叙述为战争施害者，后一组则倾向于将日本讲述为不情愿的交战国；因此，两组都没有宣传任何战争的英雄故事。这些"阵营"在历史教材市场中，构成了合理的平衡，不过后者的发行量总要领先于前者。[37]"解放战争"这种英雄叙述，只出现在一本新民族主义的教材中，但这本书在高中"日本史 B"市场中的销售量有限，相对来说显得无关紧要。[38]

由于多年来西方媒体为了追求轰动效应，一直用千篇一律的成见来看待日本的教科书[39]，因此，通过仔细研究，发现近来的教材在内容和涵盖的时间范围上有所不同，可能会让一些人感到惊讶。正因为这个原因，高中"日本史 A"和"日本史 B"所使用的教材种类，尤其值得认真关注。我在这里将评审四本教材，其中三本持"选择的战争"立场，一本持"必要的战争"立场，这四本书都是从销量最高的样本中选出来的，目的是评估它们在分析战争的意义时所持的不同立场和采用的不同方法，以及向年轻读者传达的信息。

1. "实教出版"的高中《日本史B》一直以来采取的立场都是，日本对中国发动的战争是一场侵略战争，目的是在亚洲大陆上掠夺战略资源和领土。亚洲—太平洋战争是一场漫长的战争，从1931年到1945年耗时15年，而且不符合各军事列强在第一次世界大战之后达成的国际协议。日本作为一个野心勃勃的国家，同中国进行战争只是为了获取权力和战略资源。日本与西方列强互相角逐政治影响力和对中国物质资源的控制权，认定这些殖民行为具有合法性，是成为世界强国的一种途径。因此，日本不是被迫发动战争，而是主动想要对东亚地区进行殖民，掠夺其土地和资源。该教材介绍了政府和军队在战争之前的一系列行动，并指出有一大批人导致了战争的发动。例如，天皇在发动战争和推迟战争结束两件事上都扮演了明显的角色。他被描绘成最后的仲裁者，是他决定要和美国交战，并在1945年初拒绝了投降的想法，而这本可以挽救许多人的性命。教材还介绍了日本军队的一系列施害者行为，尤其是在东南亚地区和中国，包括在中国东北的行为、南京大屠杀、毒气的使用和"731部队"。它还历数了各国和地区的估计死亡人数，包括中国大陆、中国台湾、朝鲜半岛、越南、印尼、菲律宾、印度、马来西亚、新加坡和缅甸。[40]

2. "第一学习社"的高中《日本史A》是"日本史A"教材中最畅销的一本，它在描述战争时，提供了一份相对公允的介绍，在谨慎地将责任归咎给施害者个人时，也说明了日本军队在战时的非法行为，并阐述了现在亚洲受害者提出索赔要求的重要意义。这本教材的亮点是介绍了一些著名人物在战时的日常生活，如一位奥运会游泳运动员、一位获奖漫画家、一些重要学者、一位持异议立法者和一位态度挑衅的外交官。这本书有效地利用文字框，让学生了解到了人们对战争的反应，既非完全一致，也不是满不在乎。虽然最近的 2014 年版在描述日本的行为给亚洲民众造成的痛苦时，语气有所缓和，但这本教材提到了日本对平民犯下的罪行，如重庆空袭、南京大屠杀、毒气的使用、强迫劳工、"慰安妇"和"731 部队"。不过，和实教版不一样的是，它略去了宏观的情况，比如总的死亡人数，而这本会让学生对不断重塑着文化创伤的战争破坏产生更好的理解。[41]

3. "东京书籍"的高中《日本史 A：现代历史》，创造性地采用了一种置身日本之外的批判性视角，并做了举例介绍。这本教材最突出的地方是其国际视野，试图揭示那场战争对今天的日本和东亚地区意味着什么，并且评估了战争造成的巨大损失和伤亡，以及它们带来的长期后果。它的一大特色是用文字框展示了著名国际学者的观点，这些学者包括安德鲁·戈登（Andrew Gordon，美国）、孙歌（中国）、泰莎·莫里斯 - 铃木（Tessa Morris-Suzuki，澳大利亚）、李妍淑（韩国）、布里吉·坦卡（Brij Tankha，印度）、沃尔夫冈·赛福特（Wolfgang Seifert，德国）、马赫迪·埃尔曼杰拉（Mahdi Elmandjjra，摩洛哥），等等，他们对帝国主义战争在今天的遗产给出了批判性的观点。教材鼓励读者去考虑这些来自不同国家的学者提出的问题，比如民族自豪感、民族优越感、殖民主义、战争赔偿和对第三世界的殖民等造成的后果。这本创新性的教材——和实教、第一学习社的教材一样——也指出了日本企图控制中国和东亚地区的资源，并认为所有参与战争的人都有罪责，并非只是几名关东军的领导人。[42]因此，"日本升级了对亚洲的侵略，目的是寻找更多的资源，将战争继续下去"，造成了"被征入伍的日本兵不仅经历了惨烈的战斗、疾病和饥荒，还对囚犯进行屠杀和折磨，针对平民实施暴力"。[43]另外值得注意的是，教材还专门提到了战后日本的战争责任和战争赔偿问题，以及20世纪90年代和21世纪初的种种国际争端。[44]

4. "山川出版"的高中《详说日本史B》，一段时间以来一直占据着"日本史B"的市场，并且被认为是大学入学考试的原始资料。在所有销量靠前的教科书中，山川版的教材一直延续的特点，是它相对克制地避免了从批判的视角来评价战争。该教材在战争的合法性问题上措辞十分谨慎，既没有赞扬，也没有批评政府的行为。2014年版在介绍20世纪二三十年代的日本时，将其描述为正陷于一种功能失调的状态之中，被一套有缺陷的治理体系所拖累，而领导人在这种体系下未能有效地采取行动，导致日本在处理各种国际危机时，做出了随意的回应。中日战争缘起于驻扎在中国东北的关东军恣意妄为，独立挑起军事行动。这支军队本来是为了保护日本在中国东北地区的战略利益和安全，但它的行动最终导致了更大规模的占领行为，随后又因为一系列的挑衅，出人意料地使占领行为升级为一场全面战争。这本教材主要强调的是日本感觉受到了国际威胁，因此日中战争并非是有预谋的侵略，而是一系列处理不当的冲突，经过不断升级而造成的后果。该书在日本的战争行为、死亡总人数以及对亚洲受害者造成的深重灾难等问题上所做的介绍和阐释与其他的教材相比，内容相对有限。[45]

亚洲—太平洋战争中的行为

本书中抽取的历史教材样本，在描述战争行为及其后果时，遵照的立场大致相同。在平装书有限的空间内，大部分持"选择的战争"立场的教材，会专注描述日本对平民犯下的罪行，包括烧光、杀光、抢光的"三光"政策；对"慰安妇"、强迫劳工和战俘的虐待；在上海、南京、重庆、马尼拉、新加坡等地进行的生物战试验。比如，销量最高的"日本史A"教材，便举例说明了日本在重庆空袭和南京大屠杀时对平民实施的非法伤害和屠杀，以及毒气的使用、强迫劳工、"慰安妇"和"731部队"。[46]此类教材在描述完这些之后，还会对战争赔偿和责任进行简短说明。不过，只有少数几本通过指出估计的死亡和受伤人数，表明了亚洲—太平洋战争的总规模。[47]

这些持"选择的战争"立场的教材，还利用各种照片，从视觉上传达了日本的犯罪和压迫行为。比如，其中一本教材的照片，展示了来自朝鲜的劳工被迫在采石场辛苦工作，和一位中国平民在被日军占领的广州接受搜查的情景。[48]另一本教材中的照片，则展示了被征用的缅甸劳工在铁路建设工地上做苦工，以及在被殖民的朝鲜半岛，当地人被迫参拜神社。[49]而另一本教材中的照片，展示的是一座废弃的建筑物，日本的

"731部队"曾在里面进行过生物战实验，据估计有3000名中国和苏联的俘虏在此丧生。[50]

此外，年轻读者还接触到了有关日本军人自身毁灭经历的插图和照片，比如瓜达尔卡纳尔岛这样的前线战场，以及大后方的东京和大阪空袭、广岛和长崎原子弹爆炸。[51] 通过教材中记述的人们受胁迫的生活，学生们还可以清楚地了解到日本政府和军队对本国平民的镇压：应征士兵入伍后遭受欺侮[52]、冲绳平民被处死[53]、在苏联出兵中国东北后抛弃了日本在那里的移民[54]，以及军队让许多年轻生命过早逝去的自杀命令。[55] 这类教材含蓄地质疑了日本政府在保护本国人民时的所作所为和可信度。

相比之下，持"必要的战争"立场的教材，更倾向于从上至下地讲述历史，将叙事集中在受外交家、部长和军事领导人这类政治精英所影响的国际政治上。这些教材在批判性地评估日本的实际战争行为及其人为后果方面相对谨慎，因此，针对施害者行为的介绍在书中一般都处于次要地位。比如在某教材中，施害者叙事的例证仅限于简短地提及了杀害大量中国平民的"南京事件"，以及发生在新加坡和马来西亚的大规模处决。[56] 但是书中没有任何有关朝鲜的强迫劳工或"731部队"的照片或介绍。在另一本教材中，对国家的批判性评估，则将内容更多地聚焦在了国内的镇压上，比如镇压民众的抗议，较少关注日本对亚洲受害者的生命和生活造成的毁灭。[57]

一些观察者批评日本历史教科书未能深入描述施害者历史，尤其是对数以千万计的亚洲受害者造成的伤害泛泛而谈。

这些人做出了一项重要的贡献,那就是让人们注意到了日本战争历史教育具有的这种只关注自身的本质。不过,尽管这类教材在很多方面都有缺陷,但在关注这些缺点时,人们很容易忽视的一点是,这类战争故事仍然会对年轻读者产生巨大影响,帮助他们认识到日本国民所目睹的国家背叛——不仅让国家一败涂地,还牺牲了本国国民的生命——在规模上到底有多大。无论听到的是哪种因果叙事——无论日本是一个具有侵略性的国家,还是一个功能失调的国家——日本年轻人都会以这样或那样的方式了解自己的国家,了解到它在现代历史上的关键时刻未能保护自己的人民。那些把命运托付给国家的男人、女人和孩子,身为国家的子民,却遭到了国家的大规模背叛,而且到最后,国家甚至已经准备好牺牲他们了。因此,学生们在这里学到了一个让人不寒而栗的道德教训,那就是当事态变得严重时,国家会抛弃自己的人民。国家和人民之间的信任被打破这条信息,是最强有力的历史教训之一,战后的日本对和平的认同,其基础正在于此:只要日本是和平的,那么国家便不能再拿人民的生活玩轮盘赌。这种嵌在受害者叙事中的深层次焦虑,是持续将日本的战争记忆转变为文化创伤的一部分推动力。这些教材中重现的文化创伤,不仅是要影响和教育下一代,潜在的目的更是为了警告和质问。

高中公民学课本中有关战争与和平的介绍

与高中历史教科书对比鲜明的是,公民学课本主要关注了日本社会的基础和战后日本人的公民品德。在这些教材中，和平的道德价值开始变得明确，尤其是和平主义原则作为战争和战败的后果、民主治理作为战后政治改革的结果被呈现出来后就更加明显了。在这里，和平主义和民主被确立为战后日本的核心公民价值观，而且在表达时，刻意与曾经的阴暗历史形成了对立。通过与过去撇清关系——以往的历史被描述为充满了独裁主义、军国主义、镇压和暴力，并最终以"战争的惨烈经历"告终——当代日本人的身份因而被赋予了特殊的积极含义和合法性。[58] 因此，在学校的公民学课本中，日本的国家故事大体上是一个和平主义国家的故事，而这个国家建立的基础，正是对自身军国主义暴力历史的否定。

这个"和平国家"在不同的领域拥有一系列不同的含义和目的：比如，它可以是一种公民身份、一条指导性的宪法原则、一种世俗的道德秩序、一项国家安全政策、一种反核武器的意识形态、一条反对军事暴力的规范、一份悔改的声明、一条永不重复历史错误的誓言。[59] 这一系列含义在公民学教材中随处可见：在一本"现代社会"教材中，和平是一项普遍的权利，因为"日本接受了彻底的和平主义……确认了全世界人民和平生存的权利"。[60] 在另一本教材中，和平成了悔改的象征，"通过对历史的反省，日本发誓永远不再入侵他国，永远不再发动可怕的战争"。[61] 和平主义也可以被当作一种对日本遭到原子弹破坏的含蓄指责，比如有种说法是，日本人"作为世界上唯一经历过原子弹毁灭的国家的公民，已经承担起了一项特别的任务，那就是倡导世界和平"。[62] 尽管叙事的重点会随着时间的不同而变化，但很难忽略的一点是，在为下一代人提供可取的道德教训时，参照对象仍是战争的创伤记忆。[63]

和平主义的多重定义，其基础是和平宪法的第九条，而它的重要意义，必须要在公民学教材中得到分析和解释。这条的内容——宣布放弃战争、武器的持有以及用交战来解决争端的权利——因其明确的立场而著称，被认为"对于世界历史颇有意义"，且"在世界上也少有先例"。[64] 这条和平规定的概要，在"现代社会"和"政治·经济"这类教材中足够简单明了；但是，将有关和平、武器持有和交战权的不同解释拼凑在一起时会产生一些复杂问题，而它们处理这些问题的方式皆有所不同。这些问题直接触及的是日本政治困境的核心，比如自卫、集体自卫和人民主权。[65] 什么时候进行自卫是正当的？如何合法地部署自卫队？人民还能再信任国家和军方，让他们指挥军队吗？无论是在讨论自卫队的部署时，还是在讨论同美国武装部队或联合国维和部队的合作时，除战略和战术外，"和平国家"的道德正当性也遭到了绝对的怀疑。

过去几十年里，随着东亚和东南亚地区地缘政治的不断变化，对和平宪法的解释也在争议中不断演变。起初，宪法第九条是由美国占领军强制实施，目的是遏制战时的军国主义，但很快又被占领军重新定义，以便支持冷战和朝鲜战争期间美国在东亚的军事存在，此后的六十年中，第九条一直都是日本再军事化问题的争论焦点。后续的分歧通常表现为两个对立政治阵营间的斗争。"武装和平"的倡导者，通常支持与在日本拥有多处战略军事基地的美国缔结强大的安全同盟，并赋予自卫队全面的合法军事地位。这些现实主义者——通常是反动派，倾向于宣称战争是最后手段中必要的恶——主要强调的是日本被拥有核武器的强大邻国包围着，如俄罗斯、中国和朝鲜，极易受到攻击。在他们看来，出于自卫的目的而行使武力是宪法规定范围内合法且合理的举动。而"无武装和平"的支持者，则通常支持对第九条的严格解读，对日本在安全问题上依赖美国持谨慎态度，对放心地把掌握军事力量（如自卫队）的权力再次交给日本政府十分警惕。这些理想主义者——通常是进步派，倾向于认为战争是彻头彻尾的恶——在国际安全框架内，日本与那些强大邻国的和平关系可以维持下去。在他们看来，根据对宪法的严格解读，即使出于自卫目的而行使武力，也是一项可疑的主张。但是双方都没有解决掉一个基本的政治矛盾，那就是当邻国在囤积核武器时，没有了美国的保护伞或者其他的集体防卫协定，日本的和平追求无论武装与否，基本上都很难站稳脚跟。[66] 不过，这条定义宽泛的断层线，在一定程度上可以解释对20世纪90年代到21世纪初发生的政策变化的不同看法——比如，武装进攻情况下的紧急法案，反恐措施的法律，联合国维和行动法等——这些变化，对应的是冷战结束后地缘政治的剧烈改变。[67]

公民学："现代社会"与"政治·经济"

公民学教材——任务是解释维系和平的那些复杂、矛盾和不断变化的观点——躲不开这些断层线，虽然它们宣称预先已经保持了中立性。两门高中公民学课程中——"现代社会"和

"政治·经济"[68]——使用最广的教材，小心翼翼地避开宪法中的和平主义政治，围绕着具体的政策、立法和法律解读来表述争端，而没有去解决对于一个和平主义国家而言，什么是在道德上具有正当性的"自卫"这一更宏观的问题。和平的国家叙事框架很不稳定，因为它由战争的创伤记忆构成，被宪法中的一条简短的规定维系着，并且要依赖世界上拥有一堆核武器的强大军事力量才能支撑下去。根据这些相互矛盾的前提，这些教材在阐明日本人的公民身份时，还要小心地在"武装和平"的现实和"无武装和平"的理想之间游走。比如，其中一本教材在思考武装自卫是否符合宪法时这样说道："有关日本军事化的合法性的激烈争论与宪法第九条有关，这一条款宣布放弃战争、禁止持有军事力量，有关日本军事化的合法性……到目前为止，最高法院仍未对（自卫队）是否符合宪法给出最终的判决。"[69]另一个教材则认为，限制国家行使武装自卫的权力十分必要："（2003年和2004年）应急法案的规定值得欢迎，可以避免在紧急情况中，政府对人权侵犯的可能性；但与此同时，这些条款本身也遭到了批评，被认为这不符合宪法的和平主义。"[70]虽然这些教材努力像其他国家的教材那样做到毫无争议，但人们对于采用"武装和平"的担忧和焦虑仍然显而易见。[71]

在公民学课程中，战争的阴影也常常可以在对当前日本同东亚地区关系的处理中看到。"政治·经济"这门课程中使用最广泛的教科书，都谈到了这些关系中的战争赔偿问题，并且均以否定过去为共同的出发点讨论此类问题。但是，这些教科书——要在 200 页到 220 页之间简要介绍日本和世界的政治、经济情况——就只能简单地讲讲基本问题，无法详细说明促使这些"慰安妇"、强迫劳工和其他人提出索赔请求的具体战争行为。正如某本教材所指出的，和解才是合适的结局，有利于维持未来关系，因为"日本对亚洲和太平洋地区的侵略，给各国造成了巨大损失……必须大力弘扬日本已经接受了和平主义原则这一共识……对于第二次世界大战中的行为引发的赔偿问题，日本也要真诚回应"。[72] 另一本教材甚至更加谨慎："政府的立场是，这些赔偿问题已经通过国与国之间的赔偿解决了。但是，政府仍然有责任真诚地对待曾经的战俘和慰安妇。"[73] 结果，年轻读者认识到了日本曾经有过黑暗历史，其中遗留下来的问题损害了国际关系，但是他们却在"巨大损失"是怎么发生的、为什么会发生这个问题上，得不到任何具体信息。这种通过弱化公民教科书常见的争议问题来避免陷入争论的策略，在目前极具爆炸性的领土争端问题上甚至更为显著——也是帝国主义历史中的遗留问题，主要是同中国（钓鱼岛）、韩国（独岛／竹岛）和俄罗斯（南千岛群岛／北方四岛）的争端。虽然日本帝国的失败和覆灭是争端起因的历史参照点，但二者之间的关系却没有说明。

公民学："伦理"

"伦理"是另一门涉及战争、和平与社会正义的高中公民学课程，主要是介绍性地概览各种道德价值观和社会思想。[74] 教材从道德哲学、社会思想史、心理学、宗教和文明等学科中汲取内容，介绍了东西方文明中的关键思想、价值观和信仰。这个任务同样也要在大约200页的有限篇幅内完成，经过删减、缩写和包装后，被简明扼要地提供给年轻读者。粗略估计，每本教材中被塞进的思想家大约有120至150位，一切以简洁为本，几乎没有给进一步阐释留出任何空间。

这些教材希望在公民教育的总体背景内，简要地讲述道德价值观和规范的历史，让学生更好地理解和平与民主。[75]在这些因素以及课程安排对内容及长度的限定范围内，"伦理"教材之间的差异虽然相对较小，但仍然值得注意。在介绍不同的公共知识分子及其思想时，篇幅的分配和口吻的选择，可以为不同教材更看重什么提供一些线索。例如，其中一本教材的内容不仅包括正统的思想家，还介绍了那些敢于冒着事业和生命危险来挑战主流观点的反对者。[76]在这样的教材中，虽然军事精英在七个世纪的封建统治中给日本留下了深远影响，但是年轻的日本学生不会发现多少有关日本的武士哲学和文化（武士道）的内容，反而更多的会看到对和平主义者和人文主义者的关注。[77]在另一本教材中，虽然有关极端民族主义在战前和战时的日本为独裁主义军事社会提供过理论基础的意识形态的具体内容相对较少，但仍然有一整页的内容描述了日本对亚洲的东方主义偏见——正是这种偏见，让亚洲遭受了残酷的殖民统治。[78]最畅销的三本"伦理"教材——占据了三分之二的市场份额——还有一个值得注意的地方，那就是它们把对"可恶的亚洲—太平洋战争"的否定作为参照对象，由此来介绍战后社会中道德秩序的剧烈转变。不过，教授"伦理"的困境仍然存在，虽然学生费力地了解了绵延数千年的东方哲学，但在1945年建立一个新开始的叙事、有关与过去决裂，却打断了道德遗产的连续感，使得现代社会的和平民主理念同历史上的民族自我认知产生了断裂。

来自下面的历史：流行漫画作品集中的战争与和平

日本的大众文化媒体在日常生活中无处不在，因此，商业媒体中的历史学习材料尤其丰富，其实并不让人意外。在日本，40%的书籍和杂志都是漫画作品。显而易见，漫画为教学和教育提供了一种流行的辅助工具。这种体裁被称为"学习漫画"或"教育漫画"，在学校图书馆、当地的公共图书馆和书店随处可见。作为一种文化学习的非正式途径，它们同电视和动画片一样，在培养孩子的认知理解时，也影响着他们作为下一代记忆承载者的认知。在各种传递和转化战争记忆的公共媒介中——从报纸、杂志、书籍、小说，到电视纪录片、电影——学习漫画尤其值得关注，因为这种载体完全针对的是成长期的儿童，他们的道德判断和道德品质尚在形成中。[79]

仔细研究一下漫画的情节、角色、视觉线索和戏剧风格等内容后，我们可以清晰地看到在流行的历史学习漫画中对战争与和平的道德评价。不过，这些评价在这一体裁中并没有标准化，也不统一。学习漫画可分为以下几类："学术派"历史漫画，一般来自专业学者；"大众派"历史漫画，由行业中的超级明星艺术家创作；漫画历史"学习指南"，专供正在准备入学考试的学生使用；"文摘"历史漫画，为了方便速查；此外还包括著名、流行人物的"传记"漫画和专供娱乐消遣的"小说化"历史漫画，等等。在本章中，我将聚焦那些经久不衰的经典"学术派"历史漫画和"大众派"历史漫画。这些漫画在过去20年中重印过多次，包括六部著名的历史漫画系列：其中三部是专业历史学家负责的历史"学术"漫画集，由学习研究社（简称学研）、集英社、小学馆这三家主流出版社出版，另外三部是"大众派"历史漫画集，由战后漫画产业中三位异常成功的明星艺术家藤子·F.不二雄、水木茂和石之森章太郎各自的工作室制作。

优秀的学习漫画可以通过生动的情节、丰富多彩的角色和幽默的旁白，使枯燥的历史变得亲近易懂。与教科书相比，这些故事通常让读者爱不释手，容易激发他们的好奇心，吸引着他们去想象那些遥远、陌生的时代和地点，并与之产生共鸣。漫画还会利用图像视觉线索，如面部表情、肢体语言和其他信号，来展示关键角色的道德品质，帮助读者从认知上理解道德差异。比如，如果角色的笑被画得很邪恶，肢体语言表达的是不胜其烦，身形是暗黑的侧影，那么读者很容易就能明白，他们正在策划什么有违道德的阴谋。学习漫画另一个值得注意且让人着迷的地方，是它会从下往上观察历史，使读者能通过"普通家庭"的眼睛来看待各种事件，这种视角穿插在叙事中，不但可以推动情节发展、对事件做出评论，还能让角色表达感受，探讨这些事件给他们日常生活造成的影响。这种对"小人物"的同情，无疑赋予了这些故事一种平民主义倾向，以及对更高

第四章 战争与和平的教学

权威持批判态度的解释性框架。日本漫画中那种典型的肆无忌惮和不恭敬态度，非常适合表达对权威（如政府、军队和警察）的担忧；事实上，要报复那些在战时社会中专横跋扈地恐吓、压迫、管制、背叛、贬低大众的坏蛋，讽刺漫画是极为讨人喜欢的方式。

"学术派"历史漫画

从20世纪70年代至今，讲述国家历史的教育性漫画在很多国家都是常见的儿童文学体裁，也一直是日本十分流行的学习工具。[80]在日本，大型出版社通常都会出版多卷本的精装合集，供学校和当地图书馆购买，以及方便父母和祖父母给小孩子买回去在家里阅读。比如，著名的学研日本史系列漫画，全套共18卷，自1982年出版以后，已重印60次；小学馆目前的系列共有23卷，自1983年以来已重印49次；集英社目前的系列则是20卷本的套装，自1998年以来已是第9次印刷。这些漫画系列均由历史学家指导，主要针对的是小学和中学的学龄儿童。[81]

多数情况下，学术派漫画会按照时间顺序，从早期有人定居的时代一直讲到现代，丰富多彩地描绘日本2000年的历史。讲述亚洲—太平洋战争的部分通常占一卷，平均长度约150页，而且在描述这场不光彩和灾难性的战争时，并不会出现什么骁勇的民族英雄或迷人的政治领袖来让纸页生辉，戏剧性地推动情节向前走。相反，这些故事讲述的是政治纷争和每况愈下的经济，其间充斥着社会的矛盾、动荡的政府、野心勃勃的军队、恐怖分子的暴力、无法无天的行为和四处蔓延的贫困。

堕入战争的过程，被描绘成了一则有关不能再这么做的警世恒言。和平主义的道德框架始终如一：支持战争的角色和行为被刻画得很负面，而相比之下，支持和平的角色和行为则被塑造得很正面。"小人物"的反战信息尤其给人印象深刻。从一位悲惨的应征兵的声明（"我诅咒这场战争"）[82]，到一位震惊的母亲的悲叹（"战争——我恨战争"）[83]，再到一位祖母在孙子奔赴战场后的绝望的宣言（"每个人都在诅咒这场战争，祈祷孩子们能平安归来"）[84]，甚至连一条家养的狗都在哀号："我恨战争！"[85] 书籍的封面和封底上也会表达道德评价，比如一条写给家长的说明便恳求道："请让读者着重关注日本在中国的犯罪行为。"[86] 战争记忆通过教育漫画被转换为文化记忆后，对苦难的同情现在便被导向了反战的和平主义，即希望传播给年轻读者的那种道德品质，虽然这种品质在战时曾被斥为没有爱国心。

在这些战争故事中，没有什么出人头地的英雄，倒是一些贸然登场的反面角色。这些坏人不是美国人、中国人、俄国人，或者其他任何敌对阵营的人，而是日本人。这些被指定为"坏人"角色的日本男人，曾主张、煽动、宣传并最终搞砸了战争。他们是"战争贩子"，且通常是日本军队的军官，尤其是那些曾驻扎中国东北的关东军军官以及支持并包庇过这支流氓军队的高层军事和政府领导。这些别有深意的角色定位，使年轻读者对日本在亚洲大陆的殖民战争有了一种来自民间的认识，让

第四章　战争与和平的教学

他们在早期便从道德角度意识到"日本战争史上发生过什么可怕的事"。

可以肯定的是，可怕的事不仅包括殖民掠夺和军事灾难，还有数千万亚洲人的死亡，且其中许多人都是非战斗人员。为此，三个学习漫画系列中的两个——集英社、小学馆——提供了详尽的施害者叙事，介绍了日本在战争和殖民期间对东亚和东南亚地区平民的压迫。比如有一卷描述的是日军在"南京大屠杀"中实施的暴行、在中国村庄对平民的屠杀、在占领区强征劳工和"731部队"的生物战[87]；另一卷则用画面讲述了南京被屠杀的平民、在"杀光、烧光、抢光"运动（"三光"政策）中被杀害的村民。[88]此外，漫画还介绍了日军对东亚和东南亚其他地区的残忍侵略，包括对新加坡平民大屠杀的整页介绍。[89]强迫劳工——当地被征用或者被抓的战俘——遭受日本士兵和官员虐待的内容，也在两卷中占据了整页的篇幅。[90]

在表现这场多维度的战争时，"学术派"历史漫画中不但描绘了日本士兵向亚洲受害者施加的暴力和非人化行为，同时也展现了日本军队对日本士兵施加的伤害。他们的痛苦通常发生在前线。比如，在英帕尔这类地方，因军事战略家的无能，他们打着根本打不赢的仗，只能白白送命（"妈的！谋划这种仗的高层们不得好死"）[91]；在瓜达尔卡纳尔岛等地，随着补给耗尽，日本士兵病死的病死，饿死的饿死（"我们得了疟疾和营养不良，无法继续打下去了"）[92]；他们集体自杀，不能向敌人投降（"我动不了了。杀了我吧"）。[93]日本平民遭遇的痛苦得到了同样直白的描述——空袭、原子弹爆炸以及冲绳战役造成的死亡——且占用了同介绍亚洲受害者被日本人迫害时几乎相等的篇幅。

总体而言，这些教材对战争进行了最基本的介绍。那场战争，据教材中的数据，造成了2000万到2300万人死亡。但是，对于这些暴行的根本原因，年轻读者却未能得到详细的解释，除了事件的要点外，教材没有为事件的因果链提供严密的论证。学生们接受的是认知性而非概念性的理解，是情感的而非理性的认识。书中灌输的是一种朴素的和平主义情感，而这种情感杜绝了任何正义性战争的可能：战争就是坏的、不正义的，因为战争会害死人，会让他们遭受苦难；战争是邪恶的，会伤害像你、你的家人和朋友一样的人；发动战争的政府也是邪恶的，你不能相信他们会帮助和保护你。诚然，写给儿童的简史是被净化过的文化产品，但是，在培养道德倾向方面却能发挥显著作用。

与上述的两个系列相比，学研的国家战争在视觉上更加明亮。在故事中，一群如孩童般且不令人讨厌的主人公，稀里糊涂地经历着一场国际危机。基本上来说，学研的故事是一个有关国家和军事领导层决策的"精简版战争故事"，没有展示任何流血牺牲或尸体。战争的发动者是好战的日本军队，他们在漫长的危机中不断积聚权力，把日本变成了一个暴虐的军事国家。他们发动了一场邪恶的战争，制造了一个可怕的社会，可是随着情节的推进，人们的生活虽然在恶化，但故事却没有展现日本或亚洲受害者遭受的痛苦。不表现什么苦难，就不需要谁来为之负责，不需要谁来负责，就有可能以一种温和、无罪恶感的态度来看待战争和殖民压迫。这种不太令人不安的处理方式虽然与前两个系列不同，不过"人人都诅咒战争"[94]的道德情感，却还是融入了故事情节并清晰地传达给了读者。这种极尽简单的删减版历史竭力不想让孩子们感到威胁，但明确地表达出战争绝不是令人向往的东西。历史记忆在这种无罪恶感的教育漫画中被转化为长期的文化记忆后，其道德情感仍然是一种反战或反军国主义的态度。

"大众派"历史漫画

藤子·F. 不二雄、石之森章太郎、水木茂是漫画艺术家中的超级明星，他们的经典作品，从武士的冒险到太空的冒险，从家庭故事到鬼故事，全都备受赞誉，驰名漫画和动画电影产业内外。多年以来，他们虚构的角色已经家喻户晓，比如可爱的机器猫"哆啦A梦"便在流行文化中相当盛行。从电视节目和商业广告，再到各种物品，如吉他、文具和冰箱磁贴，哆啦A梦几乎无处不在。这类广受欢迎的角色，在吸引和娱乐着在战后日本长大的一代代人的同时，也被充分用在了制作流行历史漫画上。将复杂的历史转换为精简的故事供年轻一代的读者阅读，其结果就是一种风格独特、如纪录片一样的历史漫画故事，讲述者全是虚构的角色，而故事的展开则带有一种布莱希特式（Brechtian）戏剧的"间离效果"——在故事中讲故事，制造出一种疏离的批判性视角。在各种著名可爱形象的评论中，悲剧、阴暗的历史被转换成了平易近人的道德寓言，充满了激情、讽刺和夸张的描述。

这些由艺术家创作或者其制作公司特许经营的流行漫画故事，一般是平装本的多卷套装，没有学术派系列那么高深，也不太受课程指导方针的限制。这类大众派学习漫画在艺术上要比学术派漫画更自由，在把战争历史转换为能吸引年轻一代人的娱乐文化产品方面极具想象力。诚然，这样的艺术创作会牺牲历史对事件的评价及其严谨性。英雄、受害者和施害者，在失败文化中往往是同一群人，这个复杂的现实在漫画中基本上没被碰过，不过，读者仍然可以获得一种认知理解，即日本的当代历史是一份有污点的遗产，作为一个日本人，便意味着要背负这个污点。

藤子・F. 不二雄工作室的"哆啦A梦"系列

哆啦A梦屡获大奖，其衍生产品也取得了相当的成功，可能是最适合让小学生有兴趣学习阴暗历史的漫画偶像。"日能研"的哆啦A梦系列中有关第二次世界大战的部分只占18页（全书220页），但却带领读者从经济萧条和"九一八事变"开始，经历了战争的升级和社会中的压迫，一直到最后那场灾难性的失败。这一节在概述主要事件时，小读者从可爱的机器猫哆啦A梦和他的朋友大雄那里，得到言简意赅的评论。对战争和展示社会发表的道德评价的主要是大雄，他会发自内心地呼喊道："啊，又一场战争？我实在受不了了。""这法律（逮捕反对政府的人）真是可怕。""我永远都不想打仗！""他们竟然派学生去打仗。""快来人阻止（原子弹）！"[95] 大雄用这些来自内心深处的和平主义情感，回应了教材中介绍的暴力和专制压迫。尽管用在第二次世界大战上的篇幅很短，但其中可以学到的道德教训却再明显不过：政府、军队和商业公司打仗，是为了从中渔利。我们这样的小人物是被拖入了战争，并因此受到伤害。我们不信任那些伤害小人物的当权者。

可以肯定的是，书中所教的这种关心小人物疾苦的道德，只适用于日本国内。要为战争的恐怖和越来越多的伤亡负责的人，不是中国或美国的敌对势力，而是日本那些煽动和推销战争的战争贩子。就连广岛和长崎的原子弹爆炸都没有怪到美国人头上，而是将责任归咎给了日本领导人，因为他们先前本来有可能阻止悲剧的发生，但却错过了投降的机会。[96] 总体而言，这种从本国来看待战争的角度，将日本人同时描绘成了施害者和受害者。[97]

水木茂的"昭和史"系列

水木茂对战争的态度直截了当、始终如一：参军打仗，为国而死，荒谬至极。在一场赢不了的战争中战斗和死去，算不上什么英雄气概。这条振聋发聩的信息，源自水木自己的战时经历——他经历过战斗、轰炸、饥饿、疟疾，九死一生，最终截肢——这些都在系列中有所描述。这条令人感叹的信息，还直接违背了他那一代士兵被灌输的"光荣牺牲"这一爱国主义口号。1922年出生的水木茂，在20岁时应征入伍，后被派往新几内亚新不列颠岛（New Britain）的拉包尔（Rabaul），这是日本当时在南太平洋上的陆军和海军作战中心基地。装备不良、供给短缺的日本部队对轮番轰炸毫无招架之力，他也差点儿在战斗和轰炸中死去。在当地友好部落的帮助下，他侥幸活了下来，并在战后被遣返回国。20世纪60年代，他因《咯咯咯鬼太郎》而获得成功后，在70年代开始创作战争故事，将反战的声音一直延续到了今天。他之所以这么做，主要是出于对那些在战争中无畏死去的战友的忠诚，和对那些军队和国家领导人的愤怒——因为是他们抛弃了前线士兵，不提供足够的供给，缺乏战略计划和同情心，造成了本可避免的灾难和不必要的生命损失。水木和哥哥宗平幸存下来，但和许多同代人一样，他们也遭遇了改变人生的创伤：水木左臂截肢，哥哥因杀害战俘而遭到起诉，最终被定为乙级战犯，后在巢鸭监狱服刑。[98]

　　水木的战争历史，将目光聚焦在了军队最底层人群的生活上，读来尤为扣人心弦，年轻的读者很容易从中找到共鸣。不过，故事中那些上了战场并为国牺牲的年轻人，并非孩子们应该仰慕的英雄榜样。与之相反，他们都是些时运不济、骨瘦如柴的人物，饱受摧残、颓丧消沉，已然向失败低头。诚然，漫画中有大量的战斗场面和勇猛的军事冲突，尤其是在太平洋战争的前六个月中——比如偷袭珍珠港——很类似于20世纪60年代那些大型漫画周刊中流行的少年战争故事。[99]但是随着损失不断增加，战争前景转向严峻，战斗开始变得恐惧，不再让人觉得刺激，士兵也开始变得可怜，不再勇敢了。读者在翻阅几百页的漫画插图,看着那些士兵在莱特岛(Leyte)、瓜达尔卡纳尔岛(Guadalcanal)、英帕尔(Imphal)等地纷纷倒下、死亡时,可以感觉到那种度日如年的绝望。在书中,鼓舞人心的英豪之气并不存在。[100]

水木的故事基本上是本书探讨的三种叙事中的受害者叙事。有关日本士兵遭受不公的故事——幸存概率非常低——盖过了有关他们侵略的亚洲人民遭受不公的故事。[101]虽然关注周遭经历的个人叙事在描述各种事件时范围会很窄,远方人们的痛苦往往会被排除在外,但这种对自身苦难的狭隘关注并不一定是为了洗白施害者历史或者将注意力从这上面转移开。相反,很重要的一点认识是,这些故事是对日本政府和军队的有力控诉。因为正是政府和军队把人民拖入了一场毫无必要的战争,毫无必要地置他们于死地,并最终辜负了他们的信任。这些充满了痛苦的故事,几乎毫不掩饰对于人民被非正义的军事机构欺骗而感到的愤怒。这其中的战争记忆由"心中积压的对战争的愤怒"架构而成,对于水木这样的幸存者来说,这种愤怒已经折磨了他们几十年。[102]最后一卷中,水木亲自担任叙述者,表达了他的反思和回忆。此时,他已经不再掩饰对作为施害者的日本政府的控诉,向年轻读者传递的反政府、反军队的信息也明确无误:

> 我真恨军国主义。人们误以为胆量和勇气会带来运气和财富。他们鹦鹉学舌般地重复着:"效忠天皇。热爱国家。"……说到征兵信时,我们不应该为"我们自己"着想,

而是要做"好臣民",高高兴兴地去赴死。

说实话,那些经历过昭和(时代)早期的人受到了国家的欺凌……"军队"就像一个恶性肿瘤,必须(由失败来)做手术把它摘除。[103]

石之森章太郎的"漫画日本史"系列

在《漫画日本史》中,亚洲—太平洋战争占差不多 300 页,并被描述为在经过许多注定要失败的政治举措和错误决策后,最终滑向了毁灭的深渊。故事主线是一群权力精英之间发生的激烈政治斗争。在这场斗争中,好战的军队领导层最终得势,并贸然将国家推入了一场最终会一败涂地的世界大战。争吵不休的对抗、彼此间的不信任、对局势的误判和各方协调不利,这些故事的主旨得到了详细描述:领导层未听从警告,错失谈判机会,失去战略冲劲,打错如意算盘,最终做出了无能的决策。军队通过紧急立法和极权主义镇压,聚敛了更多权力,把日本变成了一个警察国家。总之,这是一段令人沮丧的历史,国家的领导者是一群误入歧途的坏人,但是却没有什么睿智的英雄足够坚定地站出来阻止他们。

与前面的例子不同,石之森的漫画历史在叙事中没有依赖熟悉的漫画人物,而是完全通过对不断变化的事件和冲突进行叙述及画面描绘来展开故事情节。这个漫画系列走的是平民路线,七八个人的常规角色贯穿始终,以普通人的身份表达着他们对正在发生的事件的所思所感。他们的评论通过一家家庭餐馆中的闲聊呈现,老板一家人和常客们在吃吃喝喝之间谈天说

第四章 战争与和平的教学

地。这些战时日本的虚构的目击者和旁观者，包括有独立思考能力、经营小生意的老板一家，以及来自各行各业、经常光顾参观的食客，如感觉受到国家审查压力的报纸记者，正在上学或者从事娱乐业但被征召入伍的年轻人，承认对各种乱七八糟的外交事件一无所知的外交工作人员，从难以为继的工厂被解雇的蓝领工人，等等。随着战争不断升级，他们轮番感到既焦虑又矛盾，既惊讶又高兴，既一无所知又受人摆布，既害怕又困惑，既愤恨又疲惫，最终，既绝望又愤怒，只能看着战争把国家拖入看不见底的深渊。

日本被明显地描绘成了侵略者，而非可怜的受害者。不过，这场战争为什么会升级至如此程度的暴力，或者军队为何无情抛弃了日本在中国东北、塞班岛和冲绳的平民，导致他们绝望地集体自杀，这一点却没有得到充分的解释。[104]虽然漫画告诉年轻读者，这场战争本应该、也有可能被避免，但却没有给他们提供任何道德或概念上的手段，来帮助他们思考那些本可以用来实现这一点的其他务实选择。

这类成功的流行历史漫画项目，证明了在国家教育机构之外形成的文化记忆所具有的力量。漫画借着日本年轻人代际更迭的时机，对青少年产生了极为有效的影响（但被学者忽视了）。对他们来说，漫画同电视和互联网一样，是一种引人入胜、不可或缺的交流模式和信息来源。通过漫画来传播历史故事，是一种一代人独有、也显然更加自由的记忆传播模式，最先被婴儿潮一代所接受。这种没有受传统文学、戏剧和诗歌拖累的新表达方式非常受他们欢迎，而面对把控着公共领域的战时一代提供的那种"严肃"说教工作,他们也很乐意以此来表达不屑。意识到"过去发生的那些可怕事情"是这些成年人自己造成的后果,年轻一代便有充分的理由不再去信任记忆的传统承载者,转而庆祝一种属于他们自己的、可替代的交流领域。漫画故事,进而变成了他们的故事,允许他们沉浸在颠覆权威的同时,加深自己与同龄人的关系。因此,毫不奇怪的是,对国家权威的不信任——虽然这种批评会被巧妙地隐藏起来——通常是流行历史中一个突出的因素。大部分主流历史漫画在描绘要对战争负责的人时,既不会让他们看起来有魅力,也不会把他们刻画得很英勇。从这个意义上讲,年轻读者作为继承了这样一份并不值得羡慕的遗产的日本人,在看完有关的漫画之后,更可能感到沮丧和痛苦,而不是愉快。

为战后一代人提供道德教训的文化创伤

英国历史学家蒂莫西·阿什普兰特(Timothy Ashplant)曾说:"历史不会自动代代相传,而是必须被积极主动地传递,这样后人才能将那段历史视为有意义的历史。"[105] 战败国的人们找到这种意义,通常是在把过去的污名转化为一种有助于消除这种污染的道德品质时。[106] 具体到日本,这种转换工作通常被框定为一种道德责任,目的是培养年轻一代的情感,谴责以后的战争。不过,这么做时,最好不要损害发动战争的父母或祖辈一代的道德地位。因此,这项任务通常会被说成是在向不了解战争的战后一代,也就是那些"幸运地对人类最古老、最可恶的行为一无所知"的人讲述"战争的现实"。[107] 这种论述使得战时一代人对过去那场战争的记忆脚本，以及可以从中学到的教训拥有了很大的控制权。正是在这种代际间的权力互动中，"日本历史上发生过什么可怕的事情"这一情感记忆，被传递给了后来的一代代人。而相应的，后来的一代代人在面对那段历史时，则会混杂着恐惧、好奇、焦虑，以及一种为家人和自己去掉污点的渴望。

在本章中我们看到，嵌入到日本儿童成长环境中的那种代际记忆，通常会鼓励他们对战争产生负面的道德情感。这种"鼓励"以或微妙或直白的方式出现，而小孩子则会本能地相信"过去发生了什么可怕的事情"，虽然可能不完全明白是什么事或为什么。即便面对一些看起来似乎难以理解的恐怖情感记忆时，许多孩子也仍能理解。同电子游戏和电视节目中的战争不同，在祖父母像他们这么小的时候发生的那场战争，曾真正地吞噬了那一代人的生活。太可怕了，像他们一样的孩子，失去了自己的家人、朋友、家园，而且无法逃脱，最终只能死去。这类具有"震慑性"的战争故事——在动画电影、教科书照片、和平教育、学校教育、流行历史中，等等——能激发出孩童一种发自内心的反应，他们可以从中学会同情和认同那些战争中的孤儿，营养不良的、遭遇轰炸的、受伤的孩子，以及那些被人抛弃、失去了支撑他们继续活下去的所有一切的孩子。[108] 随着时间的推移，这种利用了自我保护本能的情感社会化，会转变为"感觉规则"（feeling rules），孩子们可以通过它来学会将自己对和平主义国家战争的应有感受内在化。[109] 显然，这种选择策略，并非像德国那种忏悔文化一样——培养新一代具有批判精神的思想家，让他们为父辈在过去的恶劣行径承担责任——而是为了不培养出在未来可能发动另一场可怕战争的日本人。

不过，本章讨论的代际记忆对儿童情感和规范社会化产生的影响，很难通过可靠的实证指标来衡量。孩子们如何回应和内化那些嵌在他们成长环境中的信息会依因素不同而变化，而且可能随着时间的推移而改变。因此，横断面态度调查（cross-sectional attitudinal survey）——通常可作为社会化和认同感的代理指标——最好要用各种源头的实证信息来补充，包括纵断面数据，以便实现三角互证。也因此，我在本书的各章节中，借助了多种与战后一代人有关的直接或间接的信息源头，如调查、访谈、焦点小组、公众论坛、博客、网站、论文和报纸，试图拼贴出一幅完整的画面。但即便如此，代际记忆对道德和国家认同的形成所产生的影响，也都是基于对可能的因果关系的假设而间接推断出来的。

不过即便如此，我们仍然能从调查中看到，传递这种会唤起文化创伤的战争记忆，很可能在对未来战争的态度上留下不可磨灭的印记。几十年来，人们对于运用军事力量的前景，一直十分厌恶，尤其是年轻人。比如，在一项针对59个国家的调查中，愿意为国家打仗的日本人占总人口比例最低。根据调查结果显示，只有15%—33%的人愿意这样做；在二三十岁的年轻人中，这个比例还要低一些，在女性中也一样。[110]同样，支持全面禁止核武器（无核三原则）的人，比例一直很高，在初中和高中学生中，这一比例目前高达80%—90%。[111]令人惊叹的是，据报告显示，在过去十年中，尽管来自朝鲜和中国的核威胁在加剧，担心日本再次卷入战争的人数翻了一倍，但是对运用军事力量的反感几乎没有什么变化。[112]这种情况似乎可以被合理地认为，这类厌恶是始终如一的，且是随代际记忆一同传播的道德认同中的一个关键部分。

"过去发生过什么可怕的事情"这一强有力的文化密码，也暗示了一种对国家权力的潜在担忧，因为这种力量曾造成过难以计数的死亡，甚至还以爱国牺牲的名义，要求其臣民"主动"赴死。因此，对军事力量的厌恶，会引申为对那种同服从国家权威有关的爱国主义的警惕和怀疑也就不奇怪了。在公开宣扬爱国主义的程度上，日本的排名相当低，在受调查的74个国家中排71位，只有54.2%的人宣称为国家而自豪[113]，这种趋势在二三十岁的年轻人以及女性身上更为明显。[114]在高中学生中，只有一小部分人声称为日本国歌和国旗——二者皆是极具争议的军国主义民族国家残余——感到自豪。忠于这些国家核心象征的人数比例，徘徊在11%—13%，远低于美国的54%—55%和中国的48%—50%。日本高中生还有很大一部分人不为他们的国家感到骄傲（48.3%），高于美国（37.1%）和中国（20.3%）的水平。[115]这种对国家的疏离感和怀疑态度，呼应了战败后的日本社会经历的那种影响深远的信任危机。这种嵌入了代际记忆中的对爱国和忠诚的不信任感，很可能会继续将爱国主义的英雄叙事排除在本章中评估的那些用来教育儿童的日常文化材料之外。这种在阐释日本踏上第二次世界大战之路时，对爱国主义英雄叙事的抹杀，是受害者叙事以及施害者叙事的倡导者们长期推动的一个项目。

批评者当然会指出，这种为了让孩子不在未来发动战争而采用的恐吓策略有很多缺点——他们也有充分理由这么说。压力会使孩子滋生不安全和焦虑感，而他们本有资格像其他孩子一样安全地长大成人。此外，他们接触到的诸如空袭和原子弹爆炸在日本国内制造的苦难，可能会显得夸大其词。毕竟，日本在亚洲制造的死亡人数是它的好几倍。而且，过度接触本国遭受的苦难，可能会滋生饱受批评的"受害者意识"，进而把了解施害者的责任置于次要地位。最重要的是，它并不能向儿童灌输一种强烈的意识，那就是，无论何种程度的苦难，都是日本自己发动的那场战争造成的结果，而不是像自然灾害一样降临的灾难。左派的大多数批评者，含蓄地拿"德国模式"作为对比，批评了日本在对待历史问题时那种逃避和不诚实的作派。[116] 但是，政治光谱另一端的批评者，也就是挑衅生事的激进右派则持相反观点，指责那些诱发恐惧的反军国主义讨论会误导孩子，让他们误以为过去战争的一切都是邪恶的，就连那些值得尊敬的英勇士兵和忠诚家庭也一样。这种观点认为，日本儿童接触到的施害者叙事过多，会削弱他们的自尊和对做日本人的信心。这种观点还声称，日本发动了一场"坏"战争的说法很不诚实，应该被修改，好让儿童对日本人身份形成一种"更健康"的认同。[117] 在许多方面，今天有关战争的表述夹在各种政治视角中间，缺乏明确的解决办法，进而导致了一种缓慢、渐进和反复的发展。

第四章 战争与和平的教学

正如我们在本章中看到的,今天的儿童可以接触到的博物馆展览、教科书和流行历史漫画,实际上并非忽略施害者叙事,完全以受害者叙事为主。正是因为在过去几十年中,施害者叙事有所得势,和平博物馆的展览、教科书中的插图以及一些非虚构故事,才成为新民族主义右派的政治反击目标。我们在前一章中讲到过,他们曾在20世纪90年代末和21世纪初试图"纠正"这些问题。在这种环境下,一些公共机构迫于压力,撤销了为城市和平博物馆提供的资金,而教材中的插图也开始转向保守。[118]一些新出现的漫画,比如小林善范的《战争论》系列,目的就是让爱国主义英雄叙事重新流行起来,而这类漫画,也得到了新保守主义媒体和网站的支持。[119]不久之后,一场"编纂会"[120]政治运动便开始了,受到了那些强烈反对向中国和朝鲜半岛低头、对日本社会感到不满和疏离的年轻人的支持。这一新动向发生后,三种文化创伤叙事的僵局进入了下一阶段,新的主角和新一代人继续忠心耿耿地支持着各自的阵营。

因此,在和平主义国家这一更为宏观的文化前提下,有关阴暗历史的多种叙事,继续给日本的政治意识蒙上了一层阴影。年轻一代加入争论后,开始争辩影响他们这代人的问题,在历史和公民学教材中存在的那些断层线,也反映在了他们的政治记忆中。21世纪初,当日本在国防和教育方面面临一系列关键的立法举措时,年轻人的回应无疑反映了这类断层线。无论他们是否支持饱受争议的新保守主义举措,如提高国家在军事紧急事件中的运作能力,或提升国家进行爱国主义教育的能力。细心的年轻人都显然意识到,这些措施将会改变21世纪道德景观中的"坏"军队文化脚本。虽然他们的观点可能会有分歧，但有关军事暴力的记忆，作为文化创伤，仍然是他们衡量现实时的普遍参照物。比如，一位18岁的男生近来在《朝日新闻》的专栏中给年轻读者写了一封公开信，呼应了前几代人的反战和反国家讨论。他愤怒地写道：

> 现在又强迫我们接受"爱国主义"教育，这不又像退回到了战前的那种"军国主义"强制教育上吗？虽然宪法宣布放弃战争，（修订后的《教育基本法》）最后可能会再次把我们这些高中学生送上战场。[121]

另一名18岁的女生，也表达了类似担忧。她明确地谈到了她在学校的课程：

> 我实在听烦了政府鼓吹"强大的日本"和"日本的力量"……这让我想起了在课本里读到过的战前的军国主义……为什么我们要非要坚强？有什么用？[122]

现实主义者则对这种疑虑进行了反驳，比如一名22岁的男生表示：

> "和平！和平！"这类感性的口号无法带来和平……我们已经不是生活在明治宪法下的大日本帝国了。我完全无法想象今天在民主、和平的日本，政客们会想打仗。但

在世界各地，有些国家却会破坏他国的和平。万一日本被侵略，我们该怎么办？所以，我们才需要应急法。这很重要……为的是实现和平理想，维护日本的主权。[123]

正如我们看到的那样，将战争置于"绝对邪恶"这一范畴中的道德框架，源自痛苦经历造成的负面影响，而非对社会正义问题的批判思考或审慎推理。这种途径能有效释放民众的反战情绪，但也会削弱对人类仇恨、贪婪、从众心理和自我保护的理解，因为这些人类感受本就十分复杂，而现实从来也不是黑白分明，这些因素使得情况更加混乱。道德良心、内疚感、责任和不公正，都位于两种信条间的灰色地带上，而且矛盾的是，向战争"坚决说不"这个激情满满的工程，反而会阻碍人们发展出明确、表意的词汇来阐明对它们的感受和理解——这种发展出的词汇，不但要能表明善行与恶行可能并非总是相互排斥，还得要求人们来对这些行为负责。只有那时，同情他人苦难的范围才能不断变大，扩展成一种对战争与和平的普遍理解。而这样的工程，现在才刚刚开始。

第五章

战败国的道德恢复

——全球比较观察

"我们的任务是和平。""我有一个想保护的人。"[1]在埼玉县朝霞驻屯地（位于东京市中心西北23公里处）陆上自卫队广播中心的游客接待大厅里，这些标语迎候着来来往往的参观者。这座宽敞的多功能中心被大家亲切地称为"小陆乐园"（Rikkun Land），取自陆上自卫队吉祥物的名字。该中心结合了主题公园、军事博物馆、多媒体档案和图书馆、信息与招聘中心的功能，为年轻家庭周末出游、社区活动和学校参观提供了场所，自2002年开放以来已吸引数百万的游客。主展馆用于向年轻参观者展示军队的"酷"，树立日本自卫队的正面形象。在最近的周末，游客还可以观看一部生动讲述日本年轻骑兵艰苦训练的3D纪录片；孩子们可以在主厅里穿上军装，爬到直升机和坦克里玩。尤其受年轻参观者欢迎的，还有飞行、露营等模拟游戏。这里几乎不会展现任何真正意义上的暴力、威胁或死亡，游客也无法在此发现任何战争历史或战争记忆。

访问小陆乐园的年轻家庭可以轻易在这儿待一天，而没有意识到在亚洲—太平洋战争期间，这个地方曾是一处重要的军事训练场所，后来又成了美军驻地，更名为德雷克营（Camp Drake），在美国占领、朝鲜战争、越南战争期间一直在被使用。事实上，在展馆的年表中，游客不会发现任何1950年——也就是自卫队组建之前的军事活动迹象。[2]更显眼的是自卫队近来的骄傲成就，比如2011年日本东北部地震后进行的救援工作，在柬埔寨、莫桑比克、伊拉克和海地参与的联合国维和行动，以及其他人道主义任务。展览将自卫队打造为国家的终极保护者，其实力可以确保日本的"和平"。然而，和平必须通过部署军事力量来获得保护这一概念，与第二章讨论过的那种通过宣布放弃战争或者通过国际和解来确保的和平愿景，实际上南辕北辙。

战争结束70年后，长期以来便饱受争议的有关修改日本自卫队角色的建议——通过减少日本自卫队被强加的种种限制，将其升格为正规的军事力量——再次变得重要起来。随着东亚地区的地缘政治和经济在21世纪初发生巨变，日本与邻近国家，诸如中国、韩国和朝鲜的摩擦也在不断升级。而在战争和日本帝国主义问题上，一些悬而未决的旧账引发的激烈争论则进一步加剧了这类摩擦，加上高涨的民族主义情绪在一旁煽风点火，这些争端使过去直接与现在产生了冲撞。[3]随着这些邻国的公众反日情绪日渐加剧，日本在解决"历史问题"和处理同中国、韩国的领土争端时出现的麻烦，更是激起了东亚的政治记忆。[4]这种变幻莫测的地缘政治环境导致的紧张局势成了一种新动力，刺激着日本重新考虑和评估其"和平"身份的范围。

本章作为全书的最后一章，将考量放在成为"正常国家"（也就是完全有军事能力发动战争的国家——这是如今的日本最具争议性的政治议题之一）这个十字路口上的日本。我将概述战争记忆对于这场争论的影响。自1947年以来，战后的和平宪法便一直未修订过，而争论的焦点正在于此。宪法第九条宣布放弃发动战争的主权和保有军事力量的权力，因此是否要修订宪法，引发了人们的深刻忧虑。[5] 军备问题体现的是基本的国家信条和认同问题。本书讨论的三种记忆叙事，为推动这个问题解决的三种途径提供了基础：民族主义、和平主义、和解主义。日本社会中不同的利益相关者，从国家和商业领袖，到宗教和公民团体、公共知识分子、政治关系网、社会活动家和跨国运动，分别在不同程度上接受并倡导了这三种途径。我将依次考查这些方法在解决日本的历史问题、为漫长的战败做了结方面所做的尝试。然后，我会通过与对德国及其他战败国的比较观察，来衡量日本超越战败文化、使东亚重新恢复和平的可能性。

日本国际关系史学家小菅信子在她的获奖著作《战后和解》（*Postwar Reconciliation*）中曾解释说，通过"铭记过去"来为冲突画上句号，是一种相对现代的建立和平的途径。尽管"忘记过去"曾被认为是现代化之前的社会在战后获得和平的方式，但随着现代世俗国际法的建立，这种做法越来越站不住脚。[6] 到第二次世界大战结束时，战胜国已经成为"铭记历史错误"的裁决者和指控战败国所犯战争罪的起诉者。因此，在纽伦堡（1945—1946）和东京（1946—1948）设立的国际军事法庭，目的就是要在赢家和输家、施害者和受害者、有罪者和无辜者之间划出一条明确的界限，然后惩罚有罪的人，确保"错误永不再犯"。[7]日本的和平宪法——在美军占领期间、东京审判进行的同时制定并施行——就是胜利者策略的组成部分。占领者相信，把日本"降格为四流国家"，确保其保持较弱的实力，几乎无望再次成为世界强国，和平就能实现。[8]

因此，日本的宪法仍然承载着同战败创伤有关的、深刻的象征意义和历史记忆，这并不奇怪。虽然许多人觉得，和平宪法让日本从军事暴力和肆意征战中解脱出来，但对另一些人而言，它却意味着实力的削弱，意味着对一个长期拥有尚武传统的主权国家的深刻羞辱。[9]日本自卫队的前身组建于1950年，也就是朝鲜战争开始时，目的是接管势力被朝鲜半岛牵制的美军占领军的治安职能。在当时的冷战环境下，确保日本保持较弱实力的目标，变成了确保日本成为一个反共国家，成为美国和西方在民主制度、资本主义和军事上的盟友。具有讽刺意味的是，由于受和平宪法限制，自卫队的功能有限；不过，随着冷战逐步升级，在美日安全同盟的支持下，自卫队也慢慢发生了变化，成了一支实质上的常备军。[10]

因此，日本的和平主义成了一件由不同做法和政策拼凑成的复杂理念，不同的利益相关者都想要努力实现它，但对他们来说，"和平"却各有不同的意义。其中的矛盾显而易见：日本在宪法中宣布放弃战争，但实际上却有一支名叫自卫队的军队，陆军、海军、空军俱全。作为一个秉承和平主义的国家，日本引以为豪地将国防支出的比例控制在了国民生产总值的1%以内,但是其国防支出的实际数额却在世界排名第八。[11]日本禁止核武器,因为核武器违背了宪法,但是美军运送核导弹途经日本时,这条禁令却并没有得到执行。根据《日美安保条约》,美国在和平主义的日本全国设有130多处军事基地和设施,特别是冲绳;因此,日本间接地为美国的战争,如朝鲜战争和越南战争,提供了帮助并获得了经济利益。

修宪派声称,无武装和平的理念与武装和平的实践——后续对第九条的"重新解读"使之成为可能——这二者之间的矛盾,在现在冷战后的全球化时代已经达到了极限。护宪派则反驳说,原来的理念必须要保护,以便向世界保证日本绝不会再有军事升级。这种僵局源自修宪派和护宪派之间强烈的互不信任,并且使日本在战后的军事防御结构长期以来只得依靠各种做法和妥协来东拼西凑。

修改宪法需要日本的国会两院各获得三分之二的多数票通过,并举行全民公投。这是一个很高的障碍,战后至今,日本还没有哪届政府能够越过。虽然自20世纪50年代日本同美国结成战略联盟以来,自由民主党(LDP)领导的历届政府一直在争取再军事化,但以争取"无武装中立"的社会党为首(JSP)的多党派反对阵营,几十年来一直都有效挫败了自民党的修宪努力。民权律师、学生和活动人士一次又一次地利用第九条,对日本拥有军事存在是否符合宪法提出了抗辩,如美军基地的合宪性(砂川诉讼,1959),自卫队的合宪性(百里基地诉讼,1958—1989;长沼-奈基导弹基地诉讼,1969—1982),以及近来在伊拉克部署自卫队的合宪性（在名古屋等地发起的反对向伊拉克派遣日本自卫队的诉讼，2004—2008）。这些里程碑意义的法律斗争，除名古屋诉讼外，均以原告失败告终。

长期以来，民意也存在分歧：赞成修宪的民众，一直保持在25%—45%，从未超过60%。[12] 自2000年以来，这一比例相对上升，原因主要包括：朝鲜在1998年、2006年、2009年、2013年和2014年的导弹发射，致使民众越来越感到惶恐[13]；同中国和韩国的领土争端局势恶化；安倍政府竭力推进再军事化的合法化。2014年，政府对第九条重新做出解读，允许自卫队在个别情况下参加集体自卫性的军事行动。[14] 这一举动，虽然被政府称作"积极的和平"，但在僵局依然悬而未决的舆论空间内却基本上不得人心。[15] 不过，允许自卫队行使集体自卫权这个争议性问题，最终还是在2015年被写入了新安保法案。[16]

超越战败文化：道德恢复的三种愿景

这本书的核心思想是，有关暴力冲突及其后果的记忆塑造了文化。我在前面已经提出，在战败社会中，这种记忆行为不会制造出一种单一、一致的文化，反而会引发一种相互抵触的公共讨论。本书中列举的战争记忆，对过去的描述各有差异，这是为了使过去更容易忍受，现在更容易接受；它们争相想要获得认可，以便影响后代，为他们的自我认同寻找理由。摆脱战败需要这种道德恢复工作，它可以同经济复苏一样，重振战

第五章 战败国的道德恢复

后社会。[17] 战败文化的推动力,源自人们从挫折中恢复过来的共同愿望——虽然他们对未来的具体设想可能并不相同。这类愿望,正如在记忆叙事中表达的那样,常常互不一致,且侧重的是道德恢复的不同面向。这一点,我们在阵亡英雄、受害者和施害者叙事中对此已有所了解。因此,日本漫长的战败其实是一个道德恢复的过程,是要从耻辱中恢复过来,要从损失中恢复过来,要纠正错误。在修宪和成为"正常国家"问题上的长期僵持状态,深刻地表明了日本国内在针对完成"恢复"所包含的不同意义上陷入的僵局。

在后冷战世界中,"左与右""保守与自由""鹰派与鸽派"这类与政党派系挂钩的政治二分法,已经日渐失去了它们在政治文化地图上的描述力。随着记忆政治也跨越了党派界限,根据政治文化中的不同倾向而非政党的意识形态和立场,来确认道德恢复的不同途径便合情合理了。[18] 我在这里概述的三种途径,可以为推动日本解决符合宪法的和平及"历史问题"提供不同的选择。这些方法——民族主义、和平主义、和解主义——是本书中讨论过的三种记忆叙事直接而合理的延伸,为超越漫长的战败提供了路径。它们预设了对未来的不同关切和设想,日本最终必须在它们之间寻找到某种折中路线。

民族主义途径要求摆脱过去,但不是通过国际和解,而是通过提升国家实力。它强调的是共同的国家归属感以及对一种历史共同体的集体信仰,并从这种传统遗产中得出了一种社会认同。走这条途径的人倾向于谈论民族自豪感,并对国家因战败而丧失了威望和国际地位感到不满。不过,他们的强度各有不同。在寻求尊重的问题上，他们有的是咄咄逼人的强硬派，有的是温和派；在寻求对别国（比如东亚邻国）的竞争优势时，他们有的是现实主义者，有的则是理想主义者。他们对战争的英雄叙事的使用，与他们最关注的东西相吻合，那就是消除历史污点、获得美国和西方的平等认可——完成"摆脱"漫长战败的部分目标。

和平主义途径则采纳了一种反军国主义的思想与和平主义的信条——为亚洲—太平洋战争赎罪的另一部分目标。它视战争为敌人，不信任国家能负起和平解决冲突的角色。和平主义是人道主义自豪感的源头，也是一种集体认同感，可以让日本抛开非正常的过去，恢复其道德威望。这种以人为本的愿景，关注的是战争暴力和核威胁的所有受害者，谈论的是军事行动造成的人类苦难和不安全感。走这种途径的人，强度也各有不同：在抗议军事暴力时，有的是激进派，有的是温和派；论及自己头脑中的受害者形象时，有的放眼国内，关注在原子弹爆炸和空袭遇难的人，有的人则持国际视野，关注叙利亚难民。

和解主义途径支持与东亚各国重新修好，为日本的施害者历史赎罪。这种途径更看重日本与邻邦关系的改善，而且在这方面跨越了党派界限。这一派的人在不同程度上都认为，承认历史罪行是向前发展的必要条件，而纠正历史错误则是日本在全球建立互信关系时唯一可行的方式。他们谈论的是人权、转型正义、友谊、多元主义等一系列内容，强调的是日本需要和邻国建立良好关系。一些具有国际头脑的政商界领袖、学者和

第五章　战败国的道德恢复

社会活动家信奉这条途径，在寻求赔偿和正义方面，他们有的激进，有的温和；在寻求和解方面，他们有的是现实主义者，有的则是理想主义者。[19]这一途径具有世界眼光，预设了正义是一种普世价值，且不论它是源自基督教、女权主义、社会主义，还是跨越国界的思想感情，抑或国际机构的宣言。

赞同这些途径的人们所栖居的并行领域，是在20世纪初一些国际新现实的刺激下形成的。当时，随着一系列国际事件的发生，军事威胁和敌对态度开始不断升级，这些国际事件包括：中国和朝鲜发射导弹；未能加入海湾战争中的胜利联盟（1990）；"9·11"事件和随之而来的"反恐战争"；未能获得在联合国安理会常任理事国席位（专为"二战"的胜利者预留，2005）。日本的和平外交理念与不断变化的地缘政治发生了冲突，重新确定轻重缓急成了必然选择。意识到"支票簿外交"已经不足以支持科威特后，日本对和平外交的信心产生了动摇；与此同时，亚洲地区日益高涨的反日民族主义情绪也动摇了对和解外交的信心。因此，"9·11"事件发生后，日本在2003年和2004年颁布了应急法，之后不久，新的防御大纲也被确立，将朝鲜和中国认定为潜在威胁（2004）。[20]此外，日本议会还批准派遣1000名自卫队士兵，前往伊拉克南部执行"人道主义复苏任务"（2003—2009）。[21]此类进展考验着日本以宪法第九条为基础的和平策略的有效性，并越来越为已经确立的记忆叙事带来了压力。

民族主义途径：从战败到尊重与国家归属感

从激进的新民族主义到温和的公民和文化民族主义，民族主义途径秉承的观点是，推动国家利益最好地解决"历史问题"。这种途径基于一种共同的国家归属感和对一个历史共同体的信仰，因此对世界主义带有几分文化上的抵制。[22] 近来几位日本首相在纪念日当天正式参拜靖国神社，可以被归在这一类别中（通常称为"新民族主义者"），那些被动地纵容使用国旗和国歌这类传统的国家荣誉象征的人也属于此类。这一类别中的很多人都支持修改宪法，比如 2014 年时，日本首相安倍晋三在接受《产经新闻》的新年特别采访时就曾描述过这一点。当被问及他对 2020 年（日本将在这一年主办夏季奥运会）有什么愿景时，安倍回答：

> （我预计到 2020 年）修宪可以实现。到那个阶段，我希望日本已经彻底恢复了威望，而日本对世界和平与地区稳定做出的重大贡献也会受到尊重和认可。日本的威望更高，可以恢复亚洲地区的力量平衡。[23]

通过强调重获声望和尊重，安倍是在表明，他希望国家地位的一些基本要素能得到恢复。因为在他看来，这些要素在战败之后便丧失了。他那个常被人引用的志向——"摆脱战后政权"——正是意在结束漫长的战败，摆脱"实力较弱的日本"（战后政治文化中的潜台词）这一文化创伤，并获得世界的平等认可。从实际角度而言,这就意味着提升日本国力,夺回被剥夺的军事权力,结束对美国的片面依赖,不再做它的"附属国"。这种民族主义愿景的一个例子,就是安倍所属的政党(自民党)在2012年4月宣布的宪法修订草案:这是和平宪法的本土化、本国化版本,强调的是传统、爱国主义和对国家的义务;重要的是,它改变了原来的第九条,将放弃拥有军事力量替换成了建立一支国防军。[24]

民族主义者向全国灌输民族自豪感和爱国主义的动力其实很好解释。近几十年来,对于传统主义观点的支持不断降低。比如,日本人的民族自豪感从1983年57%,跌落到了2008年的39%,而年轻一代的自豪感则一直处于较低水平。[25]与美国和中国的高中学生相比,日本高中生的民族自豪感是最低的。[26]婴儿潮之后出生的年轻一代也报告说,他们不信仰任何宗教(无论是佛教还是神道教),对天皇也没有任何的效忠感。[27]民族主义者现在在学校培养爱国主义,其动力实际上源于他们感到了自身的权力基础正在受到侵蚀,那些置身事外、冷漠淡然的新一代人已经不再支持他们。从这种意义上而言,这种煽动中国威胁论的相互挑衅是很有效的工具,可以在缺乏社会归属感的群体间催生更强烈的国家归属感和团结性。

这种"摆脱"过去的途径很复杂。西方指责日本在为第二次世界大战中犯下的战争罪行承担责任方面努力不够,引来了民族主义者的愤怒——他们对日本没能成为业已确立的西方集团成员之一而耿耿于怀。由于无法在欧洲秩序中站稳脚跟,日本在摆脱耻辱、维护其已确立地位的道路上比德国走得更加艰难。考虑到这种国际的分层后，获得非西方和非白人国家认可的障碍就更高了，而且永远都难以清除。[28] 因此，对日本来说，民族主义记忆不是为和解而做出的努力，而是想要争得道德和战略上的优势。[29] 在这个意义上来说，从漫长的战败中恢复道德地位，旨在修改战败的脚本，质疑东京审判的合法性、质疑对靖国神社的贬斥，以及质疑中国在亚洲—太平洋战争中的胜利。与韩国和朝鲜的关系也应该是"正常的"，换句话说，就是未受到日本罪行的损害且不受宪法约束的影响。

从这个角度而言，道歉并非是一种必须为之的高尚行为，并不能体现道歉者的品格力量和为阴暗历史负责的勇气，更多的是一种自我诽谤和贬低的行为，暴露了道歉者的弱点，让对手没完没了地羞辱和贬低日本。[30] 考虑到前面讨论过的家族记忆中的代际亲近性，战时的权力精英阶层的子女和孙辈强烈反对为日本的战时行为道歉，其实就不那么令人惊讶了。比如，作为一个政治王朝和家族记忆的承载者，首相安倍晋三就是一个众所周知的例证。[31]

和平主义途径：从战败到创伤痊愈与人类安全

和平主义的信条，长期以来便是战后日本民族主义的重要制衡；在日本第一次参加"人道主义复苏任务"，派遣自卫队到伊拉克南部的几个月后，和平主义支持者便履行了这项使命。2004年6月，9位著名的日本公共知识分子齐聚东京，宣布成立"九条会"（Article 9 Association，简称A9A），目的是保护宪法,努力阻止政府不断加强的修宪倾向。创始成员皆为知名人物,自然引发了公众的广泛关注。他们都是战时的一代,也是公认的战后和平主义者:小田实和鹤见俊辅曾是反越战运动的领袖;诺贝尔奖获得者大江健三郎,众所周知,有着和平主义者的良知,时常直言不讳地公开批评政府,堪比德国的君特·格拉斯(Günter Grass);三木睦子曾积极参与为"慰安妇"争取赔偿的运动,并在1995年加入了亚洲妇女基金会;其他人还包括,杰出的公共知识分子加藤周一和著名的宪法学者奥平康弘。九条会的宣言如下:

> 我们要和全世界爱好和平的人民联合起来,让宪法第九条在剧烈动荡的国际社会中放射光彩。为此,我们都有必要重新选择拥有第九条的宪法作为这个国家的最高权力……因为塑造这个国家的未来是我们应负的责任。
> 我们呼吁全世界,尽一切可能阻止对这一宪法的修改,为了日本和世界的未来和平保护它。[32]

民众对这一呼吁的响应震耳欲聋:一年半之内,4000多个地区的九条会公民团体展开了行动。10年后,九条会团体已超过7500个,其类型更是多种多样:电影人、诗人、女性、儿童、残疾人、病人、医生、音乐家、科学家、渔业、贸易公司、大众媒体、佛教徒、绿党、共产党等,都组建了自己的A9A;各地的社区团体在乡镇、城市和县区中如雨后春笋般涌现。[33]随后,青年运动组织"和平之船"创建全球废除战争第九条运动组织，发起了国际性的请愿活动（2005）。

西方指责说，日本发誓绝不允许一场会制造出更多广岛、长崎悲剧的战争发生时，患上了集体性自怜。但是，这一指责没有意识到，日本是一个拥有700年军事传统、曾打赢过三场国际战争的国家，它发誓解除武装实际上意义深远。[34] 人们对这种与过去的彻底决裂引以为豪，一家公民团体甚至在2014年提议将诺贝尔和平奖授予宪法第九条。[35]

民众将第九条作为一种公民身份由来已久。日本的战后和平主义者、历史学家赤泽史朗解释说，这实际上源自对国家定义的"正义"产生的深刻质疑，因为这种"正义"曾制造过大规模的牺牲和不道德的暴力行为。[36] 由于这些战争记忆，人们长期以来便对军队有反感，并且不信任政府掌控军队的能力。所以，第九条就成了一种对政府的重要约束，缓解了这类恐惧。自那之后，反战的和平主义逐渐崛起，而这种思想的基础，正是对人类安全的渴望、对过去暴力行为的遗憾和对成为未来全球模范公民的承诺。因此，和平成了一种公民身份和一种道德恢复的策略，既是在表达悔悟，也是在彰显提高日本在世界眼中的道德地位的愿望。也正因此，这种多面向、多主题的和平实践，才和基于战争责任问题的反战和平主义有着根本性的差别。

九条会要纠正的是21世纪以来再次抬头的激进民族主义，重申了和平主义身份中的那种自豪感——和平主义已经成为一种标准的道德框架，会由学校教授，在历史上也能找到榜样，信仰基督教的和平主义者有新渡户稻造、矢内原忠雄、内村鉴三，无神论和平主义者则包括伯特兰·罗素（Bertrand Russell）和阿尔伯特·爱因斯坦（Albert Einstein），后面这两人曾领导过帕格沃什运动（Pugwash movement），致力于废除"所有大规模杀伤性武器（核武器、化学武器和生物武器），不再将战争当成解决国际争端的社会制度"。[37] 然而，九条会成立后只过了六个月，日本政府便颁布了新的国家防卫计划大纲（National Defense Program Outline），进一步扩大并重新调整了自卫队的活动范围，以快速应对各种国内外的突发事件。在这个政策中，中国和朝鲜被确定为"潜在的威胁"。[38]

日本内阁在 2014 年 7 月 1 日宣布对第九条重新解释，允许自卫队参与一定程度的集体自卫后，作为回应，近来一些新民间组织和机构已经开始行动，奋起保护第九条和宪法的完整性。这些民间团体的成员都是学者、公共知识分子、活动家和其他公众人物，且大多是战后一代，他们发誓要维护宪政主义和宪政民主，并且使政府对二者负责，这类团体的一个例子是拯救宪政民主运动。同前面提到的向诺贝尔和平奖委员会发起的请愿运动一样，这个团体代表了一种更新版的和平主义，力求征得更广泛的支持者，阻止政府中的民族主义者进一步挑战第九条。[39] 从这个角度来看，由大众民主选择、拥戴的宪法和平主义，象征的是道德最终从漫长的失败中恢复了过来。[40]

和解主义途径：从战败到正义与道德责任

和解主义途径在摆脱过去时，最看重的是通过国际对话，在互相尊重的基础上，与曾有过对抗历史的地区近邻建立关系，最终达到互相信任。在这个方面，日本承认其侵略历史并承担罪行、努力纠正错误是必不可少的。以西德为例，它致力于与有着对抗历史的邻居相互增进了解，并在战争结束后的几年内便开始了。在联合国教科文组织的支持下，西德首先发起了与法国的国际对话（1951），接着，"东方政策"推出后，又开启了与波兰的对话（1972）。联合教科书委员会开展的双边和解工作，从各方面来讲都十分成功。直至今天，依然在长期的制度扶持和国家资助下，继续着相关的努力。[41] 相比之下，日本与韩国、中国联合进行的历史研究项目，直到20世纪90年代和21世纪初才开始，至于制度和资源的支持，同德国的情况相比也十分有限。这期间，日本政府和民间都同韩国和中国开展过此类项目。[42] 其中一项是一套由三国联合编纂的历史教科书，名为《开创未来的历史》（未来をひらく歴史，中文版名为《东亚三国的近现代史》）。该套教材出版于2005年，由来自中日韩的54位学者、教师和公民共同编写；这是东亚第一本以这三种语言同时出版的教科书。[43] 序言片段如下：

> （这本教科书）讲述的是以日本、中国和韩国为中心的东亚历史。
>
> 19世纪和20世纪的东亚历史，因为侵略、战争和对人的压迫而伤痕累累，让人无法忘却。
>
> 但是……东亚也有着文化和友好交流的悠久传统，许多人跨越国界，共同致力于创造一个光明的未来。

第五章　战败国的道德恢复

　　只要我们能全面反思错误，继承历史的正面遗产，就可以在这个美丽的地球上，创造一个光明与和平的未来。

　　我们该如何以史为鉴，创造未来，确保东亚地区享有和平、民主与人权呢？让我们一起来思考吧。(《开创未来的历史》，2005年版)[44]

　　正如这段序言中所讲的，历史教科书合编项目的前提是各方拥有共同的历史视角，而这种视角要基于一些放之四海皆准的价值，比如和平的建立、民主和人权。这种努力需要各方找到共同话语，而且尽可能地建立一种理解和阐释的共同框架。《开创未来的历史》背后的共同语言，是日本的帝国主义侵略历史，以及对现代东亚地区造成的破坏。施害者语言将三个国家的历史联系在一起，结果就是一本或许可以被称之为日本"历史问题"起源的入门读本。教材对施害者(日本)的划定很清晰，对反抗入侵的英雄（中国和韩国）以及遭受苦难的受害者（中国、韩国和日本）的划定也一样。此外，书中还提供了一张有可能解决问题的蓝图，那就是如果东亚想真正地抚平创伤、恢复正义、实现长期和解，日本就必须为其帝国主义的侵略和剥削行径，做出彻底的"谢罪和补偿"。[45]

　　共同话语对和解至关重要，但却很难找到。[46]韩裔美国社会学家申起旭指出，东亚地区的和解关键要在四个方面找到共同基础——道歉政治、合作历史研究、诉讼和地区交流——这些是取得进步的必要条件。[47]从务实的层面上讲，这就意味着曾经的敌人、施害者和受害者必须抛开郁积了几十年的仇恨和偏见，表现出共同的耐心和友好的姿态。但从意识形态角度而言，这一过程又因"通行"的国际规范而变得更加复杂。正是这类规范，比如人权、民主以及反和平罪（侵略战争）、反人类罪（大屠杀、折磨、迫害等）等，在全球领域内定义了正义的共同话语。[48] 结果，由于各方对应该如何理解"正义"找不到共同基础，21世纪初由政府资助的日韩两国历史研究委员会最终只得解散。[49]

事实上，最近的民调显示，只有一小部分的中国人和韩国人（不到11%）认为日本拥护和平主义或和解主义，更大比例的人（1/3到1/2的受访者）则认为日本奉行的是军国主义。许多中国人和韩国人还指出，日本的"历史问题"和领土争端妨碍了它同两国建立更好的关系。[50] 与此同时，日本人对中国和韩国的好感也大幅下降，目前处于历史最低点。1980年时，说喜欢中国的日本人比例最高（78.6%），但到2012年时，已降至历史最低（18%）。在反日骚乱（2005）以及因钓鱼岛争端而出现冲撞之后，这种下降尤为剧烈。而日本人对韩国的好感虽在2011年达到了顶峰（62.2%）——自金大中总统解除引进日本流行文化的禁令（1998）之后，加上两国共同举办世界杯（2002），以及"韩流"在日本越来越受欢迎（如K-Pop），这一比例一直在上升——但随着李明博总统在2012年访问独岛（日本称竹岛），又迅速大幅跌落（39.2%）。[51]

实际上，到2010年之后，在三国学者努力建立国际对话、加强相互了解的第二阶段，东亚地区的政治和社会气候与21世纪前10年相比，已经严重恶化。后续出版的教材[52]意在提

第五章 战败国的道德恢复　　　　　　　　　　　　　　　　　　183

供一份总括性的东亚地区史，这就反映了此类棘手的氛围。教材编纂各方似乎很难在对"正义"的理解上找到共同点，比如未能在集体记忆的部分做到综合统一，而这原本可能在三国面临的最紧迫问题，也就是领土争端上增进理解。不过，这种长期培养民间对话的艰苦努力，无论它有多么困难，最终还是会为子孙后代争取东亚地区的和解铺平道路。除此以外，几十年来，内海爱子、大沼保昭等学者型活动家也一直致力于在亚洲实现转型正义。[53]

　　从德国的和解历史中可以看到，友好关系的重建最终需要的是令人信服的道歉和对错误行为的承认，然后才能就正义问题达成一致。在这一途径中，道歉是一种高尚的行为，可以使公众更加感觉到道歉者承认自己的邪恶行为的勇气。与先前提到的日本民族主义者的观点恰恰相反，一个人直面自己内心的邪恶并为之承担责任，他的道德高度非但不会削弱，反而会提升。在自我反省备受推崇的文化氛围中，道歉成了一条超越耻辱的途径，对一个人积累象征资本十分有利。但是，并非所有文化都认同"未经检视的人生不值过"这个观念，而当文化资源无法提供让人们推崇通过自我反省来道歉的途径，和解的前景就会变弱。

　　过去几十年中，民族主义、和平主义与和解主义的途径一直水火不容，在不同的争端中争夺着主导地位。它们没有融合为一种摆脱过去的国家战略，而是需要不同的策略来实现政治合法性和社会融合的政治。正如我们从本书前几章中看到的那样，和平主义途径在家族记忆和学校课程安排中尤为强势。然而，修补破碎的关系和抚平历史的创伤，需要的不仅仅是对和平主义的倡导和实践——且不论这种意图有多么良好，实践得有多么充分。在目前的地缘政治中，只有从曾经的敌人和受害者那里获得尊重，道德才可以失而复得。但鉴于日本、中国、朝鲜、韩国之间新出现的紧张关系，要实现这个目标会更加困难。

是否有一种普适全球的和解模式？

记忆构建的世界在不断变化，德国那种忏悔过去的模式正迅速成为一种"全球标准"，得到了世界各地相继成立的"真相与和解委员会"的认可。犹太人大屠杀已经成为遍及全球的文化创伤，而且有可能代表人们普遍的道德情感。[54] 无论一种纠正历史错误的"全球标准"——源自一种认为罪恶要通过悔悟、原谅和救赎来处理的信仰体系——可否在犹太—基督教文明的范围之外获得深深的共鸣，仍然是一个没有答案的问题。纳粹大屠杀源于欧洲的反犹主义，那么为那场大屠杀赎罪的模式，能否在亚洲等地获得有效的政治认同，能否在全球化的世界中被认可为一种协调不同国家记忆的"普遍模式"，肯定会在未来成为记忆政治的一个主要问题。

这种"全球规范"是一种"西方的、自由主义的规范"，在今天，它会让人想到，如果一个国家不通过追求真理、忏悔、道歉和宽恕来纠正过去的错误，就是不文明、落后、狭隘和自私自利的国家，还会暗示它没有资格成为西方世界的正式成员。

第五章　战败国的道德恢复　　　　　　　　　　　　　　　185

在此过程中，人权和自由的理念，这些源于欧美的世界观，以自由、民主的对话为中心被强加到了那些渴望加入文明世界的非西方国家身上。[55]一方面，这种全球性对话已经进入了日本的记忆文化，催生了迅速发展的赔偿运动——通常是以诉讼形式，且持续至今。而另一方面，它又激化了一些人的种族敌意，因为他们十分痛恨日本在清算历史上做得"不够充分"这种说法，认为这暗示了日本人道德低下。随着20世纪90年代以来，"忏悔政治"主导了全球关于战争和暴行的讨论[56]，一种明确的"文明"行为等级也出现了。

在讨论土耳其、俄罗斯和日本的战败文化时，土耳其裔美国政治学者爱塞·扎拉克尔（Ayse Zarakol）强调，"局外国家"和"局内国家"对安全与平等认可的追求在结构上并不相同。她为日本的战败困境提供了一个复杂的结构性解释，认为东方与西方的认可需求和耻辱负担有所差别。局外国家一直对自己不是国际体系的必要组成部分感到十分焦虑。在西方的注视下，日本和土耳其这样的战败国为了获得国际地位，在战败后着意效仿了西方。对两国来说，不愿为战争罪行道歉会付出高昂的代价，但它们却依然不愿道歉，因为这样做的话，它们需要对自我重新定义，而这又会与它们长期以来希望自己与西方平起平坐的目标不兼容。承认自己的"野蛮行径"，承认自己有实施非正义暴力的能力，不仅会"挑战国家认同叙事的完整性"，还等于承认了国家根本够不上西方的规范性标准。而这些，比如进步、理性和科学成就，恰恰是这些国家多年以来竭力想要获得的东西。[57]

日本当下的民族主义者、和平主义者和和解主义者都陷入了两难境地，既想被认可为一个奉行"全球标准"的文明国家，同时又希望自己被看成一个原本就文明的国家，不可能做出那种与文明国家身份不相称的野蛮行为。遵守全球标准可以累积象征资本，得到世界的认可，但与此同时，也等于证明了西方那种"黄祸"危及白人社会的刻板印象。愈来愈频繁的是，中国和韩国也开始在这种全球框架内提出他们的道歉要求，虽然它们并没有将这个框架用在自己身上，为它们自己的黑历史道歉。

对德国的比较观察

　　在《破碎的历史》(Shattered Past)中，康拉德·雅劳施和迈克尔·盖耶尔考察了自东西德统一（1989）以来，有关希特勒的战争、纳粹政权和犹太人大屠杀的多种记忆叙事，并举例说明了不同的人和社会群体秉持着不同的施害者、受害者和旁观者视角，拥有相互矛盾、突出不同历史教训的记忆。他们着重指出，尽管德国的官方政策是忏悔，但人们对过去的认知却很难一致。日常生活中，施害者、受害者和旁观者的战争叙事并存，而这些叙事基于不同的认知、经历和私利，无法整齐划一地成为整个国家的叙事。[58] 这些分裂的记忆源自特定的社会和政治环境：东西德政权在冷战期间的不和，一代人与一代人的不同认知，前线战场和大后方的不同记忆，以及不同的意识形态倾向。不同的信仰、对战时经历和第三帝国的不同记忆，在统一之后的几十年中，更加明显地揭示了不完整的、选

第五章 战败国的道德恢复

择性的叙事，导致了不可调和的分歧。[59]德国这种记忆叙事的多样性似乎与其他国家大同小异，比如本书中讨论的日本，以及战后的法国和奥地利等国。[60]

不过，自20世纪七八十年代以来，德国官方处理犹太人大屠杀这一遗产的途径却保持着相对的连贯性，那就是忏悔政策。着眼于有过严重错误的历史，号召人们自我定罪，与过去彻底决裂，并重建一个全新的集体自我。[61]尽管民间的叙事多种多样——比如，传统主义者对忏悔途径的长期不满，就是由1968一代的人构建出的系统来表达的，包括被搬上银幕的那些英雄和受害者的战争故事，以及有关德国国内并没有犯罪的人和他们所受苦难的私人叙事。但德国的忏悔政治，还是设法控制并打消了许多反对的声音。[62]因为当时的地缘政治和国内环境不仅使这种情况成为可能，还成了一种必要。在战后的西德，和解是当务之急。西德的经济和政治要想维系，就必须制定一项官方的和解及融合政策，构建一种与邻国合作的框架（首先是法国）：融入欧洲，加入北约，成为欧盟的一部分，建立一种欧洲认同，以弥补那种被严重怀疑的德国认同。德国国内的政治状况为这种途径提供了有利条件，尤其是社会民主党（SPD）在执政的20年中（1969—1982和1998—2005）曾施行了一系列重要的外交（东方政策）和教育政策（有关犹太人大屠杀和第三帝国的课程）。德国和解的这些结构性条件，明显不同于战后日本的情况，日本当时面临的是一套完全不同的要务，不能与共产主义的邻国中国、朝鲜、苏联进行和解。[63]

德国的忏悔途径与其在"一战"中失败后的途径完全不同，

后者在抚平国家创伤、团结国人时，采用的是阵亡英雄与遭遇背叛的受害者的叙事。[64] 第二次战败后出现的自我归罪途径，融合了从20世纪上半叶的失败中学到的教训：犹太人大屠杀和第三帝国，两次世界大战中的失败，以及两次世界大战期间的魏玛共和国民主制度的失败。[65] 改革后的德国议会政体支持了这种做法，允许德国先发制人地控制各种"极端的意识形态"，比如民族主义和共产主义——它们的政党在20世纪50年代遭到了取缔。[66] 此外，德国还通过设定选举门槛，规定进入议会的政党至少获得5%的选票，而控制住了议会中可能会突然冒出来的任何"边缘"声音。[67] 这些旨在稳定民主政体的制度及其他工具，使德国可以摆脱过去官方政策曾经遭到的极左或极右势力的挟持和反对。因此，尽管在20世纪60年代以前，保护前纳粹分子、为其平反的行为在德国社会中很显见，但到了70年代，一旦在社会民主党和年轻一代有资格定义施害者叙事、划定德国的罪行后，那类行为便被消除了。

这种在施害者和受害者中间构建道德社会界限的工作，也被带入了民间对话当中。[68] 在战后社会中，被奉为勇气楷模的德国英雄是那些冒着生命危险反对第三帝国的人——比如曾试图刺杀希特勒的克劳斯·冯·施陶芬贝格（Claus von Stauffenberg），领导了白玫瑰学生抵抗运动的汉斯·朔尔（Hans Scholl）和苏菲·朔尔（Sophie Scholl），被监禁和处决的基督教反纳粹异见人士潘霍华（Dietrich Bonhoeffer），等等。德国受害者的叙事，与施害者叙事相比显得黯然失色，不太受到

第五章 战败国的道德恢复

重视,虽然数百万的德国人在 1945 年之后被驱逐出了波兰和捷克斯洛伐克;数十万人在汉堡(Hamburg)、波鸿(Bochum)、美因茨(Mainz)、卡塞尔(Kassel)等城市的空袭中丧生;东线战场上成千上万的士兵死于饥饿和疾病。随着时间的推移,民间对话逐渐扩大了施害者群体,纳入了更多参与过大屠杀的德国"普通人"。施害者群体至今依然在扩大,因为德国废除了战争罪的诉讼时效(种族灭绝和反人类罪,1979),也立法禁止了新纳粹主义者再散布所谓的"奥斯威辛谎言"(1985)。[69]

被犹太人大屠杀和第三帝国污染的德国认同,也可以得到有效的重建。一个新的集体自我,可以建立在欧洲主义和宪政爱国主义的概念之上,这二者现在正是欧盟的根基。[70] 最终,为过去忏悔和赎罪本身,在国家目的感的催生下——效仿总理维利·勃兰特(Willy Brandt,在华沙犹太隔离区起义纪念碑前下跪)和总统理查德·冯·魏茨泽克(1985 年在西德联邦议会宣布德国的罪责)树立的榜样——会成为公民身份的一种形式。战后一代代人的公民认同也被称为 Sühnestolz(忏悔的骄傲),这是民族自豪感的一个新来源。[71] 在 21 世纪的头十年中,随着更多的受害者叙事得到公众的关注,民间讨论的钟摆开始摇向了另一边。例如,约尔格·弗里德里希(Jörg Friedrich)的畅销书《火》(Der Brand,2002)讲述了德国空袭的创伤[72],电视迷你剧《我们的父辈》(Unsere Mütter, unsere Väter,2013)则讲述了卷入一场坏战争的无辜德国士兵和平民的故事。这些叙事对施害者和受害者划分更不固定,边缘更模糊,类似于第三章中讨论过的日本那种处在"灰色"地带的施害者与受害者叙事。与此同时,审视普通人和同胞如何变成连环杀手这项艰巨任务,也难以找到终极的解释。[73]

以"正常"国家的身份重新融入世界

第二次世界大战之后,世界上又打过很多跨国战争:朝鲜战争、越南战争、阿富汗战争、海湾战争、科索沃战争、伊拉克和阿富汗战争。这些战争导致了越来越多的平民伤亡,使用了更加强大和具有破坏性的技术。因此,在冷战过后的21世纪,战争与和平的叙事,需要进行重新的思考和表述。好战争和坏战争之间的区别不再鲜明;英雄和坏人的区分不再明显;道德规范开始模糊,从黑白分明变成了不同色度的灰。很多例子都需要我们理解灰色地带到底是什么[74]:犹太人大屠杀期间,犹太囚监曾与纳粹在集中营里合作;苏联的解放者在第三帝国首都强奸了数十名德国妇女;美国士兵摧毁了整座居住着越南平民的村庄;伊拉克囚犯在阿布格莱布和关塔那摩监狱被拘禁和折磨。随着这些灰色地带的激增,为战争构建道德框架也变得越来越不确定。正如杰弗里·亚历山大提出的观点所言,如果一种道德框架的社会建构本质上是基于我们用法律规范来区别好坏之能力,那么这些规范本身的合理性要受到质疑。[75]

最终,这种道德界限的社会建构是"一种暧昧的努力",其中好与坏、有罪与无罪的区分,本质上而言并不稳定,且易

第五章 战败国的道德恢复

引发争议。[76]正如本章中所表明的,日本了结漫长战败、解决"历史问题"的三种选择,正是这种复杂努力的一部分。而这种复杂努力的核心,则是日本划清界限和划分罪恶感上的模棱两可。相比之下,全球性的记忆规范却要求对日本更加明确地划分出这些界限,本章中列举的那些围绕第九条的"正常化"的讨论代表了划分界限与擦除界限的矛盾,一种会撕裂国家社会结构的矛盾。而这样的僵局,将会继续阻碍漫长的战败获得最终的了结。

日本所谓的战后进步,在很大程度上依赖的是有形的财富增长和经济繁荣。[77]虽然这一指标对父母和祖父母一代适用,但到了今后将要承担起日本战后记忆工作的年轻一代身上,已经失去了意义。随着21世纪初以来日本经济逐步下滑,经济安全对年轻一代而言越来越危险,他们已经不能再像上一代人那样,指望在制造业中找到工作——这类工作现在已经转移到了新兴的市场国家。在惨淡的就业市场中挣扎的日本年轻男女,对自己未来的前景感到厌倦、谨慎和怀疑。[78]有些人心中充满了失信和背叛感[79],有人则试图超越国界去别的地方寻找赚钱机会。[80]尽管各种对未来丧失信心的报道有些耸人听闻,但是有关这些年轻人的报道也显示,尽管他们没有什么太大的人生抱负,但是并没有完全对生活感到不满。无论他们是真正满足于活在此时此地,还是被困在了一种虚假的受压迫者意识中,令人惊讶的是,这一代年轻人中有很大一部分都报告说,他们的生活幸福感水平很高。[81]

与此同时,这几代人从日本近代史中找不到太多的指导或者榜样，只能自己去寻找存在的理由。在他们当中，少数的顽固分子开始在流行的互联网社群中公开向"种族化的他人"表达不满和排外情绪。日本社会学家小熊英二和上野阳子在评论2000年之后兴起的民粹民族主义时谈到了它的一些新特点：其成员大多是二三十岁的男性，即婴儿潮之后的一代；他们认为爱国主义很有感召力，但对天皇却没什么兴趣；对左派、《朝日新闻》、中国和教师工会抱有明显的仇恨，但却不是自民党支持者。小熊认为，他们处于政治倾向不明的模糊地带，希望找个地方来分享价值观、确立自己的身份，并通过认同小泉纯一郎和石原慎太郎这类强硬派政治家，在严酷的经济现实寻得片刻的喘息。[82] 评论家在谈到21世纪初期出现的这些宣扬排外仇恨的边缘群体时认为，这些团体会用这种慰藉和归属感来吸引成员加入。[83]

  日本年轻一代正面对的是一个已经且可能继续在经济和地缘政治方面动荡不定的世界。全球近几十年惊人的经济和政治变革无疑影响了许多日本人，当然也影响了东亚其他国家。中国的经济经过爆炸式增长，在21世纪的第二个十年中超过了日本经济，打击了日本的自信心，也引发了人们的担忧。与此同时，中国如今还超越美国，成了日本最大的贸易伙伴，每年的贸易额高达3450亿美元。[84] 对于这一巨大变化，日本的不同阶层在经济上的反应也各不相同：机会主义投资者总是乐于从蓬勃发展的市场中获利；深谋远虑的生产商可能已经准备好利用中国的崛起；但是对许多工人来说，中国这种迅猛的经济发展势头，意味着痛苦的失业——败给了这位突然崛起的竞争

第五章　战败国的道德恢复

对手。此外，日益强烈的反日情绪也为日本进一步投资中国经济蒙上了一层阴影。因此，不能笼统地认为所有人受到的影响都是清一色的有利或有害。[85]

国际关系专家小菅信子和藤原归一认为，中日关系要想不再紧张，拥有任何真正意义上的"和解"，前提必须是中国取得了更大的国家成就，可以取代1945年打败日本的成功，并且完全"赶上了"其他后工业化国家，感觉自己已经完全跻身于世界领导者的行列。[86] 而日本则将在已有的六艘宙斯盾驱逐舰之外，再增加两艘宙斯盾弹道导弹驱逐舰[87]并继续升级其军用飞机和坦克，同时加强与美国军方的合作，训练军队应对突发事件的能力。这些行动更是因日本政府在2014年7月对和平宪法的重新解读（允许行使集体自卫权）而得到了巩固。这个国家正在踏上"正常化"之路。

2014年公布的一项民意调查显示，超过半数的中国成年人视日本为军事威胁（55.2%），仅次于认为美国更构成军事威胁的人数比例（57.8%）。这种看法的一个主要原因，是人们对日本过去和现在的军事力量感到忧虑：超过半数的人（58.2%）认为，日本现在的军事力量已经构成了威胁，而相近比例（52.4%）的人则认为，日本的历史问题表明，它有可能在未来造成威胁。与此同时，三分之二的日本成年人（64.3%）认为，中国对日本构成了军事威胁，只排在朝鲜之后（68.6%）。人们对未来的看法不太乐观。[88]

即便在日本同东亚各国的关系日渐紧张的情况下，假如遭遇入侵，日本人愿意主动参战的比例也一直保持在低水平，为

5%—6%（1978—2012）。不过，"在一定程度上支持自卫队"的人，比例却在稳定增加（1994年到2012年，从39.3%升至56.6%）。受访者的年龄越小，参加军事行动来抵御侵略的意愿也越低。与此同时，相比其他群体，年轻人也更强烈地认为，日本有再次卷入战争的危险。[89]

最终，日本的道德恢复不能不包含一种重新构建的集体自我，以及一种超越了美国盟友身份的新政治身份。在日本的设想中，这种新身份可以在联合国这个世界治理机构中找到。日本道德恢复的终极目标，一直以来便是成为联合国安理会的常任理事国——这是民族主义者、和平主义者与和解主义者都能认同的一个目标。这样的成就，能让日本摆脱漫长的失败，获得一种能为胜利者和世界所接受的国际性认同，就像德国融入欧盟和北约那样。这还将废除安理会那种垄断性的权力结构——主要体现在第二次世界大战中的战胜国（美国、俄罗斯、中国、法国和英国）享有否决权上。但是，这一努力却因中国的反对而一再受挫。除非中国不再用反日情绪来掩盖国内矛盾，否则这个问题就无法得到解决。[90]

沃尔夫冈·施菲尔布施对战败文化的观察，解释了战后的迷思建构是源于永远不再被打败的愿望，但现在，这种观点需要一种"二战"后的更新。[91] 在克服战败的问题上，民主社会可以拥有多方面的新选择——第二次世界大战之前的那些战败国没有这些选择——比如教育人们抛弃长久以来从前人那里继承来的、对敌人抱有的仇恨和偏见；进行民间讨论，重新定义有关不服从权威的规范；建立跨国的制度框架，来保持旧日

第五章 战败国的道德恢复

对手之间的规则、团结和对话。同时，有关战争的国家记忆，在全球性的记忆文化中已经无法自持，而且与过去不同的是，遗忘也不再是一种可行的选择。新的国际世界秩序需要具有创新性的让步和妥协来打破历史积怨的僵局。[92]对日本人而言，这就意味着要放弃自己模棱两可的舒适区，不再认为日本在第二次世界大战中介于有罪和无辜之间，而是要从那块中间地带走出来。至于日本曾经的敌人和受害者，则需要给予日本宽恕的可能。

尽管有关暴力冲突的记忆塑造了战后文化，并且在国家的集体生活中打下了长久而深刻的烙印，但对于生活在这种环境中的个人，克服它们时却并不一定会选择相同的策略。也许再经历几代人之后，20世纪的多种战争叙事最终会被一般化，并稳定下来，但这并不意味着道德和政治理解的差异会得到解决。[93]文化创伤的产生源自相互关联、被缝在一起的各种记忆和无法调和的叙事，源自对国家历史断裂的共同参照。[94]在重新确立集体认同的方式上，它既是一体的，也是分裂的；既被鲜活地保持着，也被抹掉了。文化创伤造成的分歧，会使国家的历史更难被后人充分理解，但也确保了这些记忆会在构想国家未来的长期奋斗中，一直被鲜活地保存下去。

致 谢

本书出版前,我进行了多年的研究,其间收到很多人推荐过来的资料,给予我鼓励、建议和批评。我非常感谢他们拨冗赐教。特别要感谢很多在实地调查期间指导过我、与我合作过的人,尤其是那些为我提供材料的朋友、调查对象,以及为我牵线的人。正是他们至关重要的引荐,才让我认识了另一些人,而这些人的观点最终影响了我对"文化创伤"和"战争记忆"的理解。

研究早期,在战争记忆成为我学术兴趣的焦点时,我发展出了一种"影子比较"法,这一方法构成了本书的基础。我最初受到的影响来自阿尔布雷希特·芬克(Albrecht Funk),在德国和日本案例对比的讨论中,我从他身上学到了很多。作为德国年轻一代的表率,艾丽丝·兰德格拉夫(Iris Landgraf)帮助我了解了她的同代人。感谢并指教、引导我的赫伯特·沃尔姆(Herbert Worm)、马提亚·海尔(Matthias Heyl)、康子·桥本·里希特(Yasuko Hashimoto Richter)、汤米·里希特(Tommy Richter)及十多位当地提供材料的人和受访对象,没有他们的帮助,我在汉堡的实地调查不可能实现。

在日本,我从很多人的智慧、勇气和善意中,更多地了解到战争记忆的复杂性。在横滨进行实地调查时,渡边深慷慨地为我提供了很多关键的联系人。我还要感谢为我在神奈川县提供引荐的古盐政由和小林克则,以及十多位当地提供资料的人和受访对象,他们不吝从百忙中抽出时间,为我提供了指教和引导。我尤其要感谢三轮晴子为我在横滨的工作提供的协助,以及她多年来的友谊和帮助。我去不同地方访问时,很多人都热情地招待了我,尤其是广岛的嘉指信雄、东京的山边昌彦和渡边美奈。在参与焦点小组的采访时,一些日本年轻人热情地提供了信息,还把比萨都吃完了。谢谢你们与我分享自己的经历。岩田惠理子以极大的热情和韧性,为这些重点小组提供了协助。我还很感谢日本广播协会广播文化研究所的河野谦辅和原由美子,在研究的早期阶段,他们与我进行了深入的讨论。

随着项目的进展,与耶鲁大学文化社会学中心的学术交流也让我获益良多。我非常感谢杰弗里·亚历山大邀请我参与"文化创伤项目",并慷慨地给予了我很多宝贵的建议和指导。我还很感谢罗恩·艾尔曼(Ron Eyerman)不吝分享他在文化创伤方面的渊博学识。我的文章《战败国的文化创伤:1945年的日本》(Cultural Trauma of a Fallen Nation: Japan, 1945)——曾收录于文化创伤项目的《叙述创伤:论集体痛苦的影响》(*Narrating Trauma: On the Impact of Collective*

Suffering）一书中，由罗恩·艾尔曼、杰弗里·亚历山大和伊丽莎白·布利斯（Elizabeth Breese）主编——构成了本书的核心观点，文章的部分内容后来被纳入本书的第一章和第三章。该中心的研讨会在帮助我明确研究文化创伤与记忆的方式这一点起到了重要作用。此外，我还从伊丽莎白·布利斯、伯恩哈德·吉森等与会者的意见中学到了很多。

  我非常感谢使这个项目的不同阶段得以展开的各种资金援助，尤其是"安倍奖学金项目"提供的基金，这一项目由社会科学研究协会和美国学术团体协会共同管理，由日本促进全球伙伴关系基金中心提供资金。感谢弗兰克·鲍德温（Frank Baldwin）在早期给予我的支持，感谢绪先拓哉不断为我提供建议。此次研究的后期阶段得以完成，匹兹堡大学——尤其是日本协会、亚洲研究中心、大学国际学术中心、迪特里希文理学院提供的教员研究基金至关重要。

  匹兹堡大学希尔曼图书馆的日本研究部馆员弘之·长桥·古德（Hiroyuki Nagahashi Good），在研究的各阶段都提供了极大热情和宝贵的支持，和代·古德（Kazuyo Good）同样为我的各种资料请求提供了帮助。如果没有以下这么多研究助理帮我做数据收集、分析、整理和管理的辛苦工作，我的研究绝不可能实现。他们是：帕特里克·阿尔特多夫尔（Patrick Altdorfer）、克里斯蒂亚娜·芒德尔（Christiane Munder）、格奥尔格·门茨（Georg Menz）、冈本昌裕、诸石靖美、小森康正、秋山裕子、岩田惠理子、板冈周桑、石川洋一郎及宫本佳美。

  这本书还极大地得益于我在各机构做演讲和研讨时所参与

的讨论，其中包括耶鲁大学、哈佛大学、康奈尔大学、旧金山大学、佐治亚大学、得克萨斯大学奥斯丁分校、弗吉尼亚大学、华盛顿大学、大都会州立大学、加州大学洛杉矶分校、广岛和平研究所、伦敦经济学院，以及匹兹堡大学。非常感谢这些活动的组织者的盛情邀请。

在牛津大学出版社那边，我要感谢我的编辑詹姆斯·库克（James Cook）对本书的特殊兴趣和悉心指导。我还要感谢印迪亚·格雷（India Gray）和戴维·约瑟夫（David Joseph）在编辑和出版工作中展现出的才智与极高的工作效率。

最后，我想向我的丈夫戴维·伯纳德致以最深沉的谢意，是他的爱与矢志不渝的支持让这项研究历程成为可能。谨以此书献给他，深表爱意。

注 释

第一章 战败国的文化记忆

1. Burke, "History as Social Memory"; Olick, *In the House of the Hangman*.
2. Dower, *Embracing Defeat*. Gluck, "The Past in the Present"; Seraphim, *War Memory and Social Politics in Japan*; Igarashi, *Bodies of Memory*.
3. 争端分别指钓鱼岛、独岛 / 竹岛、南千岛群岛 / 北方四岛。
4. 靖国神社供奉着战争中的死者,包括被控在第二次世界大战中犯有破坏和平罪并被处死的甲级战犯。
5. 战争期间,"慰安妇"曾被迫为日本士兵提供性服务。
6. 1999 年的《国歌国旗法》在学校中开始推行国歌和国旗的使用。这一争议至今仍在引发诉讼和持异议教师的反对。
7. 新历史教科书编纂委员会出版的畅销书《教科书上没讲的历史》引发了有关"修正主义"历史的争议。该书由藤冈信胜和自由主义史观研究会共同编辑。
8. 《原子弹爆炸受害者援助法》,1994 年。
9. Wagner-Pacifici and Schwartz, "The Vietnam Veterans Memorial"; McCormack, *Collective Memory*; Macleod, *Defeat and Memory*; Neal, *National Trauma and Collective Memory*.
10. Blight, *Race and Reunion*; Schivelbusch, *Culture of Defeat*.
11. Mosse, *Fallen Soldiers*; Bessel, *Germany after the First World War*.
12. Zarakol, *After Defeat*.
13. Schivelbusch, *Culture of Defeat*.
14. Halbwachs, *On Collective Memory*. 在这个现象的研究上具有开创性的美国社会学家包括 Barry Schwartz、Jeffrey Olick、Howard Schuman 和 Michael Schudson。见 Olick、Levy 和 Vinitzky-Seroussi 合编，*Collective Memory Reader*。

15. Alexander, "Toward a Theory of Cultural Trauma," p. 1.
16. Eyerman, "Cultural Trauma."
17. Smelser, "Psychological Trauma and Cultural Trauma."
18. Margalit, *Ethics of Memory*.
19. Huyssen, *Present Pasts*, p. 15.
20. Nora, *Realms of Memory*.
21. 高桥哲哉，《国家与牺牲》。
22. Moeller, "War Stories."
23. Bhabha, *Nation and Narration*.
24. 唐泽富太郎，《教科书的历史》。
25. Yoneyama, "For Transformative Knowledge and Postnationalist Public Spheres," p. 338.
26. Giesen, *Triumph and Trauma*.
27. Barkan, *Guilt of Nations*. Prinz, *Emotional Construction of Morals*.
28. Orend, *Morality of War*.
29. Friday, *Samurai, Warfare and the State in Early Medieval Japan* and "Might Makes Right".
30. Friday, "Might Makes Right."
31. Mosse, *Fallen Soldiers*.
32. M. Yoshida, *Requiem for Battleship Yamato*, p. 40。在本书中，如报刊中有官方或专业的翻译，我会尽量使用。除此之外，其他的日语名称、信件、演讲大众文本皆由我自己翻译。
33. 这段被认为由白渊说过的话，常在语言艺术教材和政治演讲中被引用、复述，比如在 2006 年 8 月 15 日的战争结束 61 周年纪念活动上，下议院议长发表官方演讲时就曾用过。
34. 福间良明，《殉道与叛国》，56 页。
35. Winter, *Sites of Memory, Sites of Mourning*, p. 119.
36. Orr, *Victim as Hero*.
37. 中泽启治，《赤足小子自传》; Morris-Suzuki, *The Past within Us*, p. 160; Spiegelman, "Forward: Comics After the Bomb."
38. Dower, *Embracing Defeat*, pp. 243–4, 248–9.
39. 伊藤游，《〈赤足小子〉的民族志研究》，162 页。《赤足小子》也是电视重播的保留节目，比如最近在 2014 年的战争结束纪念日期间，富士电视台在 8 月 14 和 15 日重播了一部根据原作改编的流行电视剧（2007 年首播）。
40. 山中千惠，《一种无法被读懂的"体验"，一种无法跨越国界的"记忆"》。

注 释

41.《萤火虫之墓》(动画电影, 1988);《甘蔗田之歌》(电视剧, 2004);《在这世界的角落》(漫画, 2007)。

42. Browning, *Ordinary Men*。另见 Goldhagen, *Hitler's Willing Executioners*。

43. 家永三郎,《太平洋战争》《战争责任》。

44. Nozaki, *War Memory, Nationalism, and Education*, p. 154.

45. Nozaki and Inokuchi, "Japanese Education, Nationalism, and Ienaga Saburo's Textbook Lawsuits," p. 116.

46. Ienaga and Minear, *Japan's Past, Japan's Future*, p. 148. 日语论文最初出自《历史读物》临时增刊 79-3, 引用部分出自家永三郎《如何看待十五年战争造成的死亡》,见《家永三郎集》第 12 卷(东京:岩波书店, 1998), 260 页。

47. 荒牧重人,《寻求自由、和平和民主》, 233 页。

48. 大江健三郎于 2008 年胜诉。

49. A. Assmann, "Transformations between History and Memory." Smelser, "Psychological Trauma and Cultural Trauma," p. 54. Olick, *Politics of Regret*. Vinitzky-Seroussi, "Commemorating a Difficult Past." Smith, *Why War?*.

50. Jarausch and Geyer, *Shattered Past*, p. 340.

51. Herf, *Divided Memory*. Olick, "Genre Memories and Memory Genres." Bartov, *Germany's War and the Holocaust*. Moses, *German Intellectuals and the Nazi Past*. Bude, *Bilanz Der Nachfolge*.

52. Rousso, *The Vichy Syndrome*. Lagrou, *Legacy of Nazi Occupation*.

53. Art, *Politics of the Nazi Past in Germany and Austria*.

54. Zarakol, *After Defeat*.

55. Mark, *Unfinished Revolution*.

56. Berger, *Cultures of Antimilitarism*. Katzenstein, *Cultural Norms and National Security*. 古关彰一,《重新审视作为"和平国家"的日本》; Oros, *Normalizing Japan*。

57. 2014 年 7 月, 内阁有关制定安全法规、保障日本生存和保护国民的决议, "重新解释" 宪法, 允许在有限情况下集体自卫。对和平主义的意义进行修正是一项持续的政治活动, 预计会在日美防务合作指针的修改以及国会为符合重新解释而修改安全法律的角力中逐渐明朗。有关这类发展的进一步讨论见第五章。

58. Weinberg, *A World at Arms*, p. 894.

59. 藤原彰,《饿死的英雄们》。

60. 油井大三郎,《世界战争中的亚洲·太平洋战争》, 261 页; 加藤阳子,《日本人为何选择了战争》, 83—84 页。

61. 藤原彰,《饿死的英雄们》。

62. 藤田久一,《什么是战争罪》。

63. 战后, 东亚和南亚地区约有 5700 人被起诉, 其中 4400 人被控为乙级和丙级战犯。7人被以甲级战犯的身份处决，920人被以乙级和丙级战犯的身份处决。见Dower, *Embracing Defeat*；藤田久一,《什么是战争罪》。

64. Dower, *Embracing Defeat*.
65. Berger, *Cultures of Antimilitarism*; Katzenstein, *Cultural Norms and National Security*; Igarashi, *Bodies of Memory*; Orr, *Victim as Heroes*.
66. Soh, *Comfort Women*.
67. Lind, *Sorry States*.
68. Dudden, *Troubled Apologies*; Gluck, "Operations of Memory"；Seraphim, *War Memory and Social Politics in Japan*; Hein and Selden, *Censoring History*.
69. 堺屋太一,《第三次战败》；吉本隆明,《第二次战败期间》；《第二次战败》, 刊于《文艺春秋》。
70. 牧田彻雄,《日本人的战争观与和平观》。Saaler, *Politics, Memory and Public Opinion*. Seaton, *Japan's Contested War Memories*。
71. 读卖新闻战争责任核查委员会,《核查 战争责任1》, 209页。
72. 朝日新闻取材班,《与历史面对面1》, 230页。
73. Saaler, *Politics, Memory, and Public Opinion*. Seaton, *Japan's Contested War Memories*.
74. 联合国开发计划署（UNDP）, *Human Development Report 2013*, Table 9: Social Integration, pp. 174–77。有关日本这一长期趋势的讨论, 见Pharr, "Public Trust and Democracy in Japan"；Inoguchi, "Social Capital in Ten Asian Countries"；Putnam, *Democracies in Flux*。
75. Schmitt and Allik, "Simultaneous Administration of the Rosenberg Self-Esteem Scale in 53 Nations."该调查让人们按照自己同意或者不同意的程度, 对一些说法进行了评级, 比如"我能和大多数人一样把事情做好""我对自己持积极态度""总之, 我倾向于认为自己很失败"。
76. 伊维塔·泽鲁巴维尔（Eviatar Zerubavel）将这种工作称为社会模式分析（social pattern analysis）, 他借鉴欧文·戈夫曼和格奥尔格·西美尔（Georg Simmel）研究, 提出"我们的证据范围越广, 发现也就越具有概括性"。依照这一方法, 我从大范围的文化情境中选取了案例, 希望它们的累积重量可以增加发现和概括性的可信度。见Zerubavel, "Generally Speaking: The Logic and Mechanics of Social Pattern Analysis," p. 134。
77. 非常感谢Alberta Sbragia提出这一说法。
78. Smelser, *Comparative Methods in the Social Sciences*.
79. J. Assmann, "Communicative and Cultural Memory."
80. White, *The Content of the Form*.
81. Hirsch, *Family Frames*; Welzer, "The Collateral Damage of Enlightenment"；Welzer, Moller and Tschuggnall, "Opa war kein Nazi," *Nationalsozialismus und Holocaust im Familiengedächtnis*.

82. Lind, *Sorry States*.

83. Olick, *Politics of Regret*.

84. Alexander, *Trauma: A Social Theory*, p. 95.

第二章　修复个人历史与校准家族记忆

1. Orr, *Victim as Hero*.

2. Hirsch, *Family Frames*. Hirsch; *Generation of Postmemory*.

3. 牧田彻雄,《日本人的战争观与和平观》, 10 页。

4. 大塚英志,《战后民主的重建》, 380—381 页。

5. 川口开治、惠谷治,《呐喊吧！"沉默的国家"日本》。

6. Rosenthal, "National Socialism and Antisemitism in Intergenerational Dialog"; Caruth, *Unclaimed Experience*.

7. Rosenthal, "Veiling and Denying."

8. Rosenthal, "National Socialism and Antisemitism in Intergenerational Dialog," p. 244.

9. Hess and Torney, *Development of Political Attitudes in Children*.

10. Eliasoph, "'Close to Home'," p. 621. Eliasoph, *Avoiding Politics*; Eliasoph, "'Everyday Racism'."

11. 朝日新闻专题讨论室,《战争（上・下）》(1987)；朝日新闻专题讨论室,《日本人的战争》(1988)；朝日新闻社,《战场故事》(2003)；朝日新闻社,《战争经历》(2010)。出版于 1987—1988 年间的三卷共包含 1238 个案例, 2003 年版包含 132 个案例, 2010 年版包含 171 个案例。我的样本包括这五个卷宗中的 135 个案例, 以及 2006—2013 年间的《朝日新闻》"闻藏"档案中的 295 个案例。所有证言均刊发于 1986 年 7 月到 2013 年 8 月的报纸上。

12. 文艺春秋杂志社,《证言：父亲和母亲的战争》；文艺春秋杂志社,《闪亮的昭和人：血亲的证词 55》。

13. Buchholz, "Tales of War: Autobiographies and Private Memories in Japan and Germany." 感谢 Franziska Seraphim 让我注意到了 Buchholz 的研究。另见 Figal, "How to Jibunshi"。

14. 上野千鹤子、川村凑、成田龙一,《人们是如何谈论这场战争的》, 24 页。

15. 高桥三郎,《阅读"战争故事"》, 60 页；吉田裕,《日本人的战争观》。

16. Lifton, *Death in Life*, p. 570。

17. 创价学会青年反战委员会的项目从 1974 到 1985 年共记录了 80 卷的口述史。该系列后以《不了解战争的下一代》为名出版, 其中两卷已有英译本。另一套开创性且有英译本的口述史著作是 Haruko Cook 和 Theodore Cook 的 *Japan at War: An Oral History*。

18. 吉田裕，《士兵的战后史》。
19. Bruner, *Acts of Meaning*, p. 138.
20. 藤井忠俊，《士兵的战争》，297 页。
21. 日语的说法为"語らない世代"（少言寡语的一代）。
22. Bar-On, *The Indescribable and the Undiscussable*；Ambrose, *Band of Brothers*.
23. 吉田裕，《日本人的战争观》，120 页；高桥三郎，《阅读"战争故事"》，60 页。
24. 保阪正康，《从士兵精神创伤的角度考虑靖国神社问题》，105 页。
25. 吉田裕，《现代历史学与战争责任》，38—39 页。
26. 吉村孝一，《读者来信·人物志》。
27. 几十年中，系列专题取了不同的名字：21 世纪初的专题名为《读者的历史记忆系列》。
28. Gibney, *Sensō*.
29. 为方便读者查阅，只要有可能，我在本章中便尽量从合集中节选证言。大部分译文都是我自己翻译，出现在 Gibney 书中的节选除外。
30. 小久保（旧姓樱井）弓雄，Gibney, *Sensō*, p. 153.
31. 山口英夫、朝日新闻专题讨论室，《战争（下）》，77—78 页。
32. 松尾茂光，同上，249 页。
33. 吉田裕，《现代历史学与战争责任》。
34. 射越宗次、朝日新闻社，《战场故事》，69—70 页。
35. 矶崎勇次郎，同上，72—73 页。
36. 匿名，《战争中的声音：我刺死了一个逃跑的中国士兵》，《朝日新闻》东京版，2008 年 6 月 16 日。
37. 茶本繁正、小泽一彦、藤冈明义、小岛清文，《座谈会：战争年代的战争故事》，144 页。这一分类基于藤冈明义的观点。
38. Buchholz, "Tales of War."
39. 吉田裕，《日本人的战争观》，193 页。
40. 佐高信、渕万里、熊谷伸一郎、高桥哲郎、渡边美奈，《关于战败的特别座谈会：把战争责任传递给年轻人》，24 页。
41. 亲里千津子、朝日新闻社，《战争经历》，78—79 页。
42. 元木キサ子，《来自战争的声音：我是一个战争孤儿，第九条是我的"遗产"》，《朝日新闻》东京版，2007 年 8 月 23 日。
43. 菊地艳子、朝日新闻社，《战争经历》，89—90 页。
44. 《证言：父亲和母亲的战争》，《闪亮的昭和人：血亲的证词 55》，刊于《文艺春秋》。
45. 《下一个主题："战场故事"》，《朝日新闻》，2002 年 8 月 4 日。
46. 《稿件征集：战后 50 年，我们的家园》，《文艺春秋》73:1，505 页。

47. 《保护好你的爷爷！》。相关讨论见高桥哲哉，《战后责任论》，106、172页。
48. Hashimoto and Traphagan, "The Changing Japanese Family."
49. Hashimoto, *Gift of Generations*.
50. Hashimoto, "Culture, Power and the Discourse of Filial Piety in Japan"; Hashimoto and Ikels, "Filial Piety in Changing Asian Societies."
51. 小熊英二，《1968》，94—95页。Patricia Steinhoff 在 "Mass Arrests, Sensational Crimes, and Stranded Children" 中讨论了学生与父母的亲近性。
52. A. Assmann, "On the (In) Compatibility of Guilt and Suffering in German Memory."
53. 河野启，《现代日本的世代》。中濑刚丸，《日常生活与政治间的新接点》。
54. 内阁府，《第八次世界青年态度调查——初步结果》，http://www8.cao.go.jp/youth/kenkyu/worldyouth8/html/2-1-1.html。
55. Welzer、Moller and Tschuggnall, "Opa war kein Nazi." Welzer 及其同事使用了 lexicon（词典）一词来描述官方叙事，以便同用来描述非官方叙事的"家庭相册"区别开来。
56. 有关德国战时精英家庭代际记忆的有趣讨论，见 Lebert and Lebert, *My Father's Keeper: Children of Nazi Leaders: An Intimate History of Damage and Denial*; Posner, *Hitler's Children: Sons and Daughters of Leaders of the Third Reich Talk About Their Fathers and Themselves*。
57. 黑木弘子、朝日新闻专题讨论室，《战争（下）》，205—206页。
58. 岩崎真理子、朝日新闻专题讨论室，《战争（下）》，305页。
59. 佐久间洋一、朝日新闻社，《战场故事》，187—188页。
60. 樱泽隆雄，《朝日新闻》东京版，2007年8月20日。
61. 及川清志，《朝日新闻》东京版，2008年10月20日。
62. Bar-On, *Fear and Hope: Three Generations of the Holocaust*，尤其是第一章。另见 Sichrovsky, *Born Guilty: Children of Nazi Families*。
63. Rosenthal, "National Socialism and Anti-semitism in Intergenerational Dialog."
64. Ambrose, *Band of Brothers*.
65. Bar-On, "Holocaust Perpetrators and Their Children."
66. Rosenthal, "Veiling and Denying."
67. Hecker, "Family Reconstruction in Germany," pp. 75–88.
68. Burchardt, "Transgenerational Transmission."
69. 大竹恭子、朝日新闻社，《战场故事》，164—166页。
70. 岸田真由美、朝日新闻专题讨论室，《战争（上）》，301页。
71. 熊川贤、朝日新闻专题讨论室，《日本人的战争》，46页。
72. Eyerman, "The Past in the Present."
73. Buckley-Zistel, "Between Pragmatism, Coercion and Fear," p. 73.

74. 网野幸惠,《朝日新闻》东京版,2007年8月20日。

75. 松原宽子,《朝日新闻》电子版,2013年8月15日。http://digital.asahi.com/articles/OSK201308140191.html?ref=comkiji_redirect。有关从中国东北地区回到日本的人的讨论,见 Tamanoi, *Memory Maps: The State and Manchuria in Postwar Japan*。

76. 高桥三郎,《共同研究·战友会》。

77. 吉田裕,《日本人的战争观》,192—193页;吉田裕,《士兵的战后史》,124、160页。

78. 渡边浩子、朝日新闻专题讨论室,《战争(上)》,28—29页。

79. 须田敦子、朝日新闻专题讨论室,《战争(上)》,127—128页。

80. 匿名、朝日新闻专题讨论室《战争(上)》,369页。

81. 福间良明,《"战争经历"的战后史》,249页。

82. 成田龙一,《"战争经历"的战后史》,175页。

83. 《证言:父亲和母亲的战争》,刊于《文艺春秋》,262—263页。山本义正是山本五十六的儿子;同前,269—271页。今村和男是今村均的儿子。陆军大将今村均被判战争罪,服刑八年;同前,274—275页。西泰德是西竹一的儿子。西竹男爵曾是落山校运会的金牌得主,后在硫磺岛战役中战死。

84. Buckley-Zistel, "Between Pragmatism, Coercion and Fear," p. 73.

85. Polletta, *It Was Like a Fever*; White, *The Content of the Form*.

86. 福间良明,《"战争经历"的战后史》,147、259页;吉田裕,《现代历史学与战争责任》,34页。

87. Eliasoph, "Close to Home."

88. Cohen, *States of Denial*, p. 79.

89. 从2003年6月到2006年1月,BBC 的 WW2 People's War 网站手机和存档了4.7万个故事、1.5万张照片。http://www.bbc.co.uk/history/ww2peopleswar/。Noakes, "The BBC's 'People's War' Website."

90. 日本青少年研究所,《关于高中生对生活和留学态度的调查》,2012, http://www1.odn.ne.jp/~aaa25710/research, 5—6页。

91. 内阁府,《关于社会意识的调查》,2013, http://www8.cao.go.jp/survey/h24/h24-shakai/zh/z01.html。

92. Hashimoto, "Culture, Power and the Discourse of Filial Piety in Japan"; Hashimoto, "Power to the Imagination."

93. 野田正彰,《让你做事的教育》。

94. Hess and Torney, *Development of Political Attitudes in Children*, p. 101.

95. 儿童体验活动研究会,《关于儿童体验活动的国际比较调查》。一大部分日本年轻人也报告说,他们的父母没有教育他们要诚实(父亲从未教过的占71%,母亲从未教过的占60%)。

96. 读卖新闻战争责任核查委员会《核查 战争责任1》。在这个调查中,47%的人认为,日本应该继续为他们给亚洲人民带来的伤害负责。而 57.9% 的人认为，在战时政治和军事领导的战争责任问题上，战后日本没有进行充分辩论。

97. 野平晋作、金子美晴、菅野园子，《战后责任运动的未来》，269 页。
98. 仓桥绫子，《曾是宪兵的父亲留给我的东西》。此书有英文版，译者为 Philip Seaton。牛岛贞满是牛岛满的孙子，牛岛满是日本陆军大将，1945 年时曾负责指挥冲绳战役。牛岛满最后下达的"战斗到最后"的命令，造成了无数士兵死亡。几天后，他便自杀了。牛岛贞满在重审的和平博物馆才了解到爷爷的最后一道命令，见《读卖新闻》2005 年 6 月 23 日。驹井修是驹井光男的儿子，后者被指控为乙丙级战犯，战后被处决。驹井修此前一直不知道父亲的历史，直到 1994 年才在官方文件中得知父亲的起诉指控。55 年后的今天，他正在联系伦敦幸存下来的囚犯，想亲自道歉。

第三章　反思战败

1. 摘自 2002 年 8 月 15 日的社论。《在终战纪念日这天思考，如何创造一个和平的世纪》，刊于《朝日新闻》；《终战之日，想要重访历史》，刊于《读卖新闻》；《起初，我们穷但纯洁，我们有梦想》，刊于《每日新闻》；《一个从"战败"中什么都没学到的国家的悲剧》，刊于《日本经济新闻》；《谨慎地重新开始：反思下一个国家共识》，刊于《产经新闻》；《终战纪念日思考和平的日子》，刊于《冲绳时报》。
2. 《日本被打败了》，《文艺春秋》2005 年 11 月；松本健一，《日本的失败：第二次机会与大东亚战争》；小室直树，《日本战败的原因：以史为鉴，为了赢》；半藤一利、保阪正康、中西辉政等，《我们为什么会输掉那场战争？》。
3. 有关 1945 年在战后历史中的意义的深入讨论，见 Gluck, "The Past in the Present"。在多国层次上的讨论，见 Buruma, *Year Zero: A History of 1945*。
4. 佐藤卓己，《八月十五日的神话》，125—126、133 页。
5. 佐藤卓己，《八月十五日的神话》《从投降纪念日到终战纪念日》。
6. Hammond, "Commemoration Controversies," p. 102.
7. Gillis, *Commemorations*, p. 18; Olick, "Genre Memories and Memory Genres"; Spillman, *Nation and Commemoration*; Schwartz, "The Social Context of Commemoration."
8. Neal, *National Trauma and Collective Memory*, p. 24; Giesen, *Triumph and Trauma*, p. 112.
9. Cohen, *States of Denial*, p. 79.
10. Anderson, *Imagined Communities*, p. 148.
11. Rahimi, "Sacrifice, Transcendence and the Soldier."
12. Schivelbusch, *Culture of Defeat*, pp. 57–61, 240.
13. 若槻泰雄，《日本的战争责任》。
14. 小熊英二，《"民主"与"爱国"》。
15. 小泉在前一年也参拜了靖国神社，但不是在 8 月 15 日。

16. "不战决议",1995 年。官方标题是《在历史教训的基础上重审和平决心的决议》,英译版可参见 http://www.mofa.go.jp/announce/press/pm/murayama/address9506.html。
17. 首相村山富市的声明:《在纪念战争结束 50 周年之际》,1995 年。讲话的英译版可参见 http://www.mofa.go.jp/announce/press/pm/murayama/9508.html。
18. 福间良明,《"反战"的媒体史》。
19. 首相细川护熙预兆了这一趋势,1993 年,作为非自民党联盟的领导人,他明确发表了有关日本"侵略"的非官方声明。
20. Mukae, "Japan's Diet Resolution on World War Two." Rose, *Sino-Japanese Relations*. Dudden, *Troubled Apologies*.
21. 首相小泉纯一郎在 2005 年 8 月 15 日的讲话全文,可参见 http://www.kantei.go.jp/foreign/koizumispeech/2005/08/15danwa_e.html。
22. 小泉的任期是 2001—2006 年。
23. Confino, *Germany as a Culture of Remembrance*.
24. Orr, *Victim as Hero*.
25. 河野洋平召集 5 位前首相向小泉施压,敦促他不要再 60 周年纪念日时参拜靖国神社;2006 年 8 月 15 日,他还在武道馆纪念仪式的演讲中谈到了日本的战争责任。
26. 一年之后,安倍在 2014 年的纪念活动中重申了自己的立场。
27. Alexander, *The Performance of Politics*. Shils and Young, "The Meaning of Coronation." Olick, "Genre Memories and Memory Genres."
28. 河野启、加藤元宜,《30 年间的"日本人的态度"调查》。
29. 高桥哲哉,《靖国问题》,44 页。
30. 赤泽史朗,《如何看待追悼战没者和靖国神社的问题》。
31. Field, "War and Apology," p. 20.
32. 这一部分的分析涉及了五家全国性报纸《朝日新闻》《每日新闻》《读卖新闻》《产经新闻》《日经新闻》;对比发现基本上与以前那些评估了较少报纸的研究一致。见 Tsutsui, "The Trajectory of Perpetrators' Trauma";中野正志,《天皇制与媒体(2)》;根津朝彦,《战后 8 月 15 日社论中对罪责的分析(上)》;根津朝彦《战后 8 月 15 日社论中对罪责的分析(下)》。
33. 《内阁官房长官河野洋平有关"慰安妇"问题研究结果的声明》,1993 年 8 月 4 日,http://www.mofa.go.jp/policy/women/fund/state9308.html。
34. 吉见义明,《慰安妇》。
35. 道场亲信,《同时代的抵抗史》,188 页。
36. Lind, *Sorry States*.
37. 藤冈信胜和自由主义史观研究会,《教科书上没讲的历史》。
38. 《教育基本法》(修订),2006 年。

39. 《国旗国歌法》，1999 年。
40. 小熊英二、上野阳子，《"治愈"的民族主义》。
41. 例如《在地域冲突和核武器的时代，喜爱"战后"的理由》，《朝日新闻》1996 年；《8 月 15 日不要忘记乙级和丙级战犯》，《读卖新闻》2004 年；《连续与断裂：战后时期和德国与日本的未来》，《日本经济新闻》1997 年；《一个有国家意识和战略的国家，想想对下一代的责任吧》，《产经新闻》1997 年；《终战纪念日——破碎的安魂曲，政治控制机器被打破了吗》，《每日新闻》1999 年。
42. 《8 月 15 日，不要忘记乙级和丙级战犯》，《读卖新闻》2004 年 8 月 15 日。
43. 《8 月 15 日，追寻死者的记忆》，《朝日新闻》2000 年 8 月 15 日。
44. 《终战纪念日，让我们毫无顾忌地谈论靖国神社，在 60 周岁时摆脱幼稚》，《每日新闻》2005 年 8 月 15 日。
45. 井泽元彦、读卖新闻论说委员会，《读卖 vs 朝日》，154 页。
46. 2014 年 2 月 1 日的数据，www.kuchiran.jp/business/newspaper.html。
47. 例如《为什么错误会重复发生》，《朝日新闻》1994 年 8 月 16 日；《让我们在 8 月 15 日阅读"战争"吧》，《朝日新闻》1998 年 8 月 15 日；《终战纪念日：2001 年的夏季，我们对历史的责任是什么？》，《朝日新闻》2001 年 8 月 15 日。
48. 朝日"新闻与战争"取材班，《新闻与战争》。
49. 《战争结束 60 周年之后：以谦逊和坚忍的态度在国际社会中生存下去》，《日本经济新闻》2005 年 8 月 15 日。
50. 《每日新闻》创刊于 1872 年。
51. 《终战纪念日，让我们毫无顾忌地谈论靖国神社，在 60 周年时摆脱幼推》，《每日新闻》2005 年 8 月 15 日。
52. 《8 月 15 日，深沉寂静的安魂日》，《产经新闻》2006 年 8 月 15 日。
53. 福间良明，《"反战"的媒体史》；Orr, *Victim as Hero*。
54. Eliasoph, "'Everyday Racism' in a Culture of Avoidance," p. 497; Eliasoph, "Close to Home."
55. Sturken, *Tangled Memories*.
56. Dittmar and Michaud, *From Hanoi to Hollywood*. 尽管焦点从军事英雄主义转移到了士兵的个人受害身份上，但对越南受伤平民的关注依然有限。
57. Bodnar, *The "Good War" in American Memory*, p. 3.
58. 福间良明，《"战争经历"的战后史》；吉田裕，《日本人的战争观》；Seraphim, *War Memory and Social Politics in Japan*.
59. 战争责任核查委员会，《核查 战争责任 1、2》，读卖新闻，2006 年。英译版见 The Yomiuri Shimbun, James E. Auer. *From Marco Polo Bridge to Pearl Harbor: Who Was Responsible?* (Tokyo: Yomiuri Shinbun, 2006). 有关历史学家对这次核查的深度评述，见加藤阳子，《阅读战争》，另见 Morris-Suzuki, "Who Is Responsible? The Yomiuri Project and the Enduring Legacy of the Asia-Pacific War"。

60. 渡边恒雄、保阪正康，《何为战争责任》，133—134页。
61. 朝日新闻取材班，《与历史面对面1》。
62. NHK"战争证言"项目《证言记录：士兵的战争1—7》。该项目收录了800多位老兵的口述史，内容可在项目网站上找到。2007年8月到2012年3月间共播出了50集。
63. 吉田裕，《现代历史学与战争责任》。
64. 《证言记录2》52，166—167页；《证言记录3》，247页。
65. 《证言记录1》，296页；《证言记录3》，248页。
66. 《证言记录2》，40、53、122—123页。
67. 同前，61页。
68. 《证言记录1》，209页；《证言记录2》，265—266页。
69. 《证言记录4》，53、127页。
70. 《证言记录1》，58、252页；《证言记录3》，150页。
71. 《证言记录2》，43、213页。
72. 同前，164页。
73. 同前，42页；《证言记录3》，149页。
74. 同前，253—255页。
75. 《证言记录1》，194—195页。
76. 《证言记录5》，53、65页。
77. 野田正彰，《战争与罪责》。从1997年到1998年，他的研究在岩波月刊上连载了17个月。
78. Lifton, *Home from the War*。
79. 有关中国归还者联络会的历史及其幸存者任务，见冈部牧夫、荻野富士夫、吉田裕，《侵略中国的见证者》。
80. 与汤浅谦的采访，《周刊星期五》303号，2000年2月18日；收录于星彻，《我们在中国做了什么》，东京：绿风出版，2006年，172—177页。他的证言还可见于《证言记录6》，258—261页。野田有关汤浅谦的个案研究还可见：野田正彰，《战争与罪责》，第一章。
81. 樱井均，《电视是如何描述战争的》，6页。
82. 参见NHK特别取材班，《日本海军400个小时的证言》，2011年。
83. 参见NHK特别取材班，《日本海军400个小时的证言》，2011年。
84. NHK特别节目，《调查报道：日本军队和鸦片》，2008年8月17日。
85. 参见NHK特别取材班，《日本海军400个小时的证言》，2011年。
86. 有关历史专家对该项目研究成果的有益讨论，见泽地久枝、半藤一利、户高一成，《日本海军为何走得太远》。

注 释

87. NHK 取材班,《日本为何通向战争之路》。
88. 同上。第四集的结语,2011 年 3 月 6 日。
89. 小泽真人、NHK 取材班,《红纸》。1996 年 8 月 11 日节目的题目是 "红纸送到了村子里:他们是谁,为什么被送上了前线"。
90. 赤泽史朗,《如何看待追悼战没者和靖国神社的问题》,101 页。
91. 道场亲信,《同时代的抵抗史》。Gluck, "Operations of Memory."川崎泰资、柴田铁治,《核查日本的组织新闻学》。川崎泰资、柴田铁治,《组织新闻学的失败》。
92. 福间良明,《"反战"的媒体史》。
93. 例如,有关 NHK 在描述日本对台湾的殖民统治时存在偏见的说法,最终在 2009 年导致了针对名为《日本初次登场》(*JAPAN Debut*)的四集 NHK 特别节目的著名诉讼。
94. Goffman, *Stigma*, pp. 12–13; Link and Phelan, "Conceptualizing Stigma," p. 364.
95. Charles Inoue 指出近来的电影中有类似趋势,如山田洋次的《黄昏的清兵卫》(2002)。
96. Hashimoto and Traphagan, "The Changing Japanese Family."
97. 《母亲》,2007 年;《我想成为贝壳》,1994、2008 年;《盛夏的猎户座》,2009 年;《芋虫》,2010 年;《少年 H》,2012 年;《起风了》,2013 年。
98. 百田尚树《永远的 0》;故事片《永远的 0》,2013 年。
99. NHK 特别节目,《日本对你意味着什么?献给那些不了解战争的人:一场跨代际的导论》,2001 年 8 月 15 日。
100. 福间良明,《"反战"的媒体史》,330—331 页。
101. 荒井信一,《战争责任论》。
102. 高崎隆治。下文引用内海爱子,《我们在亚洲打了一场仗》,47—48 页。
103. 樱井均,《电视是如何描述战争的》,97、326 页。
104. 加藤典洋,《败战后论》;小熊英二,《"民主"与"爱国"》;小田实,《难死的思想》;吉田裕,《日本人的战争观》;鹤见俊辅、上野千鹤子、小熊英二,《战争留下了什么》。
105. 兵头晶子,《身为加害者和受害者》。
106. 牧田彻雄,《最后的战争与代沟》;牧田彻雄,《日本人的战争观与和平观》,9—10 页。
107. 读卖新闻战争责任核查委员会,《核查 战争责任 1》,214—215 页。
108. 朝日新闻取材班,《与历史面对面 1》,237 页。
109. Levi, *The Drowned and the Saved*, p. 43.
110. 小田实,《难死的思想》。
111. Eliasoph, "Close to Home."
112. 家永三郎,《战争责任》, p. 310.
113. 仲正昌树,《日本与德国》,44—51、55、60 页;Orr, *Victim as Hero*。

114. 有关广岛创伤记忆的讨论，见 Yoneyama, *Hiroshima Traces*; Treat, *Writing Ground Zero*; Hein and Selden, *Living With the Bomb*; Hogan, *Hiroshima in History and Memory*; Saito, "Reiterated Commemoration"; Shipilova, "From Local to National Experience"。

第四章　战争与和平的教学

1. Margalit, *Ethics of Memory*, pp. 109–111.
2. Alexander, "Toward a Theory of Cultural Trauma"; 山边昌彦，《日本的和平博物馆如何展现太平洋战争》。
3. 村上登司文，《战后日本和平教育的社会学研究》，351 页。
4. 这不包括自卫队基地内部不定期向公众开放的博物馆。见 Sabine Früstück, *Uneasy Warriors: Gender, Memory and Popular Culture in the Japanese Army*。有关战争和平纪念馆的建立及其争议的详细介绍，见 Hein and Takenaka, "Exhibiting World War II in Japan and the United States since 1995"。
5. Yamane, "List of Museums for Peace in Japan," "List of Museums for Peace in the World except Japan," 2008.
6. 靖国神社，《游就馆图录》，2009 年。
7. A. Assmann, *Der lange Schatten der Vergangenheit*.
8. A. Assmann, "On the (In) Compatibility of Guilt and Suffering in German Memory."
9. Hashimoto, "Divided Memories, Contested Histories."
10. Sutton, "Between Individual and Collective Memory."
11. Hein and Selden, "The Lessons of War," p. 4; Vinitzky-Seroussi, "Commemorating A Difficult Past: Yitzhak Rabin's Memorials."
12. Antoniou and Soysal, "Nation and the Other in Greek and Turkish History Textbooks."
13. FitzGerald, *America Revised: History Schoolbooks in the Twentieth Century*.
14. Hein and Selden, "The Lessons of War."
15. Dower, *Embracing Defeat*; 唐泽富太郎，《教师的历史》; Okano and Tsuchiya, *Education in Contemporary Japan*; Yoneyama, *The Japanese High School*.
16. 中内敏夫、竹内常一、中野光等，《日本教育的战后史》;历史教育者协议会，《五十年来的历史教育及其挑战》。
17. 与作者在神奈川县所做的私人采访，1997 年 2 月。
18. 坂本多加雄，《对历史教育的思考》。
19. 石山久男，《战后国民的战争认识与教科书审判》。
20. 永原庆二，《如何编写历史教科书》。
21. Nozaki, "Japanese Politics and the History Textbook Controversy, 1982—2001," p. 607.

《笼罩着韩国和日本的历史阴影与克服它的尝试》。

22. Rohlen, *Japan's High Schools*; Duus, "War Stories"。有关初中历史课本的考察，见 Dierkes, *Postwar History Education in Japan and the Germanys*。

23. 战争与和平的这些含义，还可以由使用这类教材的教师进行再塑造。作者的焦点小组采访，2003 年 5 月—7 月。另见 Fukuoka, "School History Textbooks and Historical Memories in Japan"。

24. 世界史 A 和世界史 B 未包含在本分析中。

25. 渡边《2010 年度高校教科书采用状况——文科省汇总（上）》《2010 年度高校教科书采用状况——文科省汇总（中）》。样本中的五家出版社是实教出版、东京书籍（简称为东书）、第一学习社、山川出版、清水书院。前三家是整个高中教材市场中最大的出版社，各家在 2010 年各科目教材的销量有四五百万本。在日本社会研究市场中，山川是规模最大的日本历史教材出版商；他们的教材尤其受到高校入学考试的青睐。山川、实教和第一只出版高中教材，东书在所有层级的校园市场都有业务，清水则只出版初、高中教材。

26. 我的二级比较样本共有 31 本教材，包括日本史 A（4 本）、日本史 B（8 本）、现代社会（7 本）、政治·经济（7 本）和伦理（5 本）。一份有关 1987 年之前 18 本日本历史高中教材的比较分析，见中村文雄，《高校日本史教科书》。

27. 在 1989 年的高中课程改革中，日本史被分成了两门课——历史 A 和历史 B。A 主要讲现代和当代史。随着时间的推移，这类教材之间的区别逐渐增加。感谢 Robert A. Fish 分享他在教材多样性上的见解。

28. White, *Content of the Form*.

29. 《详说日本史 B》，山川出版，2014 年，353、361 页。

30. 《日本史 A：现代历史》，东京书籍，2014 年，128 页。

31. 《高校日本史 B 新订版》，实教出版，2010 年，197 页。在 2014 年的版本中，"扩大战争"被改成了"采取军事行动"，见 207 页。

32. 这些分类由 Richard Haass 和 John Dower 采用，见 Haass, *War of Necessity*；Dower, *Cultures of War*。

33. 《高校日本史 B》，实教出版，2014 年；《日本史 A》，东京书籍，2014 年；《新选日本史 B》，东京书籍，2014 年；《高等学校日本史 A》，第一学习社，2014 年。

34. 《高校日本史 B》，实教出版，2014 年，207 页。

35. 《日本史 A》，东京书籍，2014 年，136 页。

36. 《日本史 A》，山川出版，2014 年，162 页；《详说日本史 B》，山川出版，2014 年，361 页。

37. 山川版教材在市场中占据主导地位（日本史 A 占 16%，日本史 B 占 59%）。不过，其他持"选择的战争"态度的出版商（即实教、东书、第一、清水、三省堂和桐原）加在一起，在市场中起到了相当的制衡。见渡边《2010 年度高校教科书采用状况——文科省汇总（上）》、渡边《2010 年度高校教科书采用状况——文科省汇总（中）》。

38. 受新民族主义者青睐的《最新日本史》由明成社于 2009 年出版（修订于 2013 年），因其销售量很低（只占日本史 B 市场 0.9% 的份额），并未包含在本分析中。该教材提供了一种英雄叙事，声称大东亚战争显然是一场自卫战争，是为了把亚洲从西方的殖民统治中"解放"出来。该书最初由原书房在 1987 年出版。
39. Seaton, *Japan's Contested War Memories*.
40. 《高校日本史 B》，实教出版，2014 年，206—217 页。该教材的销售量排名第 3（6.4%）。
41. 《高等学校日本史 A》，第一学习社，2014 年，114—121、166 页。
42. 《日本史 A》，东京书籍，2014 年，124—145 页。
43. 同前，132、136 页。
44. 同前，172—173 页。
45. 《详说日本史 B》，山川出版，2014 年，345—368 页。
46. 《高等学校日本史 A》，第一学习社，2014 年，114—119 页。
47. 《高校日本史 B》，实教出版，2014 年，217、255 页；《新选日本史 B》，东京书籍，2014 年，226、247 页。
48. 《日本史 A》，东京书籍，2005 年，139、153 页。2014 版中没有这些照片。
49. 《新选日本史 B》，东京书籍，2014 年，217、221 页。
50. 《高校日本史 B》，实教出版，2014 年，209 页。
51. 《日本史 A》，东京书籍，2014 年，144、152 页。
52. 同前，132 页。
53. 《新选日本史 B》，东京书籍，2014 年，225 页。《高校日本史 B》，实教出版，2014 年，217 页。
54. 《高校日本史 B》，实教出版，2014 年，217 页；《高等学校日本史 A》，第一学习社，2014 年，131 页。
55. 《日本史 A》，东京书籍，2014 年，145 页。
56. 《日本史 A》，山川出版，2014 年，153、166 页。
57. 《详说日本史 B》，山川出版，2014 年，356—357 页。
58. 《现代社会》，东京书籍，2014 年，61 页；《现代社会》，实教出版，2014 年，94 页。
59. 石田雄，《日本的政治与语言（下）》。
60. 《现代社会》，实教出版，2014 年，94 页。
61. 《高等学校现代社会（修订版）》，第一学习社，2010 年，161 页。不过，这种说法在 2014 版中删去了。
62. 《现代社会》，东京书籍，2014 年，176 页。
63. Eyerman, "The Past in the Present."
64. 《高等学校 政治·经济》，实教出版，2014 年，27 页；《高等学校 政治·经济》，第一学习社，2014 年，29 页。

注 释

65. 山室信一,《宪法第九条的思想水脉》。
66. 藤原归一,《新编和平的现实主义》,15页;石田雄,《日本的政治和语言(下)》,94页; Izumikawa, "Explaining Japanese Antimilitarism Normative and Realist Constraints on Japan's Security Policy";古关彰一,《"和平国家"日本的再审视》,96页。
67. Samuels, *Securing Japan*,见第一和第五章对当前集体自卫的政治争论的进一步讨论。
68. 本节中分析的《现代社会》和《政治·经济》各自排名前三的教科书包括:《高等学校现代社会》(第一学习社),2014年;《现代社会》(东京书籍),2014年;《现代社会》(实教出版),2014年;《高等学校 政治·经济》(第一学习社),2014年;《政治·经济》(东京书籍),2014年;《高校 政治·经济》(实教出版),2014年。学生通常会选择其中一本,不会两门都选。
69. 《高校 政治·经济》,实教出版,2014年,31页。
70. 《政治·经济》,东京书籍,2014年,46页。
71. Hein and Selden, "The Lessons of War."
72. 《高等学校 政治·经济》,第一学习社,2014年,105页。
73. 《政治·经济》,东京书籍,2014年,102页。
74. 高中的"伦理"课程相当于中小学校的德育课。
75. 全国课程大纲提出,"伦理"在构建公民身份及和平与民主的道德理想中至关重要。教育科学省《高等学校学习指导要领》,2009。与此相关,销量前三的教材分别是东京书籍的《伦理》(2014)、清水书院的《高等学校 现代伦理》(2014)和第一学习社的《高等学校 伦理》(2014)。
76. 《高等学校 现代伦理》,清水书院,2014年,104、108—109、111—112、117页。
77. 一些在原则上反对战争和独裁国家的公众人物被拎出来,并付出了巨大代价。在各种教材中不断出现的这类战前日本的知识分子包括基督教平主义者内村鉴三(因拒绝向天皇诏书鞠躬而被控欺君罪),还有社会主义、无政府主义、和平主义者幸德秋水(因叛国罪被政府处死)。同前,111—112页;第一学习社的《高等学校 伦理》,101页。
78. 《伦理》,东京书籍,2014年,99、197页。
79. 学习漫画通常针对10到15岁的小学高年级学生和初中生。
80. Morris-Suzuki, *The Past Within Us*, p. 170; Penney, "Far from Oblivion."
81. 《学研漫画 日本的历史》(1—18卷),1982年;《小学馆版学习漫画 少年少女日本的历史》(1—23卷),1983年;《集英社版学习漫画 日本的历史》(1—20卷),1998年。
82. 《小学馆版学习漫画 少年少女日本的历史》第20卷,1983年,110页。
83. 《集英社版学习漫画 日本的历史》第18卷,1998年,58页。
84. 《学研漫画 日本的历史》第15卷,121页。
85. 《小学馆版学习漫画 少年少女日本的历史》第20卷,102页。
86. 同前,157页。

87. 《集英社版学习漫画 日本的历史》第18卷，72、75、98—104页。
88. 《小学馆版学习漫画 少年少女日本的历史》第20卷，53、58页。
89. 同前，81页。
90. 《集英社版学习漫画 日本的历史》第18卷，103页。《小学馆版学习漫画 少年少女日本的历史》第20卷，106页。
91. 同前，115页。
92. 《集英社版学习漫画 日本的历史》第18卷，111页。
93. 同前，114页。
94. 《学研漫画 日本的历史》第15卷，121页。
95. 滨学园、藤子·F. 不二雄，《哆啦A梦的社会研究趣味攻略》，引言分别引自192、195、195、199、201页。
96. 同前，192、200—201页。
97. 在写本书时，滨学园新编的系列改掉了原书的格式，现在正致力于以教学的方式来呈现事实，帮助学生准备初中入学考试。在新版有关战争的36页中，大雄幽默的一面已经没有，而对日本作为影子施害者的描述也大量被删减。滨学园、藤子《哆啦A梦的社会研究趣味攻略：日本的历史3》。
98. 水木茂，《全员玉碎！》，357页。
99. Penney, "'War Fantasy' and Reality."
100. 水木茂，《昭和史》8卷。目前该系列只有一半有英译本。
101. 例如，水木就通过画面描绘了只有十分之一的士兵在1944年惨烈的英帕尔战役中幸存下来，见《昭和史》第5卷，26页。
102. 同前，第8卷，248页。
103. 同前，261—263页。
104. 石之森章太郎，《漫画日本史55》，22—23页。
105. Ashplant, Dawson, Roper, "The Politics of War Memory," p. 44.
106. Schivelbusch, *Culture of Defeat*.
107. Sōka Gakkai Seinenbu, *Cries for Peace*.
108. 村上登司文，《战后日本的和平教育的社会学研究》。
109. Hochschild, *The Managed Heart*. Hochschild, "Emotion Work, Feeling Rules, and Social Structure."
110. 朝日新闻《与历史面对面2》。高桥彻，《日本人的价值观·世界排名》。这些数据也和后来《朝日中学生周刊》在20世纪90年代对中学生的调查数据一致。
111. 历史教育者协议会《历史教育 社会科教育年报》，2005年。
112. 内阁府，《关于自卫队·防卫问题的民意调查》，从1997年的21.1%到2006年的45.0%。
113. 高桥彻，《日本人的价值观·世界排名》。

114. 内阁府，《关于社会态度的民意调查》。
115. 日本青少年研究所，《高校生的学习意识与日常生活》，8 页。
116. Buruma, *Wages of Guilt*.
117. 坂本多加雄，《对历史教育的思考》。
118. Hein and Takenaka, "ExhibitingWorld War II"；山边昌彦，《日本的和平博物馆如何展现太平洋战争》。
119. 小林善范，《新傲慢主义宣言特别刊：战争论》，1998 年；小林善范，《新傲慢主义宣言特别刊：战争论2》，2001 年；小林善范《新傲慢主义宣言特别刊：战争论3》，2003 年。
120. "编纂会"为"新历史教科书编纂委员会"的简称。
121. 佐藤贵之，《朝日新闻》名古屋版，2006 年 5 月 21 日。
122. 伊藤めぐみ，《朝日新闻》名古屋版，2003 年 12 月 8 日。
123. 田村祐树，《朝日新闻》名古屋版，2002 年 5 月 13 日。

第五章　战败国的道德恢复

1. 日语原文为"仕事は平和"和"守りたい人がいる"。
2. 最初被命名为警察预备部队，后改名为安保部队，最终在 1954 年定名为自卫队。
3. Berger, *War, Guilt, and World Politics after World War II*.
4. 孙崎享，《尖阁问题：日本的误解》。
5. 第 9 条的全文为：(1) 日本国民衷心谋求基于正义与秩序的国际和平，永远放弃以国权发动的战争、武力威胁或武力行使作为解决国际争端的手段。(2) 为达到前项目的，不保持陆海空军及其他战争力量，不承认国家的交战权。
6. 小菅信子，《战后和解》。
7. 同上，38—39 页。
8. 道格拉斯·麦克阿瑟将军在 1945 年 9 月 12 日的讲话，引自 Dower, *Embracing Defeat*, p. 44。有关这一看法及其后果的进一步讨论，见 Buruma, *Year Zero*, Wagner-Pacifici, *The Art of Surrender*。
9. Dower, *Embracing Defeat*。
10. 大岳秀夫，《再军备与民族主义》。
11. 日本的军事开支在 2015 年是 49,801 亿日元，在 2016 年是 50,541 亿日元。
12. 2014 年，支持修宪的人占 42%。《宪法民意调查》，《读卖新闻》2014 年。http://www.yomiuri.co.jp/feature/opinion/koumoku/20140317-OYT8T50000.html。读卖新闻社调查部，《日本的舆论》，477 页；《宪法民意调查》，《读卖新闻》，2008 年，http://www.yomiuri.co.jp/editorial/news/20080407-OYT1T00791.htm。
13. Arms Control Association, "Fact Sheet: North Korea's Nuclear and Ballistic Missile

Programs," July 2013, http://armscontrolcenter.org/publications/factsheets/fact_sheet_north_korea_nuclear_and_missile_programs/; "North Korea Fires 2 More Ballistic Missiles", *New York Times*, July 8, 2014。

14. 内阁有关制定无缝安全法规、保障日本生存和保护国民的决议，2014年4月1日。
15. 《54%的人反对允许集体自卫的决定》（集団の自衛権行使容認決定，反対が54%），《日本经济新闻》，2014年7月2日。
16. 支持者与反对者在这个问题上的观点，见 Pempel, "Why Japan's Collective Self-Defence Is So Politicised"; Green and Hornung, "Ten Myths About Japan's Collective Self-Defense Change"; Wakefield and Martin, "Reexamining Myths About Japan's Collective Self-Defense Change"。日本人的观点，见丰下楢彦、古关彰一，《集体自卫权与安全保障》。
17. Hashimoto Akiko, "Japanese and German Projects of Moral Recovery."
18. Samuels, *Securing Japan*. Izumikawa, "Explaining Japanese Antimilitarism"; Katzenstein, *Cultural Norms and National Security*; Berger, *War, Guilt, and World Politics*.
19. 和解主义者通常部分会跨越党派政策，包括自民党的政治家（如后藤田正晴、加藤纮一、河野洋平、宫泽喜一）和社会党政治家（如村山富市）。
20. 防卫计划大纲（NDPO），2004年。
21. 从2003年12月到2009年2月，自卫队被派驻在"非战斗区"，其任务主要是搭建供水系统，修复学校、道路，提供医疗支持。
22. A. Smith, *National Identity*, pp. 11–13, 66。
23. 《奥运之年的日本会是怎样呢？首相："宪法已经修改完毕了"》,《产经新闻》，2014年1月1日，https://www.sankei.com/article/20140101-BTUS5AT4YRK6BEPTGAJH6CUZ4Y/。
24. 樋口阳一，《现在，我们要如何看待"修改宪法"？》。
25. 河野启，《现代日本的世代》；NHK放送文化研究所，《现代日本人的意识构造》。
26. 日本人对自己国家感到不自豪的比例最高，达48.3%，相比之下美国为37.1%，中国为20.3%，日本青少年研究所，《高校生的学习意识与日常生活》，8页。
27. 河野启，《现代日本的世代》；河野启、高桥幸市，《35年来日本人态度的变化轨迹（1）》；河野启、高桥幸市、原美和子，《35年来日本人态度的变化轨迹（2）》,《放送研究与调查》。
28. Zarakol, *After Defeat*, pp. 198, 243, 253.
29. 小菅信子，《战后和解》，192页。
30. 这种道歉观点，也呼应了其他国家的民族主义情绪；经常被援引的一个例子是，1988年，时任美国副总统的老布什拒绝为美军击落一架搭载着290名乘客的伊朗民航飞机道歉（"我永远不会为美国道歉。我才不在乎事实是什么"），《时代》（*Time*），1988年9月12日，86页。
31. 人们一致认为，安倍的保守派思想承继自他的外祖父岸信介（战时首相，曾入狱，但未以战犯的身份受审）。岸信介于1957年成为首相，三年之后辞职，但此之前，他推动国会正式批准了《日美安保条约》。见若宫启文,《和解与民族主义》。有关战时精英家庭中代际亲近性的例子,见林英一,《战犯之孙》。自民党立法议员中,40%的人都是立法议员的子女和孙辈,见"Japan's Political Dynasties Come Under Fire but Prove Resilient," *New York Times*, March 15, 2009.

32. 九条会的创立宣言,2004年6月10日,http://www.9-jo.jp/news/news_index.html#2013poster。

33. 九条会,http://www/9-jo/jp/news/undou/20060206zenkokukouryuu-yobikake/htm。《大江健三郎氏也出场了》,《产经新闻》2014年6月21日。

34. Ikegami, *The Taming of the Samurai*;山室信一,《宪法第九条的思想水脉》,236页;藤原归一,《新编和平的现实主义》。

35. Dudden, "The Nomination of Article 9 of Japan's Constitution for a Nobel Peace Prize."

36. 赤泽史朗,《靖国神社》,卷7,257—260页。

37. 例如,第一学习社的伦理教材《高等学校 伦理(修订版)》,2010年,192页。帕格沃什科学和世界事务会议《帕格沃什第十一个五年(2007—2012)的原则、结构和行动》。帕格沃什运动获得了1995年的诺贝尔和平奖。

38. 藤原归一,《新编和平的现实主义》。

39. 《"拯救宪政民主会"学者质疑安倍的"无限权力"》("Scholars form 'Save Constitutional Democracy' to Challenge Abe's 'Omnipotence'"),《朝日新闻》Asia & Japan Watch,2014年4月18日。

40. 奥平康弘、山口二郎,《集体自卫权有什么问题》。

41. Sakaki, *Japan and Germany as Regional Actors*;近藤孝弘,《国际历史教科书对话》;Schissler and Soysal, *The Nation, Europe, and the World*.

42. Sakaki, *Japan and Germany as Regional Actors*; Yang and Sin, "Striving for Common History Textbooks in Northeast Asia."

43. 这本教材在不同情况下曾被描述为教科书、课外指导手册或者教师手册。

44. 日中韩三国共通历史教材委员会,《开创未来的历史》。

45. *History That Opens the Future*, pp. 199, 217.

46. 笠原十九司,《来自公民的东亚历史教科书对话实践》;金圣甫,《迈向东亚共同历史认知的第一步》。

47. Shin, "Historical Reconciliation in Northeast Asia."

48. 同前。Park, "A History That Opens the Future"; Sneider, "The War over Words."

49. 日韩历史研究委员会的正式报告(2002—2005和2007—2010)可见于. http://www.jkcf.or.jp/projects/kaigi/history/rst/; http://www.jkcf.or.jp/projects/kaigi/history/second/。中日历史研究委员会的报告可见于http://www.mofa.go.jp/mofaj/area/china/rekishi_kk.html。针对这些教材的内容在争议问题上有何不同的评估,见Yoshida, *The Making of the "Rape of Nanking"*。

50. Genron NPO,《第二次日韩联合民意调查》,2014年,http://www.genron-npo.net/

pdf/forum_1407.pdf；Genron NPO，《第十次日中联合民意调查结果》，2014 年，http://www.genron-npo.net/pdf/2014forum.pdf。认为日本是和平主义社会的中国人有 10.5%，韩国人有 5.3%；认为日本是和解主义社会的中国人有 6.7%，韩国人有 3.9%；认为日本在今天仍信奉军国主义的中国人为 36.5%，韩国人为 53.1%。在中国，受访者认为"历史问题"（31.9%）和钓鱼岛争端（64.8%）是妨碍两国发展良好关系的主要障碍；在韩国，受访者认为独岛（92.2%）和"历史问题"（52.2%）是两国关系的主要障碍。

51. 内阁府，《关于外交的民意调查》。
52. 日中韩三国共通历史教材委员会，《新东亚近现代史（上）》《新东亚近现代史（下）》。
53. 内海爱子、大沼保昭、田中宏、加藤阳子，《战后责任》。
54. Alexander, "Toward a Theory of Cultural Trauma."
55. Zarakol, *After Defeat*；Mark, *Unfinished Revolution*。另外，Lisa Yoneyama 评估了如何把西方中心的启蒙主义讨论应用在对广岛的回忆上，见 *Hiroshima Traces: Time, Space, and the Dialectics of Memory*。
56. Olick, *Politics of Regret*，另见 Kim 和 Schwartz，*Northeast Asia's Difficult Past*。
57. Zarakol, "Ontological (in) Security and State Denial of Historical Crimes," p. 7.
58. Jarausch and Geyer, *Shattered Past*, p. 106.
59. Fulbrook, *Dissonant Lives*; Herf, *Divided Memory*; Moses, *German Intellectuals and the Nazi Past*; Morina, *Legacies of Stalingrad*.
60. Art, *The Politics of the Nazi Past in Germany and Austria*; Rousso, *The Vichy Syndrome*; Lagrou, *The Legacy of Nazi Occupation*.
61. Jarausch and Geyer, *Shattered Past*, p. 10.
62. Cohen-Pfister and Wienröder-Skinner, *Victims and Perpetrators, 1933–1945*; Niven, *Germans as Victims*; Moeller, *War Stories*.
63. Hashimoto, "Japanese and German Projects of Moral Recovery."
64. Mosse, *Fallen Soldiers*; Bessel, *Germany after the First World War*; Diehl, *The Thanks of the Fatherland*, p. 19.
65. 指的是类似的荷兰案例，Ron Eyerman 将这种现象称为"累积性创伤"。Eyerman, *The Assassination of Theo Van Gogh*。
66. 德意志联邦共和国禁止新纳粹国民党（1952）和共产党（1956）加入国会，见 Berger, *War, Guilt, and World Politics*, pp. 56–57。
67. Currie, *The Constitution of the Federal Republic of Germany*.
68. Giesen, *Triumph and Trauma*.
69. 《追查死亡营守卫的新方法》（"Chasing Death Camp Guards with New Tools"），《纽约时报》2014 年 5 月 6 日。
70. Müller, *Constitutional Patriotism*.
71. Berger, *War, Guilt, and World Politics*, p. 35.

72. Friedrich, *Der Brand, Deutschland im Bombenkrieg 1940–1945*.
73. Bartov, *Germany's War and the Holocaust*.
74. Levi, *The Drowned and the Saved*.
75. Alexander, *The Meanings of Social Life*, pp. 32–34, 115–116.
76. Giesen, *Triumph and Trauma*, p. 155.
77. Gordon, *Postwar Japan as History*.
78. Yoda, "A Roadmap to Millennial Japan."
79. 赤木智弘,《我想给"丸山真男"一耳光》。
80. Schoppa, *Race for the Exits*.
81. 古市宪寿,《绝望之国的幸福的年轻人们》。在2013年的一项调查中,和其他年龄群体相比,20多岁的年轻人报告的生活满意度最高(78.4%),见内阁府,《关于国民生活的民意调查》。
82. 小熊英二、上野阳子,《"治愈"的民族主义》,215—216页。
83. 安田浩一,《互联网与爱国》;北原みのり、朴顺梨,《你的妻子是个爱国者》。这类互动状态,很类似于美国那种种族仇恨群体间制造团结的关系状态,见 Blee, *Inside Organized Racism*。
84. "China Passes U.S. In Trade With Japan." washingtonpost.com, January 27, 2005; "What's at Stake in China-Japan Spat" *Wall Street Journal*: China Real Time Report. September 17, 2013. http://blogs.wsj.com/chinarealtime/2012/09/17/whats-at-stake-in-china-japan-spat-345-billion-to-start/.
85. 共同的经济利益或者某种形式的经济融合,可能像在欧洲那样,会成为稳定东亚地区关系的一种道路,在评估这种可能性时,需要将模糊性和紧张关系一并考虑。
86. 小菅信子,《战后和解》;藤原归一,《重建亚洲的经济外交》。
87. 《日本计划再造两艘宙斯盾驱逐舰以提升导弹防卫水平》("Japan to Build Two More Aegis Destroyers to Boost Missile Defense"),《日本时报》2013年11月5日。
88. 言论NPO,《第十次日中联合民意调查结果》。
89. 内阁府,《关于自卫队·国防问题的民意调查》。
90. He, *The Research for Reconciliation*, 2015, 日本的入常申请再次受挫。《安全理事会改革:提案》,《每日新闻》,2014年7月21日。有关夹在西方主导的全球化世界中的日本与中国在现代的对抗历史,见 Iriye, *China and Japan in the Global Setting*, (Cambridge, MA: Harvard University Press, 1992)。
91. Schivelbusch, *Culture of Defeat*.
92. 小菅信子,《战后和解》,210页。
93. Assmann, "Four Formats of Memory," p. 30.
94. Eyerman, Alexander and Breese, *Narrating Trauma*; Giesen, *Triumph and Trauma*, p. 117.

参考文献

英文文献

Alexander, Jeffrey C. 2012. *Trauma: A Social Theory.* Malden, MA: Polity Press.
——. 2010. *The Performance of Politics: Obama's Victory and the Democratic Struggle for Power.* New York: Oxford University Press.
——. 2004. "Toward a Theory of Cultural Trauma." In *Cultural Trauma and Collective identity,* edited by Jeffrey C. Alexander, Ron Eyerman, Bernhard Giesen, Neil Smelser and Piotr Sztompka, 1-30. Berkeley: University of California Press.
——. 2003. *The Meanings of Social Life: A Cultural Sociology.* New York: Oxford University Press.
Ambrose, Stephen E. 1992. *Band of Brothers: E Company, 506th Regiment, 101st Airborne: from Normandy to Hitler's Eagle's Nest.* New York: Simon & Schuster.
Anderson, Benedict. 1991. *Imagined Communities: Reflections on the Origin and Spread of Nationalism.* Rev. and extended ed. London: Verso.
Antoniou, Vasilia Lilian and Yasemin Nuhoæglu Soysal. 2005. "Nation and the Other in Greek and Turkish History Textbooks." pp. 105-121 in *The Nation, Europe, and the World: Textbooks and Curricula in Transition,* edited by H. Schissler and Y. N. Soysal. New York: Berghahn Books.

Arms Control Association. 2013. "Fact Sheet: North Korea's Nuclear and Ballistic Missile Programs," July, http://armscontrolcenter.org/publications/factsheets/fact_sheet_north_ korea_nuclear_and_missile_programs/

Art, David. 2006. *The Politics of the Nazi Past in Germany and Austria*. Cambridge: Cambridge University Press.

Ashplant, T. G., Graham Dawson, and Michael Roper. 2000. "The Politics of War Memory and Commemoration: Contexts, Structures and Dynamics." In *Commemorating War: The Politics of Memory*, edited by T. G. Ashplant, Graham Dawson and Michael Roper, 3-85. New Brunswick, NJ: Transaction.

Assmann, Aleida. 2008. "Transformations between History and Memory." *Social Research* 75（1）: 49-72.

——. 2006. "On the（In）Compatibility of Guilt and Suffering in German Memory." *Journal: German Life & Letters* 59（2）:187-200.

——. 2006. *Der lange Schatten der Vergangenheit: Erinnerungskultur und Geschichtspolitik*. Munich: Beck.

——. 2004. "Four Formats of Memory: From Individual to Collective Constructions of the Past." In *Cultural Memory and Historical Consciousness in the German-speaking World since 1500*, edited by Christian Emden and David Midgley, 19-37. New York: Peter Lang.

Assmann, Jan. 2010. "Communicative and Cultural Memory." In *A Companion to Cultural Memory Studies*, edited by Astrid Erll and Ansgar Nünning, 109-118. Berlin: Walter de Gruyter.

Bar-On, Dan. 1999. *The Indescribable and the Undiscussable: Reconstructing Human Discourse After Trauma*. Budapest: Central European University Press.

——. 1995. *Fear and Hope: Three Generations of the Holocaust*. Cambridge, MA: Harvard University Press.

——. 1993. "Holocaust Perpetrators and Their Children: A Paradoxical Morality." In *The Collective Silence: German Identity and the Legacy of Shame*, edited by Barbara Heimannsberg and Christoph J Schmidt, 195-208. San Francisco: Jossey-Bass Publishers.

Barkan, Elazar. 2000. *The Guilt of Nations: Restitution and Negotiating*

Historical Injustices. New York: W. W. Norton.

Bartov, Omer. 2003. *Germany's War and the Holocaust: Disputed Histories*. Ithaca: Cornell University Press.

Berger, Thomas. 2012. *War, Guilt, and World Politics after World War II*. New York: Cambridge University Press.

———. 1998. *Cultures of Antimilitarism: National Security in Germany and Japan*. Baltimore: Johns Hopkins University Press.

Bessel, Richard. 1993. *Germany after the First World War*. Oxford: Clarendon Press.

Bhabha, Homi. 1990. *Nation and Narration*. London: Routledge.

Blee, Kathleen. 2002. *Inside Organized Racism: Women in the Hate Movement*. Berkeley: University of California Press.

Blight, David W. 2001. *Race and Reunion: The Civil War in American Memory*. Cambridge, Mass.: Belknap Press of Harvard University Press.

Bodnar, John E. 2010. *The "Good War" in American Memory*. Baltimore: Johns Hopkins University Press.

Browning, Christopher R. 1992. *Ordinary Men: Reserve Police Battalion 101 and the Final Solution in Poland*. New York: HarperCollins.

Bruner, Jerome S. 1990. *Acts of Meaning*, Cambridge, Mass.: Harvard University Press.

Buchholz, Petra. 1995. "Tales of War: Autobiographies and Private Memories in Japan and Germany." In *Memories of War: The Second World War and Japanese Historical Memory in Comparative Perspective*, edited by Takashi Inoguchi and Lyn Jackson. Tokyo: United Nations University Press.

Buckley-Zistel, Susanne. 2012. "Between Pragmatism, Coercion and Fear: Chosen Amnesia after the Rwandan Genocide." In *Memory and Political Change*, edited by Aleida Assmann and Linda Shortt, 72-88. New York: Palgrave Macmillan.

Bude, Heinz. 1992. *Bilanz Der Nachfolge: Die Bundesrepublik und Der Nationalsozialismus*. Frankfurt am Main: Suhrkamp.

Burchardt, Natasha. 1993. "Transgenerational Transmission in the Families of Holocaust Survivors in England." In *Between Generations: Family Models, Myths, and Memories*, edited by Daniel Bertaux and Paul Richard Thompson, 121-137. Oxford: Oxford University Press.

Burke, Peter. 1989. "History as Social Memory." In *Memory: History, Culture and the Mind*, edited by Thomas Butler, 97-113. Malden: Blackwell.

Buruma, Ian. 2013. *Year Zero: A History of 1945.* New York: Penguin Press.

——. 1994. *The Wages of Guilt: Memories of War in Germany and Japan*. New York: Farrar Straus Giroux.

Caruth, Cathy. 1996. *Unclaimed Experience: Trauma, Narrative, and History*. Baltimore: Johns Hopkins University Press.

Cohen, Stanley. 2001. *States of Denial: Knowing About Atrocities and Suffering*. Cambridge: Polity.

Cohen-Pfister, Laurel, and Dagmar Wienröder-Skinner. 2006. *Victims and Perpetrators, 1933-1945: (Re)presenting the Past in Post-unification Culture*, Berlin: W. de Gruyter.

Confino, Alon. 2006. *Germany as a Culture of Remembrance: Promises and Limits of Writing History*. Chapel Hill: University of North Carolina Press.

Cook, Haruko Taya, and Theodore F. Cook. 1992. *Japan at War: An Oral History*. New York: New Press.

Currie, David P. 1994. *The Constitution of the Federal Republic of Germany*. Chicago: University of Chicago Press.

Diehl, James. M. 1986. *The Thanks of the Fatherland: German Veterans after the Second World War*. Chapel Hill: University of North Carolina Press.

Dierkes, Julian. 2010. *Postwar History Education in Japan and the Germanys: Guilty Lessons*. London: Routledge.

Dittmar, Linda, and Gene Michaud. 1990. *From Hanoi to Hollywood: The Vietnam War in American Film*. New Brunswick: Rutgers University Press.

Dower, John W. 2010. *Cultures of War: Pearl Harbor, Hiroshima, 9-11, Iraq*. New York: W. W. Norton.

——. 1999. *Embracing Defeat: Japan in the Wake of World War II*. New York: W. W. Norton.

Dudden, Alexis. 2014. "The Nomination of Article 9 of Japan's Constitution for a Nobel Peace Prize" *Japan Focus: The Asia-Pacific Journal*, April 20.

——. 2008. *Troubled Apologies Among Japan, Korea, and the United States*. New York: Columbia University Press.

Duus, Peter. "War Stories." In *History Textbooks and the Wars in Asia: Divided Memories*, edited by Gi-Wook Shin and Daniel C. Sneider, 101-114. New

York: Routledge, 2011.

Eliasoph, Nina. 1999. "'Everyday Racism' in a Culture of Avoidance: Civil Society, Speech and Taboo." *Social Problems* 46（4）: 479-502.

——. 1998. *Avoiding Politics: How Americans Produce Apathy in Everyday Life*, Cambridge, UK: Cambridge University Press.

——. 1997. "'Close to Home': The Work of Avoiding Politics." *Theory and Society* no. 26（4）: 605-47.

Eyerman, Ron. 2008. *The Assassination of Theo Van Gogh: From Social Drama to Cultural Trauma, Politics, History, and Culture*. Durham, N. C.: Duke University Press.

——. 2004. "The Past in the Present." *Acta Sociologica* 47（2）: 159-169.

——. 2004. "Cultural Trauma: Slavery and the Formation of African American Identity." In *Cultural Trauma and Collective Identity*, edited by Jeffrey C. Alexander et. al., 60-111. Berkeley: University of California Press.

Eyerman, Ron, Jeffrey C. Alexander, and Elizabeth Butler Breese. 2011. *Narrating Trauma: On the Impact of Collective Suffering*, Boulder, CO: Paradigm Publishers.

Field, Norma. 1997. "War and Apology: Japan, Asia, the Fiftieth, and After." *Positions* no. 5（1）: 1-49.

Figal, Gerald. 1996. "How to Jibunshi: Making and Marketing Self-Histories of Showa among the Masses in Postwar Japan." *Journal of Asian Studies* 55（4）: 902-933.

FitzGerald, Frances. 1979. *America Revised: History Schoolbooks in the Twentieth Century*. Boston: Little Brown.

Friday, Karl. 2006. "Might Makes Right: Just War and Just Warfare in Early Medieval Japan." In *The Ethics of War in Asian Civilizations: A Comparative Perspective*, edited by Torkel Brekke, 159-184. London: Routledge.

——. 2004. *Samurai, Warfare and the State in Early Medieval Japan*. New York: Routledge.

Friedrich, Jörg. 2002. *Der Brand: Deutschland im Bombenkrieg 1940-1945*. Munich: Propyläen Verlag.（English translation: *The Fire: The Bombing of Germany, 1940–1945*, translated by Allison Brown. New York: Columbia University Press, 2006）.

Frühstück, Sabine. 2007. *Uneasy Warriors: Gender, Memory, and Popular Culture in the Japanese Army*. Berkeley: University of California Press.

Fukuoka, Kazuya. 2011. "School History Textbooks and Historical Memories in Japan: A Study of Reception." *International Journal of Politics, Culture, and Society*, 24（3-4）: 83-103.

Fulbrook, Mary. 2011. *Dissonant Lives: Generations and Violence through the German Dictatorships*. Oxford: Oxford University Press.

Gibney, Frank. 1995. *Sensō: The Japanese Remeber the Pacific War*. Letters to the Editor of Asahi Shimbun. Armonk, NY: M. E. Sharpe.

Giesen, Bernhard. 2004. *Triumph and Trauma*. Boulder: Paradigm Publishers.

Gillis, John. 1994. Ed. *Commemorations: The Politics of National Identity*. Princeton: Princeton University Press.

Gluck, Carol. 2007. "Operations of Memory: 'Comfort Women' and the World." In *Ruptured Histories: War, Memory, and the Post-Cold War in Asia*, edited by Sheila Miyoshi Jager and Rana Mitter, 47-77. Cambridge, Mass.: Harvard University Press.

——. 1993. "The Past in the Present." In *Postwar Japan as History*, edited by Andrew Gordon, 64-95. Berkeley: University of California Press.

Goffman, Erving. 1963. *Stigma: Notes on the Management of Spoilt Identity*. Harmondsworth, UK: Penguin.

Goldhagen, Daniel J. 1996. *Hitler's Willing Executioners: Ordinary Germans and the Holocaust*. New York: Alfred Knopf.

Gordon, Andrew. 1993. *Postwar Japan as History*. Berkeley: University of California Press.

Green, Michael, and Jeffrey W. Hornung. 2014. "Ten Myths About Japan's Collective Self-Defense Change: What the Critics Don't Understand About Japan's Constitutional Reinterpretation." *The Diplomat*, July 10.

Haass, Richard. 2009. *War of Necessity, War of Choice: A Memoir of Two Iraq Wars*. New York: Simon & Schuster.

Halbwachs, Maurice. 1992. *On Collective Memory*. Edited by Lewis A Coser. Chicago: University of Chicago Press.

Hammond, Ellen. 1997. "Commemoration Controversies: The War, the Peace, and Democracy in Japan." In *Living With the Bomb: American and Japanese Cultural Conflicts in the Nuclear Age*, edited by Laura Hein and

Mark Selden, 100-121. Armonk, NY: M. E. Sharpe.

Hashimoto, Akiko. 2011. "Divided Memories, Contested Histories: The Shifting Landscape in Japan." In *Cultures and Globalization: Heritage, Memory, Identity*, edited by Helmut Anheier and Yudhishthir Raj Isar. 239-244 London: Sage.

———. 2004. "Culture, Power and the Discourse of Filial Piety in Japan: The Disempowerment of Youth and Its Social Consequences." In *Filial Piety: Practice and Discourse in Contemporary East Asia*, edited by Charlotte Ikels, 182-197. Stanford, CA: Stanford University Press.

———. 2004. "Power to the Imagination." *Woodrow Wilson International Center for Scholars Asia Program Special Report* 121 : 9-12.

———. 1999. "Japanese and German Projects of Moral Recovery: Toward a New Understanding of War Memories in Defeated Nations." *Occasional Papers in Japanese Studies 1999-2001*. Cambridge Mass: Reischauer Institute of Japanese Studies.

———. 1996. *The Gift of Generations: Japanese and American Perspectives on Aging and the Social Contract*. New York: Cambridge University Press.

Hashimoto, Akiko, and Charlotte Ikels. 2005. "Filial Piety in Changing Asian Societies." In *Cambridge Handbook on Age and Ageing*, edited by Malcolm Johnson, 437-442. Cambridge: Cambridge University Press.

Hashimoto, Akiko, and John W. Traphagan. 2008. "The Changing Japanese Family." In *Imagined Families, Lived Families: Culture and Kinship in Contemporary Japan*, edited by Akiko Hashimoto and John W. Traphagan, 1-12. Albany: SUNY Press.

He, Yinan. 2009. *The Search for Reconciliation: Sino-Japanese and German-Polish Relations since World War II*. New York: Cambridge University Press.

Hecker, Margarete. 1993. "Family Reconstruction in Germany: An Attempt to Confront the Past." In *The Collective Silence: German Identity and the Legacy of Shame*, edited by Barbara Heimannsberg and Christoph J Schmidt, 73-93. San Francisco: Jossey-Bass Publishers.

Hein, Laura, and Mark Selden. 2000. "The Lessons of War, Global Power, and Social Change." In *Censoring History: Citizenship and Memory in Japan, Germany, and the United States*, edited by Laura Hein and Mark Selden,

3-50. Armonk, NY: M. E. Sharpe.

———. 2000. eds. *Censoring History: Citizenship and Memory in Japan, Germany, and the United States*. Armonk, NY: M. E. Sharpe.

———. 1997. eds. *Living With the Bomb: American and Japanese Cultural Conflicts in the Nuclear Age*. Armonk, NY: M. E. Sharpe.

Hein, Laura, and Akiko Takenaka. 2007. "Exhibiting World War II in Japan and the United States since 1995." *Pacific Historical Review* 76（1）：61-94.

Herf, Jeffrey. 1997. *Divided Memory: The Nazi Past in the Two Germanys*. Cambridge, MA: Harvard University Press.

Hess, Robert D, and Judith Torney. 2005. *The Development of Political Attitudes in Children*. New Brunswick, NJ: Aldine Transaction.

Hirsch, Marianne. 2012. *The Generation of Postmemory: Writing and Visual Culture after the Holocaust*. New York: Columbia University Press.

———. 1997. *Family Frames: Photography, Narrative, and Postmemory*. Cambridge, Mass.: Harvard University Press.

Hochschild, Arlie Russell. 1983. *The Managed Heart: Commercialization of Human Feeling*. Berkeley: University of California Press.

———. 1979. "Emotion Work, Feeling Rules, and Social Structure." *American Journal of Sociology*, 85：551-575.

Hogan, Michael J. 1996. Ed. *Hiroshima in History and Memory*. Cambridge: Cambridge University Press.

Huyssen, Andreas. 2003. *Present Pasts: Urban Palimpsests and the Politics of Memory*, Stanford, Calif.: Stanford University Press.

Ienaga, Saburō. 1978. *The Pacific War, 1931–1945: A Critical Perspective on Japan's Role in World War II*. Translated by Frank Baldwin. New York: Pantheon Books.

Ienaga, Saburō, and Richard H. Minear. 2001. *Japan's Past, Japan's Future: One Historian's Odyssey*, Lanham, Md.: Rowman & Littlefield Publishers.

Igarashi, Yoshikuni. 2000. *Bodies of Memory: Narratives of War in Postwar Japanese Culture*, 1945- 1970. Princeton: Princeton University Press.

Ikegami, Eiko. 1995. *The Taming of the Samurai: Honorific Individualism and the Making of Modern Japan*. Cambridge, Mass: Harvard University Press.

Inoguchi, Takashi. 2004. "Social Capital in Ten Asian Countries." *Japanese Journal of Political Science* 5:197-211.

参考文献

Iriye, Akira. *China and Japan in the Global Setting*. Cambridge, MA: Harvard University Press, 1992.

Izumikawa, Yasuhiro 2010. "Explaining Japanese Antimilitarism Normative and Realist Constraints on Japan's Security Policy." *International Security* 35(2): 123-160.

Jarausch, Konrad Hugo, and Michael Geyer. 2003. *Shattered Past: Reconstructing German Histories*. Princeton, N. J.: Princeton University Press.

Katzenstein, Peter J. 1996. *Cultural Norms and National Security: Police and Military in Postwar Japan*. Ithaca: Cornell University Press.

Kim, Mikyoung, and Barry Schwartz. 2010. Eds. *Northeast Asia's Difficult Past: Essays in Collective Memory*. New York: Palgrave Macmillan.

Lagrou, Pieter. 2000. *The Legacy of Nazi Occupation: Patriotic Memory and National Recovery in Western Europe*, 1945-1965. Cambridge: Cambridge University Press.

Lebert, Norbert, and Stephan Lebert. 2001. *My Father's Keeper: Children of Nazi Leaders: An Intimate History of Damage and Denial*. Translated by Julian Evans. Boston, MA: Little Brown.

Levi, Primo. 1989. *The Drowned and the Saved*. Translated by Raymond Rosenthal. New York: Vintage.

Lifton, Robert Jay. 1973. *Home from the War: Vietnam Veterans: Neither Victims nor Executioners*. New York: Simon and Schuster.

——. 1967. *Death in Life: Survivors of Hiroshima*. Harmondsworth, UK: Penguin Books.

Lind, Jennifer M. 2008. *Sorry States: Apologies in International Politics*. Ithaca: Cornell University Press.

Link, Bruce G. and Jo C. Phelan. 2001. "Conceptualizing Stigma." *Annual Review of Sociology* 27 : 363–85.

Macleod, Jenny. 2008. *Defeat and Memory: Cultural Histories of Military Defeat in the Modern Era*. New York: Palgrave Macmillan.

Margalit, Avishai. 2002. *The Ethics of Memory*. Cambridge, MA: Harvard University Press.

Mark, James. 2010. *The Unfinished Revolution: Making Sense of the Communist Past in Central- Eastern Europe*. New Haven: Yale University

Press.

McCormack, Jo. 2007. *Collective Memory: France and the Algerian War (1954-1962)*, Lanham, MD: Lexington Books.

Moeller, Robert G. 2001. *War Stories: The Search for a Usable Past in the Federal Republic of Germany*. Berkeley: University of California Press.

——. 1996. "War Stories: The Search for a Usable Past in the Federal Republic of Germany." *American Historical Review* 101（4）: 1008-1048.

Morina, Christina. 2011. *Legacies of Stalingrad: Remembering the Eastern Front in Germany Since 1945*. New York: Cambridge University Press.

Morris-Suzuki, Tessa. 2005. *The Past within Us: Media, Memory, History*. London: Verso.

——. "Who Is Responsible? The Yomiuri Project and the Enduring Legacy of the Asia-Pacific War." *Japan Focus*, June 25, 2007.

Moses, A. Dirk. 2007. *German Intellectuals and the Nazi Past*. Cambridge: Cambridge University Press.

Mosse, George L. 1990. *Fallen Soldiers: Reshaping the Memory of the World Wars*. New York: Oxford University Press.

Mukae, Ryūji. 1996. "Japan's Diet Resolution on World War Two: Keeping History at Bay." *Asian Survey*, 36（10）, 1011-31.

Müller, Jan-Werner. 2007. *Constitutional Patriotism*. Princeton, N. J.: Princeton University Press.

Neal, Arthur G. 1998. *National Trauma and Collective Memory: Major Events in the American Century*. Armonk, NY: M. E. Sharpe.

Niven, William John. 2006. *Germans as Victims: Remembering the Past in Contemporary Germany*. New York: Palgrave Macmillan.

Noakes, Lucy. 2009. "The BBC's 'People's War' Website." In *War Memory and Popular Culture: Essays on Modes of Remembrance and Commemoration*, edited by Michael Keren and Holger H.Herwig, 135-49. Jefferson, N. C.: McFarland.

Nora, Pierre. 1996. *Realms of Memory: Rethinking the French Past*. Translated by Arthur Goldhammer. New York: Columbia University Press.

Nozaki, Yoshiko. 2008. *War Memory, Nationalism and Education in Post-war Japan, 1945-2007: The Japanese History Textbook Controversy and Ienaga Saburo's Court Challenges*. London: Routledge.

——. 2002. "Japanese Politics and the History Textbook Controversy, 1982-2001." *International Journal of Educational Research*, 37（6-7）: 603-622.

Nozaki, Yoshiko, and Hiromitsu Inokuchi. 2000. "Japanese Education, Nationalism, and Ienaga Saburo's Textbook Lawsuits." In *Censoring History: Citizenship and Memory in Japan, Germany, and the United States*, edited by Laura Hein and Mark Selden, 96-126. Armonk, NY: M. E. Sharpe.

Okano, Kaori, and Motonori Tsuchiya. 1999. *Education in Contemporary Japan: Inequality and Diversity*. Cambridge: Cambridge University Press.

Olick, Jeffrey K. 2007. *The Politics of Regret: On Collective Memory and Historical Responsibility*. New York: Routledge.

——. 2005. *In the House of the Hangman: The Agonies of German Defeat, 1943-1949*. Chicago: University of Chicago Press.

——. 1999. "Genre Memories and Memory Genres: A Dialogical Analysis of May 8th, 1945 Commemorations in the Federal Republic of Germany." *American Sociological Review* 64（June）: 381-402.

Olick, Jeffrey K., Daniel Levy, and Vered Vinitzky-Seroussi. 2011. eds. *The Collective Memory Reader*. Oxford: Oxford University Press.

Orend, Brian. 2006. *The Morality of War*. Peterborough, Ont.: Broadview Press.

Oros, Andrew. 2008. *Normalizing Japan: Politics, Identity, and the Evolution of Security Practice*, Stanford, Calif.: Stanford University Press.

Orr, James Joseph. 2001. *The Victim as Hero: Ideologies of Peace and National Identity in Postwar Japan*. Honolulu: University of Hawai'i Press.

Park, Soon-Won. 2011. "A History That Opens the Future: The First Common China-Japan- Korean History Teaching Guide." In *History Textbooks and the Wars in Asia: Divided Memories*, edited by Gi-Wook Shin and Daniel C. Sneider, 230-245. New York: Routledge.

Pempel, T. J. 2014. "Why Japan's Collective Self-Defence Is So Politicised." *East Asia Forum*, http://www.eastasiaforum.org/2014/09/02/why-japans-collective-self-defence-is-so- politicised/. September 2.

Penney, Matthew. 2008. "Far from Oblivion: The Nanking Massacre in Japanese Historical Writing for Children and Young Adults." *Holocaust and Genocide Studies* 22（1）: 25-48.

——. 2007. " 'War Fantasy' and Reality— 'War as Entertainment' and Counter-narratives in Japanese Popular Culture." *Japanese Studies* 27（1）:

35-52.

Pharr, Susan J. 1997. "Public Trust and Democracy in Japan." In *Why People Don't Trust Government*, edited by Joseph S. Nye, Philip Zelikow and David C. King, 237-252. Cambridge, Mass.: Harvard University Press.

Polletta, Francesca. *It Was Like a Fever: Storytelling in Protest and Politics.* Chicago: University of Chicago Press, 2006.

Posner, Gerald L. 1991. *Hitler's Children: Sons and Daughters of Leaders of the Third Reich Talk about their Fathers and Themselves.* New York: Random House.

Prinz, Jesse J. 2007. *The Emotional Construction of Morals.* New York: Oxford University Press. Putnam, Robert. 2002. ed. *Democracies in Flux: The Evolution of Social Capital in Contemporary Society.* New York: Oxford University Press.

Rahimi, Babak. 2005. "Sacrifice, Transcendence and the Soldier." *Peace Review*, 17 (1) : 1-8.

Rohlen, Thomas P. 1983. *Japan's High Schools.* Berkeley: University of California Press.

Rose, Caroline. 2005. *Sino-Japanese Relations: Facing the Past, Looking to the Future?* London: Routledge Curzon.

Rosenthal, Gabriele. 1998. "Veiling and Denying." In *The Holocaust in Three Generations: Families of Victims and Perpetrators of the Nazi Regime*, edited by Gabriele Rosenthal, 286-294. London: Cassell.

——. 1998. "National Socialism and Anti-semitism in Intergenerational Dialog." In *The Holocaust in Three Generations: Families of Victims and Perpetrators of the Nazi Regime*, edited by Gabriele Rosenthal, 240-248. London: Cassell.

Rousso, Henry. 1994. *The Vichy Syndrome: History and Memory in France since 1944.* Translated by Arthur Goldhammer. Cambridge, Mass.: Harvard University Press.

Saaler, Sven. 2005. *Politics, Memory and Public Opinion: The History Textbook Controversy and Japanese Society.* Munich: Iudicium Verlag.

Saito, Hiro. 2006. "Reiterated Commemoration: Hiroshima as National Trauma." *Sociological Theory* 24 (4) : 353-376.

Sakaki, Alexandra, 2012. *Japan and Germany as Regional Actors Evaluating*

Change and Continuity after the Cold War. Florence, KY: Routledge

Samuels, Richard J. 2007. *Securing Japan: Tokyo's Grand Strategy and the Future of East Asia*. Ithaca: Cornell University Press.

Schissler, Hanna, and Yasemin Nuhoæglu Soysal. 2005. *The Nation, Europe, and the World: Textbooks and Curricula in Transition*. New York: Berghahn Books.

Schivelbusch, Wolfgang. 2003. *The Culture of Defeat: On National Trauma, Mourning, and Recovery*. Translated by Jefferson Chase. New York: Metropolitan Books.

Schmitt, David P., and Jüri Allik. 2005. "Simultaneous Administration of the Rosenberg Self- Esteem Scale in 53 Nations: Exploring the Universal and Culture-Specific Features of Global Self-Esteem." *Journal of Personality and Social Psychology* 89（4）: 623-642.

Schoppa, Leonard J. 2006. *Race for the Exits: The Unraveling of Japan's System of Social Protection*. Ithaca, N. Y.: Cornell University Press.

Schwartz, Barry. 1982. "The Social Context of Commemoration: A Study in Collective Memory." *Social Forces* 61（2）: 374-402.

Seaton, Philip A. 2007. *Japan's Contested War Memories: The 'Memory Rifts' in Historical Consciousness of World War II*, London: Routledge.

Seraphim, Franziska. 2006. *War Memory and Social Politics in Japan, 1945-2005*. Cambridge, MA: Harvard University Asia Center.

Shils, Edward, and Michael Young. 1953. "The Meaning of Coronation." *Sociological Review* 1（2）: 63-81.

Shin, Gi-Wook. 2014. "Historical Reconciliation in Northeast Asia: Past Efforts, Future Steps, and the U. S. Role." In *Confronting Memories of World War II: European and Asian Legacies*, edited by Daniel Chirot, Gi-Wook Shin and Daniel C. Sneider, 157-185.

Shipilova, Anna. 2014. "From Local to National Experience: Has Hiroshima Become a 'Trauma for Everybody'?" *Japanese Studies* 34（2）: 193-211.

Sichrovsky, Peter. 1988. *Born Guilty: Children of Nazi Families*, Basic Books.

Smelser, Neil J. 2004. "Psychological Trauma and Cultural Trauma." In *Cultural Trauma and Collective Identity*, edited by Jeffrey C. Alexander et al, 31-59. Berkeley: University of California Press.

———. 1976. *Comparative Methods in the Social Sciences*. Englewood Cliffs, N. J.:

Prentice-Hall.

Smith, Anthony. D. 1991. *National Identity*. Reno, University of Nevada Press.

Smith, Philip. 2005. *Why War?: The Cultural Logic of Iraq, the Gulf War, and Suez*. Chicago: University of Chicago Press.

Sōka Gakkai Seinenbu. 1978. *Cries for Peace: Experiences of Japanese Victims of World War II*. Tokyo: Japan Times.

Sneider, Daniel C. 2011. "The War over Words: History Textbooks and International Relations in Northeast Asia." In *History Textbooks and the Wars in Asia: Divided Memories*, edited by Gi-Wook Shin and Daniel C. Sneider, 246-268. New York: Routledge.

Soh, Chunghee Sarah. 2008. *The Comfort Women: Sexual Violence and Postcolonial Memory in Korea and Japan*. Chicago: University of Chicago Press.

Spiegelman, Art. 1994. "Forward: Comics after the Bomb." In *Barefoot Gen 4: Out of the Ashes 'A Cartoon Story of Hiroshima,'* by Keiji Nakazawa, v-viii. Philadelphia: New Society Publishers.

Spillman, Lyn. 1997. *Nation and Commemoration: Creating National Identities in the United States and Australia*. Cambridge: Cambridge University Press.

Steinhoff, Patricia G. 2008. "Mass Arrests, Sensational Crimes, and Stranded Children." In *Imagined Families, Lived Families: Culture and Kinship in Contemporary Japan*, edited by Akiko. Hashimoto and John W. Traphagan, 77-110. Albany: SUNY Press.

Sturken, Marita. 1997. *Tangled Memories: The Vietnam War, the AIDS Epidemic, and the Politics of Remembering*. Berkeley: University of California Press.

Sutton, John. 2008. "Between Individual and Collective Memory: Coordination, Interaction, Distribution." *Social Research* 75（1）: 23.

Tamanoi, Mariko. 2009. *Memory Maps: The State and Manchuria in Postwar Japan*. Honolulu: University of Hawai'i Press.

Treat, John Whittier. 1995. *Writing Ground Zero: Japanese Literature and the Atomic Bomb*. Chicago: University of Chicago Press..

Tsutsui, Kiyoteru. 2009. "The Trajectory of Perpetrators' Trauma: Mnemonic Politics around the Asia-Pacific War in Japan." *Social Forces* 87（3）: 1389-1422.

United Nations Development Programme（UNDP）. 2013. *Human*

Development Report 2013.
Vinitzky-Seroussi, Vered. 2002. "Commemorating a Difficult Past: Yitzhak Rabin's Memorials." *American Sociological Review* 67（1）: 30-51.
Wagner-Pacifici, Robin. 2005. *The Art of Surrender: Decomposing Sovereignty at Conflict's End*. Chicago: University of Chicago Press.
Wagner-Pacifici, Robin, and Barry Schwartz. 1991. "The Vietnam Veterans Memorial: Commemorating a Difficult Past." *American Journal of Sociology* 97（2）: 376-420.
Wakefield, Bryce, and Craig Martin. 2014. "Reexamining 'Myths' About Japan's Collective Self—Defense Change—What Critics（and the Japanese Public）Do Understand About Japan's Constitutional Reinterpretation." *Japan Focus: The Asia-Pacific Journal*, September 8.
Weinberg, Gerhard L. 2005. *A World at Arms: A Global History of World War II*. 2nd ed. New York: Cambridge University Press.
Welzer, Harald. 2006. "The Collateral Damage of Enlightenment: How Grandchildren Understand the History of National Socialist Crimes and Their Grandfathers' Past." In *Victims and Perpetrators, 1933-1945 : (Re)presenting the Past in Post-unification Culture*, edited by Laurel Cohen-Pfister and Dagmar Wienröder-Skinner, 285-295. Berlin: W. de Gruyter.
Welzer, Harald, Sabine Moller, and Karoline Tschuggnall. 2002. "*Opa war kein Nazi*" : *Nationalsozialismus und Holocaust im Familiengedächtnis*. Frankfurt am Main: Fischer Taschenbuch Verlag.
White, Hayden. 1987. *The Content of the Form: Narrative Discourse and Historical Representation*. Baltimore: Johns Hopkins University Press.
Winter, Jay. 1995. *Sites of Memory, Sites of Mourning: The Great War in European Cultural History*. Cambridge: Cambridge University Press.
Yamane, Kazuyo. 2010. "List of Museums for Peace in Japan" http://www.museumsforpeace.org/ List_of_museums_for_peace_in_Japan.pdf
——. 2010. "List of museums for peace in the World" http://www.museumsforpeace.org/List_of_museums_for_peace_in_the_world_except_Japan.pdf
Yang, Daqing, and Ju-Back Sin. 2013. "Striving for Common History Textbooks in Northeast Asia（China, South Korea and Japan）: Between Ideal and Reality." In *History Education and Post-conflict Reconciliation:*

Reconsidering Joint Textbook Projects, edited by K. V. Korostelina, Simone Lässig and Stefan Ihrig, 209-230. New York: Routledge.

Yoda, Tomiko. 2006. "A Roadmap to Millennial Japan." In *Japan after Japan: Social and Cultural Life from the Recessionary 1990s to the Present*, edited by Tomiko Yoda and Harry D. Harootunian, 16-53. Durham: Duke University Press.

Yoneyama, Lisa. 2001. "For Transformative Knowledge and Postnationalist Public Spheres: The Smithsonian Enola Gay Controversy." In *Perilous Memories: The Asia-Pacific War(s)*, edited by T. Fujitani, Geoffrey M. White and Lisa Yoneyama, 323-346. Durham: Duke University Press.

———. 1999. *Hiroshima Traces: Time, Space, and the Dialectics of Memory*. Berkeley: University of California Press.

Yoneyama, Shoko. 1999. *The Japanese High School: Silence and Resistance*. London: Routledge. Yoshida, Mitsuru. 1985. *Requiem for Battleship Yamato*. Translated by Richard H. Minear. Seattle: University of Washington Press.

Yoshida, Takashi. 2006. *The Making of the "Rape of Nanking" : History and Memory in Japan, China, and the United States*. New York: Oxford University Press.

Edited by Carol Gluck, Asia Perspectives: History, Society, and Culture.

Yoshioka, Tatsuya. 2008. "Experience, Action, and the Floating Peace Village." In *Another Japan is Possible: New Social Movements and Global Citizenship Education*, edited by Jennifer Chan, 317–22. Stanford, CA: Stanford University Press.

Yoshimi, Yoshiaki. 2000. *Comfort Women: Sexual Slavery in the Japanese Military During World War II*. Translated by Suzanne O'Brien. New York: Columbia University Press.

Zarakol, Ayse. 2011. *After Defeat: How the East Learned to Live with the West*, Cambridge: Cambridge University Press.

Zerubavel, Eviatar. 2007. "Generally Speaking: The Logic and Mechanics of Social Pattern Analysis." *Sociological Forum* 22（2）: 131-145.

Zheng, Yongnian. 1999. *Discovering Chinese Nationalism in China: Modernization, Identity, and International Relations*. Cambridge: Cambridge University Press.

日文文献（按汉语音序排列）

安田浩一,『ネットと愛国』,東京：講談社，2012年
奥平康弘、山口二郎,『集団的自衛権の何が問題か』,東京：岩波書店，2014年
百田尚樹,『永遠の0』,東京：講談社，2009年
坂本多加雄,『歴史教育を考える』,東京：PHP研究所，1998年
半藤一利、保阪正康、中西輝政、戸高一成、福田和也、加藤陽子,『あの戦争になぜ負けたのか』,東京：文藝春秋，2006年
浜学園、藤子・F. 不二雄,『ドラえもんの社会科おもしろ攻略 日本の歴史3』,東京：小学館，2004年
保阪正康,「兵士たちの精神的傷跡から靖国問題を考える」,『世界』730号，2004年，104—107頁
北原みのり、朴順梨,『奥さまは愛国』,東京：河出書房新社，2014年
兵頭晶子,「加害者であり，被害者であるということ—『英霊』たちの生と死」,『季刊日本思想史』71号，2007年，87—103頁
倉橋綾子,『憲兵だった父の遺したもの』,東京：高文研，2002年
茶本繁正、小沢一彦、藤岡明義、小島清文,「座談会—戦争世代の語る戦争」,『世界』639号，1997年，135—151頁
成田龍一,『「戦争経験」の戦後史』,東京：岩波書店，2010年
赤木智弘,「『丸山眞男』をひっぱたきたい」,『論座』140号，2007年，53—59頁
赤澤史朗,『靖国神社』,東京：岩波書店，2005年
——,「戦没者追悼と靖国神社問題をどう考えるか」,『世界』730号，2004年，96—103頁
川崎泰資、柴田鉄治,『検証日本の組織ジャーナリズム』,東京：岩波書店，2004年
——,『組織ジャーナリズムの敗北』,東京：岩波書店，2008年
村上登司文,『戦後日本の平和教育の社会学的研究』,東京：学術出版会，2009年
大嶽秀夫,『再軍備とナショナリズム』,東京：講談社，2005年
大塚英志,『戦後民主主義のリハビリテーション』,東京：角川書店，2001年
道場親信,『抵抗の同時代史』,京都：人文書院，2008年

読売新聞社世論調査部,『日本の世論』,東京：弘文堂，2002 年
読売新聞戦争責任検証委員会,『検証戦争責任 1、2』,東京：中央公論新社，2006 年
渡辺敦司,「2010 年度高校教科書採択状況—文科省まとめ（上）」,『内外教育』5963 号，2010 年，2—9 頁
——,「2010 年度高校教科書採択状況—文科省まとめ（中）」,『内外教育』5965 号，6—13 頁
渡辺恒雄、保阪正康,「『戦争責任』とは何か」,『論座』11 号，2006 年，128—142 頁
豊下楢彦、古関彰一,『集団的自衛権と安全保障』,東京：岩波書店，2014 年
福間良明,『「戦争体験」の戦後史』,東京：中央公論新社，2009 年
——,『殉国と反逆』,東京：青弓社，2007 年
——,『「反戦」のメディア史』,京都：世界思想社，2006 年
岡部牧夫、荻野富士夫、吉田裕,『中国侵略の証言者たち』,東京：岩波書店，2010 年
高橋徹,『日本人の価値観・世界ランキング』,東京：中央公論新社，2003 年
高橋三郎,『共同研究・戦友会』,東京：インパクト出版会，2005 年
——,『「戦記もの」を読む』,京都：アカデミア出版会，1988 年
高橋哲哉,『国家と犠牲』,東京：日本放送出版協会，2005 年
——,『靖国問題』,東京：筑摩書房，2005 年
——,『戦後責任論』,東京：講談社，2005 年
根津朝彦,「戦後 8 月 15 日付社説における加害責任の論説分析（上）」,『戦争責任研究』59 号，2008 年春，69—77 頁
——,「戦後 8 月 15 日付社説における加害責任の論説分析（下）」,『戦争責任研究』60 号，2008 年夏，67—75 頁
古関彰一,『「平和国家」日本の再検討』,東京：岩波書店，2002 年
古市憲寿,『絶望の国の幸福な若者たち』,東京：講談社，2001 年
河野啓,「現代日本の世代」,NHK 放送文化研究所,『現代社会とメディア、家族、世代』,東京：新曜社，2008 年，14—38 頁
河野啓、高橋幸市,「日本人の意識変化の 35 年の軌跡（1）第 8 回『日本人の意識・2008』調査から」,『放送研究と調査』59（4），2009 年，2—39 頁
河野啓、高橋幸市、原美和子,「日本人の意識変化の 35 年の軌跡（2）第

参考文献

8回『日本人の意識・2008』調査から」,『放送研究と調査』59（5),
2009年, 2—23頁
河野啓、加藤元宣,「『日本人の意識』調査にみる30年（1）低下する自国
への自信」54（2), 2004年, 22—65頁
鶴見俊輔、上野千鶴子、小熊英二,『戦争が遺したもの』, 東京：新曜社,
2004年
荒井信一,『戦争責任論』, 東京：岩波書店, 1995年
荒牧重人,「自由・平和・民主主義を求めて—結びに代えて」, 大田堯・尾
山宏・永原慶二,『家永三郎の残したもの 引き継ぐもの』, 東京：日
本評論社, 2003年
吉本隆明,『第二の敗戦期』, 東京：春秋社, 2012年
吉村孝一,「投書・人さまざま」,『新聞研究』10号, 1968年, 60—65頁
吉見義明,『従軍慰安婦』, 東京：岩波書店, 1995年
吉田裕,『兵士たちの戦後史』, 東京：岩波書店, 2011年
——,『現代歴史学と戦争責任』, 東京：青木書店, 1997年
——,『日本人の戦争観』, 東京：岩波書店, 1995年
加藤典洋,『敗戦後論』, 東京：講談社, 1997年
加藤陽子,『それでも、日本人は"戦争"を選んだ』, 東京：朝日出版社,
2009年
——,『戦争を読む』, 東京：勁草書房, 2007年
家永三郎,『太平洋戦争』（第2版), 東京：岩波書店, 1986年
——,『戦争責任』, 東京：岩波書店, 1985年
堺屋太一,『第三の敗戦』, 東京：講談社, 2011年
金聖甫,「東アジアの歴史認識共有への第一歩」,『世界』757号, 2006年,
225—234頁
近藤孝弘,『国際歴史教科書対話』, 東京：中央公論社, 1998年
井沢元彦、読売新聞論説委員会,『読売VS朝日』, 東京：中央公論新社,
2001年
靖国神社,『遊就館図録』, 東京：近代出版社, 2009年
かわぐちかいじ、惠谷治,『叫べ！「沈黙の国家」日本』, 東京：ビジネス
社, 2002年
歴史教育者協議会,『歴史教育・社会科教育年報2005年版 戦後60年と社
会科教育』, 東京：三省堂, 2006年
——,『歴史教育50年のあゆみと課題』, 東京：未来社, 1997年

笠原十九司,「市民からの東アジア 歴史教科書対話の実践」,『世界』840号，2013年，45—55頁

林英一,『戦犯の孫』, 東京：新潮社, 2014年

牧田徹雄,「先の戦争と世代ギャップ」,『文研世論調査ファイル』, 2000年

——,「日本人の戦争と平和観—その持続と風化」,『放送研究と調査』50(9), 2000年, 2—19頁

内閣府,「社会意識に関する調査」, http://survey.gov-online.go.jp/h25/h25-shakai/index.html, 2014年

——,「国民生活に関する世論調査」, 2013年

——,「外交に関する世論調査」, 2012年

——,「自衛隊・防衛問題に関する世論調査」, 2012年

——,「第8回世界青年意識調査—結果概要速報」, http://www8.cao.go.jp/youth/kenkyu/worldyouth8/html/2-1-1.html, 2009年

——,「社会意識に関する世論調査」, 2007年

内海愛子,『ぼくらはアジアで戦争をした』, 東京：梨の木舎, 1986年

内海愛子、大沼保昭、田中宏、加藤陽子,『戦後責任』, 東京：岩波書店, 2014年

NHK放送文化研究所,『現代日本人の意識構造』, 東京：日本放送出版協会, 2010年

NHK取材班,『日本人はなぜ戦争へと向かったのか上・下』, 東京：NHK出版, 2011年

NHKスペシャル取材班,『日本海軍400時間の証言』, 東京：新潮社, 2011年

NHK「戦争証言」プロジェクト,『証言記録 兵士たちの戦争1-7』, 2009—2012年, 東京：日本放送出版協会

日本青少年研究所,「高校生の学習意識と日常生活—日本・アメリカ・中国の3カ国の比較」, 東京：日本青少年研究所, 2005年

日能研、藤子・F.不二雄,『ドラえもんの社会科おもしろ攻略 日本の歴史がわかる2』, 東京：小学館, 1994年

日中韓3国共通歴史教材委員会,『未来をひらく歴史』, 東京：高文研, 2005年

日中韓3国共同歴史編纂委員会,『新しい東アジアの近現代史上・下』, 東京：日本評論社, 2012年

若宮啓文,『和解とナショナリズム』, 東京：朝日新聞社, 2006年

若槻泰雄,『日本の戦争責任上・下』,東京：小学館,2000年
山辺昌彦,「日本の平和博物館はアジア・太平洋戦争をいかに展示しているか」,『立命館平和研究』6,2005年,3—11頁
山室信一,『憲法9条の思想水脈』,東京：朝日新聞社,2007年
山中千惠,「読まれえない『体験』・越境できない『記憶』―韓国における『はだしのゲン』の受容をめぐって」,吉村和真、福間良明,『「はだしのゲン」がいた風景』,千葉：梓出版社,2006年
上野千鶴子、川村湊、成田龍一,「戦争はどのように語られてきたか」,川村湊ほか,『戦争はどのように語られてきたか』,東京：朝日新聞社,1999年
石ノ森章太郎,『マンガ日本の歴史1-55』,東京：中央公論新社,1997—1999年
石山久男,「戦後の国民の戦争認識と教科書裁判」,歴史教育者協議会,『あたらしい歴史教育3』,東京：大月書店,1993年
石田雄,『日本の政治と言葉 下「平和」と「国家」』,東京：東京大学出版会,1989年
水木しげる,『総員玉砕せよ！』,東京：講談社,1995年
――,『コミック昭和史第1～8巻』,東京：講談社,1994年
松本健一,『日本の失敗』,東京：岩波書店,2006年
孫崎享,「尖閣問題―日本の誤解」,『世界』836号,2012年,86—92頁
唐澤富太郎,『教科書の歴史』,東京：創文社,1956年
――,『教師の歴史』,東京：創文社,1955年
藤岡信勝・自由主義史観研究会,『教科書が教えない歴史』,東京：扶桑社,1996年
藤井忠俊,『兵たちの戦争』,東京：朝日新聞社,2000年
藤田久一,『戦争犯罪とは何か』,東京：岩波書店,1995年
藤原帰一,『新編N平和のリアリズム』,東京：岩波書店,2010年
――,「アジア経済外交の再建を」,『世界』747号,2006年,136—145頁
藤原彰,『餓死した英霊たち』,東京：青木書店,2001年
樋口陽一,『いま、「憲法改正」をどう考えるか』,東京：岩波書店,2013年
『文藝春秋』,「第二の敗戦団塊こそ戦犯だ」92（5）,2014年,275-327頁
――,「証言父と母の戦争」85（11）,2007年,260—302頁
――,「日本敗れたり」83（15）,2005年,260—302頁
――,「我が家の戦後50年」73（8）,1995年,316—354頁

——,「輝ける昭和人血族の証言55」67（10），1989年，126—223頁
小菅信子,『戦後和解』,東京：中央公論新社，2015年
小林よしのり,『新ゴーマニズム宣言SPECIAL戦争論3』,東京：幻冬舎，2003年
——,『新ゴーマニズム宣言SPECIAL戦争論2』東京：幻冬舎，2001年
——,『新ゴーマニズム宣言SPECIAL戦争論』,東京：幻冬舎，1998年
小室直樹,『日本の敗因』,東京：講談社，2001年
小田実,『難死の思想』,東京：文藝春秋，1969年
小熊英二,『1968 上』,東京：新曜社，2009年
——,『〈民主〉と〈愛国〉』,東京：新曜社，2002年
小熊英二、上野陽子,『「癒し」のナショナリズム』,東京：慶應義塾大学出版会，2003年
小沢真人、NHK取材班,『赤紙』,大阪：創元社，1997年
言論NPO,「第2回日韓共同世論調査」，2014年
——,「第10回日中共同世論調査」，2014年
野平晋作、金子美晴、菅野園子,「戦後責任運動のこれから」,『世界』2007年8月号，264—273頁
野田正彰,『させられる教育』,東京：岩波書店，2002年
——,『戦争と罪責』,東京：岩波書店，1998年
伊藤遊,「『はだしのゲン』の民俗誌—学校をめぐるマンガ体験の諸相」,吉村和真、福間良明,『「はだしのゲン」がいた風景』,千葉：梓出版社，2006年
櫻井均,『テレビは戦争をどう描いてきたか』,東京：岩波書店，2005年
永原庆二,『歴史教科書をどうつくるか』,東京：岩波書店，2001年
油井大三郎,「世界戦争の中のアジア・太平洋戦争」,成田龍一ほか,『岩波講座アジア・太平洋戦争1 なぜ、いまアジア・太平洋戦争か』,東京：岩波書店，2005年
澤地久枝、半藤一利、戸高一成,『日本海軍はなぜ過ったか』,東京：岩波書店，2011年
朝日新聞取材班,『歴史と向き合う1 戦争責任と追悼』,東京：朝日新聞社，2006年
——,『歴史と向き合う2 「過去の克服」と愛国心』,東京：朝日新聞社，2007年
朝日新聞社,『戦争体験』,東京：朝日新聞社，2012年

――,『戦場体験』，東京：朝日新聞社，2003 年

朝日新聞テーマ談話室，『日本人の戦争』，東京：平凡社，1988 年

――,『戦争―血と涙で綴った証言上・下』，東京：朝日ソノラマ，1987 年

朝日新聞「新聞と戦争」取材班，『新聞と戦争』，東京：朝日新聞出版，2008 年

鄭在貞,「韓日につきまとう歴史の影とその克服のための試み」,三谷博,『歴史教科書問題』，東京：日本図書センター，2007 年，248-271 頁

中村文雄,『高校日本史教科書―検定教科書 18 冊を比較・検討する』，東京：三一書房，1987 年

中内敏夫、竹内常一、中野光、藤岡貞彦,『日本教育の戦後史』，東京：三省堂，1987 年

中瀬剛丸,「日常生活と政治との新たな接点」，NHK 放送文化研究所,『現代社会とメディア・家族・世代』，東京：新曜社，2008 年，59―80 頁

中野正志,『天皇制とメディア（2）戦後 60 年―朝毎読三紙にみる八月十五日社説の検証』,『朝日総研レポート』183 号，2005 年，19―48 頁

中沢啓治,『はだしのゲン自伝』，東京：教育史料出版会，1994 年

仲正昌樹,『日本とドイツ―二つの戦後思想』，東京：光文社，2005 年

子どもの体験活動研究会,「子どもの体験活動等に関する国際比較調査」子どもの体験活動研究会，2000 年

佐高信、櫛渕万里、熊谷伸一郎、高橋哲郎、渡辺美奈,「敗戦特集座談会―若者たちに語り継ぐ戦争責任」,『週刊金曜日』432 号，2002 年，20―24 頁

佐藤卓己,『八月十五日の神話』，東京：筑摩書房，2005 年

――,「降伏記念日から終戦記念日へ」，津金澤聰廣,『戦後日本のメディア・イベント』，京都：世界思想社，2002 年

索 引

依据边码

A

阿布格莱布监狱（Abu Ghraib）138
阿尔及利亚战争（Algerian War）3
艾利亚索弗，尼娜（Eliasoph, Nina）27, 65, 146n10, 149n87, 152n54, 154n111
阿什普兰特，蒂莫西（Ashplant, Timothy）112-113
阿斯曼，阿莱达（Assmann, Aleida）20, 87, 145n49, 148n52, 154n7
埃尔曼杰拉，马赫迪（Elmandjjra, Mahdi）96
艾尔曼，罗恩（Eyerman, Ron）
　累积创伤（accumulated traumas）161n65
　文化创伤的再现（reproduction of cultural trauma）162n96
　文化创伤作为参照物（cultural trauma as referent）4, 43, 143n16, 148n72, 156n63
《艾希曼在耶路撒冷》，1963 年（Eichmann in Jerusalem, 1963）12
爱国主义（patriotism）
　对～的不信任／怀疑（mistrust/suspicion of）114, 115, 117
　民族主义者的～愿景（nationalist vision of）126, 139
　强制使用～标志（mandate for using symbols of）3
日本的全球排名（Japan's global ranking in）114-115
宪法爱国主义（constitutional patriotism）137
《战争论》漫画系列中的～（in On War comic series）116
中国的～政治（China's politics of）139
重新引入学校（reintroduced in schools）3, 15, 62 战争博物馆的～叙事（war museum narratives of）86
爱因斯坦，阿尔伯特（Einstein, Albert）129
安倍晋三 59-60, 61-62, 126-127, 151n26, 160n31
安布罗斯，斯蒂芬（Ambrose, Stephen）147n22, 148n64

安德森，本尼迪克特（Anderson, Benedict）55
《安妮·弗兰克日记》（Diary of Anne Frank）10
奥立克，杰弗里（Olick, Jeffrey）20, 143n1, 143n14, 145n49, 145n51, 146n83, 150n7, 151n27, 161n56
奥平康弘 128
奥斯曼帝国（Ottoman Empire）14
奥斯维辛谎言"（"Auschwitz lie"）137

B

8月15日纪念日（August 15, commemoration day），另见全国战殁者追悼式（see also Memorial Service for the War Dead）
巴昂，丹（Bar-On, Dan）20, 41, 147n22, 148n62
《巴黎非战公约》，1928年（Pact of Paris, 1928）93
巴托夫，奥马尔（Bartov, Omar）20, 145n51, 162n73
《白里安—凯洛格公约》，1928年（Kellogg-Briand Treaty, 1928）93
白玫瑰学生抵抗运动（White Rose student resistance movement）136
百里基地诉讼，1977-1989年（Hyakuri Base case, 1977-1989）122
报纸（newspapers），另见各报纸（See also individual newspapers）
    纪念社论（commemorative editorials）22, 52, 54, 60-65
    战争责任讨论（war responsibility discourses）60-65, 67, 68
    致主编的信（letters to the editor）28, 31, 116-117
北大西洋公约组织（NATO）135, 140
北方四岛／千岛群岛争端（Hoppō ryōdo/Kuril Islands dispute）102, 143n3

贝塞尔，里查德（Bessel, Richard）143n11, 161n64
本多胜一 67
必要的战争，第二次世界大战（war of necessity, World War II as）93, 94, 97-98
编纂会 61-62
兵头晶子 80
波兰（Poland）14, 130, 136
伯格，托马斯（Berger, Thomas）145n56, 145n65, 158n3, 159n18, 161n66, 162n71
勃兰特，维利（Brandt, Willy）137
博德纳，约翰（Bodnar, John）65, 152n57
博物馆（museums）见和平博物馆；战争博物馆（See peace museums; war museums）
《不扩散核武器条约》（Nuclear Non-Proliferation Treaty）84
布朗宁，克里斯托弗（Browning, Christopher）12
布鲁玛，伊恩（Buruma, Ian）150n3, 158n116, 159n8
布鲁纳，杰罗姆（Bruner, Jerome）29, 147n19

C

仓桥绫子 49
《产经新闻》（Sankei newspaper）126, 159n23, 160n33
    纪念社论（commemorative editorials）21, 62, 63, 64 150n1, 151n32, 151n41, 152n52
朝鲜（North Korea）
    被认定为潜在威胁（potential threat designation）125, 129, 140
    导弹发射（missile launches）56, 125, 159n13
    核武器能力（nuclear arms capability）

索引

100, 114
日本与～的摩擦（Japan's frictions with）120
朝鲜半岛（Korea）见朝鲜；韩国（See North Korea; South Korea）
朝鲜战争（Korean War）100, 119, 121, 122, 137
长崎,原子弹爆炸（Nagasaki, atomic bombing）8, 16, 17, 97, 109, 128
死亡总数（death toll）16
长沼-奈基导弹基地诉讼（Naganuma-Nike Missile Site case, 1973-1982）122
成年子女（adult children）
 的父辈叙事（father narratives of）38-43, 46-47
 战争的破坏性影响（destructive impact of war）44-47
 NHK 的采访（NHK's interviews of）71
 阿富汗战争（Afghan War）137
成年子女的父辈叙事（father narratives by adult children）42-44
 战争的破坏性影响（destructive impact of war）44-47
 "好父亲"主题（"good father" theme）38-40, 41
 "无助感"主题（powerlessness theme）39, 41, 43-44, 46
 被压抑的对话（stifled dialogue）41
成田龙一 21
赤泽史朗 124-125, 128-129
《赤足小子》（Barefoot Gen）11-12
重庆（Chongqing）25, 77, 97
《冲绳札记》（"Okinawa Notes"），大江健三郎
仇恨群体和运动（hate groups and movements）138, 139, 162n83
川口开治 26-27
传承（Keishō），见记忆的传递（See transmission of memory）

传记式/自传式回忆录（biographical/autobiographical memoirs）20, 27, 28, 31
创伤（trauma），见文化创伤（See cultural trauma）
创伤后应激障碍（post-traumatic stress disorder/PTSD），30
创伤叙事（trauma narratives）23, 116, 154n114
 对日本的创伤叙事的批评（criticisms of Japan for）26
 为～设定范围（setting parameters for）21
 吉森谈创伤叙事的构建（Giesen on constructions of）6-7
 叙事类别（narrative categories）4, 7-8
《次元舰队》（Zipang），川口开治 26-27
村山富市（Murayama Tomi'ichi）57-58, 60, 61, 150n17, 159n19
村山谈话（Murayama statement）61
村上登司文（Murakami Toshifumi）85-86

D

打不赢的战争（unwinnable war），见战争（See war）
大东亚共荣圈（Greater East Asia Co-Prosperity Sphere）7, 68
"大和号"战列舰的故事（Yamato story, battleship）9, 10, 144n32
《大和号战列舰的挽歌》（Requiem for Battleship Yamato, M. Yoshida）144n32
大江健三郎 13-14, 67
大沼保昭 132
大塚英志 26
大众媒体（popular media），见媒体（See media）
代际（generation）28
 1968 一代（1968 generation）37, 135
 战时一代（wartime）28-29, 30-36

战后一代（postwar）3, 11, 22, 26, 36-37, 43, 47, 71-72, 75, 80-81, 87, 113-114, 129
代际间被压抑的对话（stifled dialogue between generations）36-47
另见跨代际对话（See also intergenerational dialogue）
代际亲近性（generational proximity）36-37, 127, 160n31
代际战争记忆（generational war memory）85, 87, 113-115
道德恢复（moral recovery）
 和解主义途径（reconciliationist approach）120, 124, 130-133
 和平主义途径（pacifist approach）120, 127-129
 民族主义途径（nationalist approach）120, 124, 125-127
 重构集体认同（collective identity construction）140-141
道德目击者运动（moral witness movement）69
道德相对主义（moral relativism）7
道德责任（moral responsibility）66, 92, 113, 130
道尔，约翰（Dower, John）21, 143n2, 144n38, 145n63, 145n64, 154n15, 155n32, 159n8, 159n9
德国（Germany），另见犹太人大屠杀（二战）（See also Holocaust [World War II]）
 白玫瑰学生抵抗运动（White Rose student resistance movement）136
 摆脱过去（overcoming the past）68
 第三帝国（Third Reich）135-137, 148n56
 儿童的道德教育（moral instruction of children）49
 二战后的阵亡英雄英雄叙事（post-WWI fallen hero narratives）136
 二战施害者（WWII perpetrators）12, 14, 136
 二战受害者（WWII victims）135-137
 和解努力（reconciliation efforts）130, 132
 零时（1945年5月8日）（Zero Hour）52
 纳粹政权（Nazi regime）14, 134-135, 136, 137
 消除民族主义（effacing nationalism）136
 战后的创伤记忆（postwar trauma memories）3, 30
 战后的英雄（postwar heroes）136
 战后公民认同（postwar civic identity）137
地缘政治（geopolitics）5, 15, 22, 100, 120, 125, 133
帝国军事博物馆，伦敦（Imperial War Museum, London）86
帝国责任感（imperial consciousness）79
第二次世界大战（World War II），另见犹太人大屠杀；战争与和平教育（See also Holocaust; pedagogies of war and peace）
 ~中的暴力（violence）8, 13, 32, 46-47, 52, 69, 84, 96, 106, 121
 ~作为必要的战争（as war of necessity）93, 94, 97-98
 ~作为选择的战争（as war of choice）93, 94, 97, 155n37
 博物馆中展示的~（representations in museums）54, 86
 村山谈话（Murayama statement）57-58
 德国的施害者行为（Germany's perpetrator actions）12
 调查性报道，NHK特别节目（investigative journalism on, NHK Special）71
冯·魏茨泽克有关德国罪责的讲

索引

话（von Weizsäcker's speech on German guilt）56
纪念~结束（commemorating end of）22, 51-54
京都国际和平博物馆展览（Kyoto Museum for World Peace exhibits）83-84
老兵证言（veteran testimonies）30-33, 69
历史教科书（高中）（history textbooks [high school]）92-98
日本的施害者行为（Japan's perpetrator actions）12, 15-16
"神风特攻队"飞行员（kamikaze pilots）35, 39, 67-68, 75-77, 80-81
死亡总数（total death toll）16
作为"神圣战争"/"正义战争"（as "Sacred War" / "just war"）7
作为继承道德认同的参照（as referent for inheriting moral identity）43
《第二次世界大战：人民的战争》，BBC口述史项目（WW2 People's War, BBC oral history project）68, 149n89
第九条，日本宪法（Article 9, Constitution of Japan）35, 41, 99, 100-101, 120, 122-123, 125-129, 139, 158-159n5
第三帝国，德国（Third Reich, Germany）135-137, 148n56
第一次世界大战（World War I）, 3, 56, 93, 94-95, 136
第一学习社（Daiichi Gakushūsha）95, 155n25, 156n68, 157n75, 160n37
电视节目（television broadcasts），另见NHK特别节目（See also NHK Special television programs）
　调查性报道（investigative reports）70-72
　对战争的描绘（representations of war）113

纪念节目（commemorative programs）22, 51-54, 65
樱井均对战后纪录片的研究（Sakurai's study of postwar documentaries）70
有关广岛（on Hiroshima）11
战争记忆项目（war memory projects）11, 53, 60-61, 67, 68, 144n39
东方政策（Ostpolitik）, 130, 135
东京大空袭展（Greater Tokyo Air Raid Exhibit）, 35
东京书籍（Tokyo Shoseki）95-96, 155n25, 156n68, 157n75
东亚地区（East Asia）
　~的和解努力 18, 130-133
　~对日本的敌对态度（antagonism towards Japan）2, 5-6
　不断加剧的政治紧张气氛（increasing political tensions）15, 102, 120, 124, 132
　日本在~的帝国主义侵略（Japan's imperial aggression in）8-9
动画电影（anime films）87
另见漫画卡通历史书（see also manga cartoon history books）
《读卖新闻》（Yomiuri newspaper）149n98
对战争责任的反省（reexamination of war responsibility）64, 67
纪念社论（commemorative editorials）62-63
民意调查（public opinion surveys）19, 21
杜登，亚历克西斯（Dudden, Alexis）21, 145n68, 151n20, 160n35
渡边恒雄 67-68
对日作战胜利纪念日（VJ Day）53
对施害者的妖魔化（demonization of perpetrators）73-74
"堕入漆黑的地狱"叙事（"dark descent to hell" narrative）8, 12, 60

E

俄罗斯（Russia），另见苏联（See also USSR）
　　~的战败文化（culture of defeat in）134
　　国防支出（defense spending）122
　　核武器（nuclear arms）100
　　联合国否决权（UN veto power）140-141
　　领土争端（territorial disputes with）3, 6, 102
　　斯大林主义（Stalinism）88
儿童（children），另见成年子女；教育；战争与和平的教学（See also adult children; education; pedagogies of war and peace）
　　~的政治效能（political efficacy of）27
　　给~的战争故事体裁（war stories genre for）85
　　孤儿的受害者叙事（orphan victim narratives）12, 28, 34, 85, 113
　　拒绝父母的故事（rejection of parent's stories）26
　　向儿童讲述战争故事（recounting of war stories to）21-22, 25-26

F

法国（France）
　　~的联合国否决权（UN veto power）140-141
　　~的战后创伤记忆（postwar trauma memories）3
　　摆脱过去（overcoming the past）68
　　维希政权（Vichy regime）14
反对派遣日本自卫队前往伊拉克的诉讼（Lawsuit Opposing the Dispatch of Japanese Self-Defense Force to Iraq）122
反军国主义（antimilitarism）8, 12, 17, 110-111, 115, 124
反越战运动（anti-Vietnam War movement）17, 46, 81, 128
《非战公约》（General Treaty for the Renunciation of War, 1928）93
菲戈尔，杰拉德（Figal, Gerald）147n13
分裂的记忆（divided memories）14, 88, 135
弗莱代，卡尔（Friday, Karl）144n29, 144n30
弗里德里希，约尔格（Friedrich, Jörg）137
福间良明 21, 46, 78-79
抚平创伤（healing）5, 11, 13, 20, 30-31, 36, 38, 40, 66, 123, 127, 131, 133, 136

G

盖耶尔，迈克尔（Geyer, Michael）14, 134-135, 145n50, 161n61
《甘蔗田之歌》（The Song of the Sugarcane Fields, 2004）12
感觉规则（feeling rules）113, 158n109
高桥三郎 45
高桥哲哉 21, 60
《高中日本史A》，第一学习社（High School Japanese History A, Daiichi Gakushūsha publisher），95
《高中日本史B》，实教出版（High School Japanese History B, Jikkyō Shuppan publishers），94-95
高中公民学教材（high school civics textbooks）98-103
　　《现代社会》和《政治·经济》（contemporary society and politics/economy）91, 99, 101-102, 156n68
　　《伦理》（ethics）91, 102-103
高中历史课本（high school history textbooks）92-98, 155n27
　　第二次世界大战中的行为（conduct in World War II）97-98

索 引

第二次世界大战的起源（origins of World War II）93-96
戈登，安德鲁（Gordon, Andrew）96, 162n77
戈夫曼，欧文（Goffman, Erving）74, 146n76, 153n94
格拉克，卡罗尔（Gluck, Carol）21, 143n2, 145n68, 150n3, 153n91
格拉斯，君特（Grass, Günter）128
个人历史修复（biographical repair）47, 49
 ~的情感辅助（emotion work facilitation of）27-28
 "好父亲"主题（"good father" theme）38-40, 41
 家庭的（of families）27-28
 家庭相簿（family album）38
 罗森塔尔的描述（Rosenthal's description）27
孤儿的受害者叙事（orphan victim narratives）12, 28, 34, 85, 113
瓜达尔卡纳尔岛（Guadalcanal）97, 106, 110
关塔那摩（Guantanamo）138
广岛，原子弹爆炸（Hiroshima, atomic bombing）11-12, 16, 17, 82, 84, 97, 109, 154n114
国家安全（national security）, 15, 17, 99
国家防卫计划大纲（National Defense Program Outline）, 129
国家归属感（national belonging）2-3
 被压制的同情感与 ~（blocked empathy and）78-82
 对 ~ 的关切（concerns over）54
 对 ~ 的自豪（pride in）8
 历史教育在培养 ~ 中的作用（history education's role in fostering）89
 民族主义途径对 ~ 的强调（nationalist approach emphasis on）124, 125-127

国立国会图书馆（National Diet Library）, 28
《国旗国歌法》，1999 年（Act on the National Flag and Anthem, 1999）143n6, 151n39

H
哈布瓦赫，莫里斯（Halbwachs, Maurice）4, 143n14
海恩，劳拉（Hein, Laura）21, 154n114, 154n4, 154n11, 154n14, 157n71, 158n118
海湾战争，1990 年（Gulf War, 1990）15, 18, 56, 125, 137
韩国（South Karea）
 对儿童的道德教育（moral instruction of children）49
 对日本的看法（beliefs about Japan）131, 161n50
 克服历史（overcoming the past）68
 日本与 ~ 的摩擦（Japan's frictions with）120
 三国联合历史项目（trinational joint history project）130
 与 ~ 的领土争端（territorial disputes with）6, 102
韩流（K-Pop）132
和解，全球性的规范（reconciliation, global norm of）133-134
和解主义途径，道德恢复的 ~（reconciliationist approach, to moral recovery）120, 124, 130-133, 159n19
和平（peace），另见武装和平；无武装和平（See also armed peace; unarmed peace）
 ~ 的不同含义（different meanings of）129
 "和平的基础"（"bedrock for peace"）62
 "积极的和平"（"proactive peace"）

123
外交（diplomacy）125
宪法（constitution）124, 140
和平博物馆（peace museums），另见战争博物馆（See also war museums）
冲绳的 ~（in Okinawa）149n98
京都国际和平博物馆（Kyoto Museum for World Peace）83-84
跨代际记忆描述（intergenerational memory representations）83, 87
琦玉县和平博物馆（Saitama Peace Museum）84-85
"日本的和平博物馆名单"（"List of Museums for Peace in Japan"）154n5
英雄／受害者／施害者叙事（hero/victim/perpetrator narratives）87
在描述战争意义方面的挑战（challenges in representing war's meaning）9, 54
展览方面的争议（disputes over exhibits）18
战争博物馆比较（war museums comparison）86
和平教育（peace education）11, 22, 82, 83, 84, 85, 113
和平之船，青年运动（Peace Boat, youth movement）128
和平主义（pacifism）
~ 的失败（failures of）48
~ 的要素是（components of）121, 124
变化的／多面的含义（changing/multifaceted definitions）56, 99, 129, 145n57
赤泽史朗论 ~（Akazawa Shirō on）
道德恢复与 ~（moral recovery and）133
反对正义战争（opposition to just war）107

反战和平主义（antiwar pacifism）129
高中教材使用（high school textbook usage）101
和平教育与 ~（peace education and）85
日本对 ~ 的接受（Japan's embrace of）44, 102, 105, 131
宪法和平主义（constitutional pacifism）129
和平主义途径，道德恢复的 ~（pacifist approach, to moral recovery）120, 127-129
河野的慰安妇讲话（Kōno statement on comfort women）61
河野洋平 59, 61, 151n25, 159n19
核武器（nuclear weapons）12, 84, 100, 101, 114
另见广岛，原子弹爆炸；长崎轰炸（See also Hiroshima, atomic bombing; Nagasaki bombing）
赫夫，杰弗里（Herf, Jeffrey）145n51, 161n59,
赫什，玛丽安（Hirsch, Marianne）26
鹤见俊辅 67, 79, 128
《红纸送到了村子里》，NHK 特别节目（The Red Papers Were Delivered to the Village, NHK Special）72
后记忆（postmemory）
~ 的复杂性（complexities of）36
代际亲近性与 ~（generational proximity and）36-37
赫什的描述（Hirsch's description）26
理解 ~ 中的创伤（understanding of trauma in）26-27
修复 ~ 中的历史（repairing biographies in）27
战后子女的"记忆责任"（"duty to remember" of postwar children）43

索引

胡塞恩，安德里亚斯（Huyssen, Andreas）144n19
互联网（Internet）
　记忆网站（sites of memory）20
　交流流行历史漫画（communicating manga pop history）112, 116
　线上群体宣扬排外仇恨（online groups, claiming xenophobichate）139
怀特，海登（White, Hayden）92, 146n80, 149n85, 155n28
荒井信一 79
灰色地带（gray zone）80, 117-118, 137-138
回天鱼雷／自杀式任务（kaiten/suicide missions）75-76
回忆录（memoirs），见自传式回忆录（autobiographical memoirs）
《火》，弗里德里希（Der Brand, Friedrich）137
霍赫希尔德，阿尔力（Hochschild, Arlie）158n109

J

基督教和平主义者（Christian pacifists）129, 157n77
吉布尼，弗兰克（Gibney, Frank）147n28, 147n29, 147n30
吉见义明 151n34
吉森，伯恩哈德（Giesen, Bernhard）6, 20, 162n68, 162n78, 162n96
吉田裕 21, 30, 79, 144n32, 147n15, 147n18, 147n23, 148n77, 149n86, 152n58, 152n63, 152n79, 153n104, 153n106
极端民族主义意识形态（ultranationalist ideology）103
集体记忆（collective memory）
　~的研究（studies of）19-21
　媒体描述（media representations）66

选择性记忆（selective remembering）4, 19, 27, 29, 47
　有关~的国际对话（international dialogues on）132
集体自卫（collective self-defense）99, 123, 129, 140
集英社（Shūeisha）104
记忆（memory），见集体记忆；文化记忆、情感记忆（See collective memory; cultural memory; emotional memory）
　承载者（carriers）6, 43, 87, 88, 103, 112
　记忆的传递（transmission of memory）29, 36, 37, 39, 41, 46, 85, 87, 103, 112, 114
《记忆伦理学》，玛格里特（Ethics of Memory, Margalit）85, 154n1
纪念活动（commemorations），另见靖国神社（See also Yasukuni Shrine）
　~的争议（controversies at）54, 55
　~的政治表演（political performance of）55-56
　~上有关蒙受恩惠的讨论（discourse of indebtedness at）8
　安倍晋三的~（by Abe Shinzō）59-60
　报纸社论（newspaper editorials）22, 52, 54, 60-65
　村山富市的~（by Murayama Tomi'ichi）57-58, 60, 61, 150n17
　教材描述（textbook representation）18, 21
　媒体描述（media representation）22
　全国战殁者追悼式（Memorial Service for the War Dead）22, 51-53, 57
　文化传媒在~方面的创作（cultural media productions on）65-66
　小泉纯一郎的~（by Koizumi Junichirō）58
　中曾根康弘的~（by Nakasone

Yasuhiro）56-57, 60
既善又恶的叙事（good-and-also-evil narrative）79
加藤典洋 21, 79, 153n104
加藤庸子 152n59
加藤周一 128
家庭相簿（family album）22, 38, 40, 43, 44, 148n55
家永三郎 13 67
　诉讼（trials）13, 49, 90
家族/家庭记忆（families/family memories），另见成年子女；儿童；成年子女有关父亲的叙事；代际对话（See also adult children; children; father narratives by adult children; intergenerational dialogue）
　~的代际亲近性（generational proximity in）36-37, 127, 160n31
　~的自传式回忆录（autobiographical memoirs of）28
　~中的自我保护（self-protection in）41
　被压抑的代际对话（stifled intergenerational dialogue）36-47
　"好父亲"主题（"good father" theme）38-40, 41
　记忆的默默传递（silent transmission of memories）39, 40-41
　结构性无助（structured powerlessness）47-49
　苦难/反军国主义讨论（suffering/antimilitarism discourses）8
　历史修复工作（biographical repair work）27-28, 39
　漫画中的表现（manga representations）85, 104, 105, 107-108
　年龄等级/年龄规范的影响（age hierarchies/influence of age norms）36-37

同情在~的作用（role of empathy in）69
英雄—受害者—施害者并存（hero-victim-perpetrator coexistence）80-81, 87
有关失去家人的故事（stories of loss of family members）36
钓鱼岛/尖阁诸岛争端（Diaoyu/Senkaku Islands disputes）132, 143n3, 161n50
教育（education），另见战争与和平的教学；有关战争与和平的教材（See also pedagogies of war and peace; textbooks on war and peace）
　~中的施害者叙事（perpetrator accounts in）22
　爱国主义教育课程（patriotic education curriculum）15, 62
　和平教育（peace education）11, 22, 82, 83, 84, 85, 113
　《教育基本法》修订（Basic Law of Education revision）15
　了解广岛（learning about Hiroshima）11-12
　美军占领期间的~改革（US occupation reforms）2
　学习/教育漫画（study/education manga）103
　有关"正义战争"的学生调查（student survey on "just war"）85-86
《教育基本法》，日本（Basic Law of Education, Japan）15
《教育基本法》，修订后的（Fundamental Law of Education, revision）117
结构性无助感（structured powerlessness）47-49
今村均、今村和男 47, 149n83
金大中，韩国总统 132
京都国际和平博物馆（Kyoto Museum for World Peace）83-84

索 引

靖国神社（Yasukuni Shrine）6, 53, 55, 56, 59, 60, 62-64, 86, 125, 127, 143n4
"靖国问题"（Yasukuni problem）3, 60
纠正非正义（redress of injustice）66-67, 125
《九国公约》（Nine-Power Treaty, 1922）93
九条会（Article 9 Association, A9A）127-128, 129-
"九一八事变"（Manchurian Incident）91, 95, 108
驹井修、驹井光男 49, 149n98
军国主义 / 军队（militarism/military）
    对~的不信任（mistrust of）30
    对~的非军事控制（civilian control of）48
    对日本~的怀疑（suspicion of Japan's）131
    日本宪法与~（Japanese constitution and）100, 117

K

《开创未来的历史》，三国合编历史教科书（History that Opens the Future, trinational joint history textbook）130-131
科恩，斯坦利（Cohen, Stanley）54, 149n88, 150n9, 146n
科索沃战争（War in Kosovo）137
空袭（air raids）
    大阪的（in Osaka）63, 81, 97
    德国城市（in German cities）136
    东京的（in Tokyo）25-26, 34, 35, 97
    狂轰滥炸（indiscriminateness of）8
    平民伤亡总数（civilian death toll）16
    受害者赔偿（victim compensations）3
    幸存者记忆中的（survivor memories of）43, 48, 81, 83-85
    中国重庆的（in Chongqing, China）25, 77, 97
《最后的空袭——熊谷》，动画电影（The Last Air Raid-Kumagaya, animated film）84-85
"口述战争"证言，《朝日新闻》（"Transmitting the War" testimonies, Asahi newspaper）31
苦难（suffering）2, 8, 11-12, 17, 29, 32-34, 38-39, 54-55, 69, 106-107, 109-110, 115, 124, 135
    "靠近自家的~"（"close to home"）22, 65, 81
    "远方的~"（"far from home"）28, 79, 81
跨代际对话（intergenerational dialogue）36-47
    19世纪六七十年代的摩擦（1960s, 1970s friction）46
    成年子女的父辈叙事（adult children's father narratives）38-40, 42-44
    代际亲近性与~（generational proximity and）36-37
    父辈不愿分享记忆（fathers' reluctance to share memories）40-41
    "好父亲"主题（"good father" theme）38-40, 41
    家族历史修复与~（biographical repair and）22, 49
    交流的挑战（communication challenges）40-41
    默默传承创伤记忆（silent transmission of traumatic memory）39
    年龄等级 / 规范（age hierarchies/norms）36-37
    无助感主题（powerlessness theme）41, 43, 44, 46
    另见家族 / 家庭记忆（See also

families/family memories）
跨代际修复工程（intergenerational repair project）, 22, 27
跨国女权运动（transnational feminist movement）18
跨国战争（transnational wars），见阿富汗战争；海湾战争（1990）；伊拉克战争；朝鲜战争；越南战争；科索沃战争（See Afghan War; Gulf War [1990]; Iraq War; Korean War; Vietnam War; War in Kosovo）
框架（framework）7, 80, 135, 141
　　道德～（moral）4, 20, 66, 117, 129, 138
　　规范性～（normative）62, 88, 89
　　国家脚本的～（national script）5, 6
　　解释性的～（interpretive）26, 90-91, 131
　　全球规范的～（global norm）134

L

拉宾，伊扎克，刺杀（Rabin, Yitzhak, assassination）88
莱维，普里莫（Levi, Primo）80
老兵（veterans）
　　～的脆弱性（vulnerabilities of）41
　　～的战争罪责（warguilt of）30-31, 41, 69
　　～的自保立场（self-protective stance of）32, 41
　　～的自传体回忆录（autobiographical memoirs of）8, 28, 30
　　～受到的伤害（devastation of）30-31
　　濒死经历证言（near-death experience testimonies）31-32
　　不愿分享战争记忆（reluctance to share war memories）30
　　"口述战争"专题，《朝日新闻》（"Transmitting the War" feature, Asahi）31

汤浅谦 70
文化创伤（cultural trauma of）17
战败士兵的证言（defeated soldiers testimonies）32
征兵年龄/时间的差别（age/year of draft differences）34
冷战（Cold War）12, 14, 16, 56, 88, 100, 121, 122, 123, 135
李，罗伯特·E.（Lee, Robert E.）9
李明博，韩国总统 132
李妍淑 96
历史漫画作品（manga cartoon history books）103-112
　　～的出版商（publishers of）104
　　～中的施害者叙事（perpetrator narratives in）13
　　～中的受害者叙事（victim narratives in）59
　　不二雄的《哆啦A梦》系列（Fujiko's *Doraemon series*）108-109
　　《赤足小子》（*Barefoot Gen*）11-12
　　"大众派"历史漫画（"popular" history collections）107-108
　　石之森的《漫画日本史》系列（Ishinomori's *Manga History of Japan* series）111-112
　　水木的《昭和史》系列（Mizuki's *Shōwa History* series）109-111
　　"学术派"历史漫画（"academic" history collections）105-107
　　"学习/教育"体裁（"study/education manga" genre）103, 157n79
历史认识问题（historical consciousness problem / *rekishi ninshiki mondai*）3
"历史问题"（"history problem"）2, 5, 9, 18, 22, 88, 120, 124-125, 131, 138-140
利夫顿，罗伯特（Lifton, Robert）
　　对越战老兵的研究（study of Vietnam War veterans）69

索引　　　261

"幸存者使命"研究（on "survivor mission"）28-29
联合国安全理事会（UN Security Council）18, 125, 140, 162n92
联合国开发计划署（UN Development Programme）145-146n74
联合国维和行动（UN Peacekeeping Operations）15, 100, 120, 122, 125
林德，詹妮弗（Lind, Jennifer）145n67, 146n82, 151n36
零式舰上战斗机飞行员（Zero fighter pilots）10
隆美尔，埃尔温（Rommel, Erwin）9
陆上自卫队（Ground Self-Defense Force）119
伦理（Ethics / Rinri）91, 102-103, 157n75
《论集体记忆》，哈布瓦赫（On Collective Memory, Halbwachs）143n14
罗森塔尔，加布里埃尔（Rosenthal, Gabrielle）20, 27, 146n6, 146n7, 146n8
罗素，伯特兰（Russell, Bertrand）129
《绿色贝雷帽》，电影（Green Berets, film）9

M

马尼拉大屠杀（Manila massacre）16, 97
玛格利特，阿维夏伊（Margalit, Avishai）85, 154n1
漫画（comics），另见漫画卡通历史书（See also manga cartoon history books）
　《赤足小子》（Barefoot Gen）11-12
　"大众派"历史漫画（"popular" history manga collections）107-108
　对战争与和平的看法（on war and peace）103-104
　"学术派"历史漫画（"academic" history manga collections）105-107
　学习／教育漫画（study/education manga）22, 103

英雄／受害者／施害者叙事（hero/victim/perpetrator narratives）87
《漫画日本史》系列，石之森章太郎（Manga History of Japan series, Ishinomori Shōtarō）111-112
媒体（media），另见杂志；报纸；电视节目（See also magazines; newspapers; television broadcasts）
　大众传媒（popular）21, 22, 51-52
　对日本负面遗产的描绘（representations of Japan's negative legacy）52
　对阵亡英雄的描述（depiction of fallen heroes）10
　全国战殁者追悼式（Memorial Service for the War Dead）22, 51-53
　施害者叙事（perpetrator narratives）13-14
　西方媒体对日本的描绘（Western representations of Japan in）4, 9, 22, 94
杂志（Magazines）46, 52, 103
《每日新闻》（Mainichi newspaper）152n50, 162n92 纪念社论（commemorative editorials）21, 62, 63, 64, 151n32, 151n44, 152n51
美国（United States）
　对儿童的道德教育（moral instruction of children）49, 88
　二战死亡总数（WWII death toll）16
　国防支出（defense spending）122
　老兵记忆（veterans' memories）30
　历史教材中的道德教训（history textbook morality tales）95
　联合国否决权（UN veto power）140-141
　日本与～的结盟（Japan's alliance with）17
　日本在二战后对～的依赖（Japan's post-WWII dependence on）18

学生调查(student survey)115
驻日军事基地的合法性(legality of military bases in Japan)122
自民党与~的战略结盟(LDP's strategic alliance with)122
美国邦联(American Confederacy)9, 55
美莱大屠杀纪录片(My Lai massacre documentaries)12
米山,丽莎(Yoneyama, Lisa)21, 144n25, 154n114, 161n55
民意调查(public opinion surveys)19, 80, 85, 114, 131, 140, 149n96, 153n106, 162n81
民族创伤,相关记忆(national trauma, memories of)1
民族主义(nationalism)2
  安倍晋三的~(of Abe Shinzō)59, 61-62
  对现代战争中的士兵的影响(influence on soldiers in modern wars)55
  激进民族主义(aggressive nationalism)129
  民粹民族主义(populist nationalism)139
  新民族主义(neonationalism)6, 15, 18, 60, 74, 90, 94, 116, 125-126
民族主义途径,道德恢复的~(nationalist approach, to moral recovery)120, 124, 125-127
民族自豪感(national pride)96, 124, 126, 137
摩勒,罗伯特(Moeller, Robert)20
摩勒,萨宾(Moller, Sabine)38, 148n55
莫斯,乔治(Mosse, George)9
目击者叙述(witness accounts)28-29, 34, 70

N

NHK 特别节目(*NHK Special* television programs)

调查性报道(investigative journalism)70-72
年轻人的观点(young people's opinion)77-78
纳粹政权(Nazi regime), 14, 134-135, 136, 137
南北战争(Civil War, U.S.)3, 55-56
南京大屠杀(Nanjing Incident/Nanjing massacre)3, 6, 13, 16, 89, 95, 97
内村鉴三 129, 157n77
内格罗斯岛,菲律宾,老兵证言(Negros Island, Philippines, veteran testimony), 31-32
内海爱子 132, 154n102, 161n53
尼科巴群岛,老兵证言(Nicobar Islands, veteran testimony)33
"凝固汽油弹女孩"照片("Napalm Girl" photo)10
牛岛满、牛岛贞满 49, 149n98
纽伦堡战犯法庭(Nuremberg war crimes tribunals)121
诺贝尔和平奖(Nobel Peace Prize)128-129, 160n37
女权运动(feminist movements)14, 18, 61, 125
女性(women),另见慰安妇(See also comfort women)
  ~的爱国主义(patriotism of)115
  大后方的证言(home front testimonies)26, 28, 34-35, 43-44
女性国际战犯法庭 73
亚洲妇女基金会(Asian Women's Fund)61, 128
女性国际战犯法庭(International Women's Tribunal), 73

O

欧盟(European Union)135, 137, 140

索引　　263

P

帕格沃什运动（Pugwash movement）129, 160n37

潘霍华 136

平等认可（equal recognition）124, 126, 134

破坏和平罪（crimes against peace）2, 16, 56, 59, 131, 143n4

《破碎的历史》，雅劳施、盖耶尔著（*Shattered Past*, Jarausch and Geyer）134-135, 161n61

Q

埼玉县和平博物馆（Saitama Peace Museum）84-85

强迫劳工（forced labor），另见慰安妇（comfort women [forced sex workers]）
　教材中的介绍（textbook inclusion of）95, 101, 106
　赔偿要求（compensation claims）3, 13, 49
　"选择的战争"教材中的介绍（"war of choice" texts inclusion）97

情感记忆（emotional memory）22, 37, 43, 85, 87, 113

情绪工作（emotion work）27-28, 37

全国战殁者追悼式，8月15日（Memorial Service for the War Dead, August 15）22, 51-53, 57, 151n21

全球废除战争第九条运动（Global Article 9 Campaign to Abolish War）128

全球和解规范（global norm of reconciliation）133-134

全球记忆文化（global memory culture）3, 17-18

R

认同（identity），见公民认同；道德认同；国家认同；政治认同（See civic identity; moral identity; national identity; political identity）

"日本的和平博物馆名单"，山根（"List of Museums for Peace in Japan", Yamane）154n5

日本的战争历史（warfare history in Japan）7

《日本海军400个小时的证言》（*Japanese Navy's 400 Hours of Testimonies*, NHK）71

日本侵华战争（Japan-China War）19, 91, 96

《日本史A：现代历史》，东京书籍（*Japanese History A: Contemporary History*, Tokyo Shoseki publisher），95-96

《日本为何通向战争之路》（*Why Did the Japanese Go To War*, NHK）71

日本宪法（Constitution of Japan）
　~的象征意义（symbolism of）121
　不断变化的解读（evolving interpretations）100-101
　第九条（Article 9）35, 41, 99, 100-101, 120, 122-123, 125-129, 139
　护宪派的观点（claims of preservationists / gokenha）122
　民意调查（public opinion surveys）122-123
　修宪派的观点（claims of revisionists / kaikenha）122

日韩历史研究委员会（Japan-ROK Joint History Research Committee）161n49

《日经新闻》（*Nihon Keizai*）21
　对战时领导层的批评（criticism of wartime leadership）64
　纪念社论（commemorative editorials）62, 63, 64

《日美安保条约》（US-Japan Security Treaty）17, 160n31

《日美防务合作指针》（US-Japan Defense Cooperation Guidelines）145n57

日中历史研究委员会（Japan-China Joint History Research Committee）161n49
荣军院，巴黎（Les Invalides / Musée de l'Armée of Hôtel National des Invalides, Paris）86

S
塞尔登，马克（Selden, Mark）21
赛福特，沃尔夫冈（Seifert, Wolfgang）96
三光政策（Three-Alls campaign）89, 97, 106
三木睦子 128
森村诚一 67
砂川诉讼，1959 年（Sunagawa case, 1959）122
山本五十六、山本义正 47, 149n83
山川出版，教科书出版社（Yamakawa Shuppan, textbook publisher）96, 155n25
上野千鹤子 21, 147n14, 153n104
上野阳子 139, 151n40, 162n82
社会党，日本（Socialist Party, Japan）122
申起旭 131
"神风特攻队"飞行员 / 自杀式任务（kamikaze pilots/suicide missions）
　作为施害者（as perpetrators）39, 67-68
　作为受害者（as victims）80-81
　作为英雄（as heroes）35, 77, 80-81
生物战试验，"731 部队"（biological warfare experiments, Unit 731）13, 89, 97, 98
《盛夏的猎户座》（Last Operations under the Orion, 2009）75-76
失忆（amnesia）4, 9, 27, 41, 81
施菲尔布施，沃尔夫冈（Schivelbusch, Wolfgang）3, 141
施害者（perpetrators）

创伤（trauma）69
回忆（remembering）36
作为受害者（as victims）79, 80, 81
施害者叙事（perpetrator narratives）
德国，二战（Germany, WWII）12
对 ~ 的批评（criticism of）78-79
对施害者的妖魔化（demonization of perpetrators）73-74
后记忆与 ~（postmemory and）36
家永三郎诉讼（Ienaga Saburō trials）13, 49, 90
马尼拉大屠杀（Manila massacre）16, 97
南京大屠杀（Nanjing massacre）3, 6, 13, 16, 89, 95, 97
认可 ~ 方面的困难（difficulties in recognizing）66-70
日本在中国的施害者行为（Japan's perpetrator acts in China）8, 13, 16, 33, 39, 67, 69, 70, 75, 80, 94, 95, 105, 106
生物战实验（biological warfare experiments）13, 89, 97, 98
维希政权（Vichy regime）14
战争罪（war crimes）16
施陶芬贝格，克劳斯·冯（Stauffenberg, Claus von）136
施瓦茨，巴里（Schwartz, Barry）143n9, 143n14, 150n7, 161n56
十五年战争（Fifteen-Year War）8-9, 12, 13
石田武 56n59
石之森章太郎，"漫画日本史"系列（Ishinomori Shōtarō, Manga History of Japan series）104, 107, 111-112
实教出版（Jikkyō Shuppan）94-95, 155n25, 156n68
矢内原忠雄 129
《世界》（Sekai）
世界的尊敬（respect of the world）5, 63,

124, 133
世界主义（cosmopolitanism）125
受害者，作为施害者（victims, as perpetrators）79, 80, 81
受害者叙事（victim narratives）12, 59-60, 66, 78, 98, 110, 115, 116, 137
～中的影子施害者（shadow perpetrators in）11, 62, 63
《安妮·弗兰克日记》（Diary of Anne Frank）10
《赤足小子》（Barefoot Gen）11-12
德国的～（in Germany）135-137, 161n62
《甘蔗田之歌》（The Song of the Sugarcane Fields）12
孤儿/平民叙事（orphan/civilian narratives）12
广岛轰炸（Hiroshima bombing）82
"凝固汽油弹女孩"照片（"Napalm Girl" photo）10
《萤火虫之墓》（Graves of the Fireflie）12
《在这世界的角落》（To All the Corners of the World）12
政治演讲中的～（in political speeches）59
舒德森，迈克尔（Schudson, Michael）143n14
舒曼，霍华德（Schuman, Howard）143n14
数字档案（digital archives）29
水木茂，《昭和史》漫画（Shōwa History manga series）104, 109-111
朔尔，汉斯、朔尔，苏菲（Scholl, Hans and Sophie）136
苏联（USSR）92, 94
诉讼（lawsuits）
代表慰安妇的～（on behalf of comfort women）49, 61
诽谤（for defamation）13, 34

家永三郎的～（of Ienaga Saburō）
赔偿要求（compensation claims）5
与第九条有关的～（Article 9-based lawsuits）122
孙歌 96

T
泰莎，莫里斯—铃木（Morris-Suzuki, Tessa）96
坦卡，布里吉（Tankha, Brij）96
汤浅谦 70, 153n80
唐泽富太郎 144n24, 154n15
藤原归一 139
藤原彰 145n59
藤子·F·不二雄，《哆啦A梦》系列漫画（Fujiko F. Fujio, Doraemon manga series）
天皇（Emperor），另见昭和天皇（Shōwa Emperor）
同情（empathy）8, 11, 33, 69, 76, 78, 80, 81, 118
投降（surrender）2, 16, 33, 53, 81, 95
土耳其（Turkey）3, 14, 20, 88, 134

W
瓦格纳—帕西菲塞，罗宾（Wagner-Pacifici, Robin）143n9, 159n8
丸山真男 67
韦尔策，哈拉尔德（Welzer, Harald）38, 148n55
为爱的人牺牲（sacrifice for loved ones）60, 74-75, 76-77
为国牺牲（national sacrifice）8-10, 22, 29, 54, 56, 65, 81-82, 98, 114-115, 129
个人证言中的讨论（discourse in personal testimonies）35, 42, 46
文化传媒中的讨论（discourse in cultural media）61-62, 74-77
政治演讲中的讨论（discourse in political speeches）58-59

慰安妇（comfort women / forced sex workers）
　河野洋平的道歉声明（Kōno Yōhei's statement of apology）61, 151n33
　女性国际战犯法庭（International Women's Tribunal）73
　赔偿（redress for）3, 6, 18, 61, 101-102, 128
　有关~的教学（teaching about）89
　有关~的叙事（narratives about）90
　有关~描述（description）143n5
　在历史教科书中的提及（mention in history textbooks）95, 97
魏茨泽克，里夏德·冯（Weizsäcker, Richard von）56, 137
温特尔，杰伊（Winter, Jay）11
文化创伤（cultural trauma）
　~被变成道德教训（transformed into morality tales）22
　~的传递（transmission of）39
　~的受害者叙事（victim stories of）81
　~的再现（reproduction of）13, 141
　~分裂的叙事（divided narratives of）7-9
　~与代际战争记忆（generational war memory and）87
　~与记忆、国家认同（memory, national identity, and）4-7
　~在漫画中的表现（representations in comics）12
　~作为参照物（as referent）4, 43, 143n16, 148n72, 156n63
　1945年8月15日作为~的表现（August 15, 1945, as representation of）52
　不同战败文化中的~（in different cultures of defeat）21
　道德轨迹与~（moral trajectory and）85

　高中历史课本中的~（in high school history textbooks）95, 97, 98
　和平博物馆代表的~（peace museum representations）9
　后记忆与~（postmemory and）26
　家庭关系中继承的~（inherited in family relationships）26
　士兵的~（of soldiers）21-22
　为战后子女提供到的教训的~（as morality tales for postwar children）112-118
　犹太人大屠杀作为~（Holocaust as）133
　有关军事暴力的记忆作为~（memories of military violence as）116-117
文化工作（culture work）87
文化记忆（cultural memory）1, 6, 65, 87, 105, 107, 112,
《文艺春秋》（Bungei Shunjū）146n12, 147n44, 149n83
精英子女的证言（elites' children's testimonies）28, 46
污点/污名化（stigma/stigmatized）2, 30, 41, 52, 64, 73-74, 86, 89, 113, 123-124, 127, 132, 134
无核三原则（Three Non-Nuclear Principles）114
无武装和平（unarmed peace）101, 122
无助感（powerlessness）
　~与"远方"的苦难（and sufferings "far from home"）81
　呈现，对我们自己和他人（presentation, to ourselves and others）27
　家庭的~（of family's）27-28
　结构性无助感（structured powerlessness）47-49
　伊利亚索弗谈培养~（Eliasoph on cultivating feelings of）27
　作为跨代际对话的主题（as

intergenerational dialogue theme）
41, 43, 44, 46
五十岚惠邦 21, 144n2
武士哲学／武士道（warrior philosophy）
103
武装和平（armed peace）100, 101, 122
另见无武装和平。

X

西顿，菲利普（Seaton, Philip）145n70, 145n73, 149n98, 156n39
西美尔，乔治（Simmel, George）146n76
西竹一、西竹泰德 47, 149n83
希特勒，阿道夫（Hitler, Adolf）14, 136
细川护熙 150n19
《现代启示录》（Apocalypse Now, 1979）12
《现代社会》课本（Contemporary Society/Gendai Shakai textbooks）91, 101, 156n68
宪政爱国主义（constitutional patriotism）137
《详说日本史B》，山川出版（Japanese History B in Details, Yamakawa Shuppan publisher）96
小菅信子 121, 139
小林善范，《战争论》系列（On War series）116
小泉纯一郎 58
小泉的2005年讲话（Koizumi's statement 2005）151n21
小田实 67, 79, 81, 128
小熊英二 21, 37, 79, 139, 150n14, 151n40, 153n104, 162n82
小学馆（Shōgakkan）104
新渡户稻造 129
新几内亚，老兵证言（New Guinea, veteran testimonies）32, 33
新教科书编纂委员会（Committee to Write New Textbooks／Tsukurukai）61-62, 143n7
新民族主义（neonationalism）6, 15, 18, 60, 74, 90, 94, 116, 125-126
《星期五周刊》（Shūkan Kinyōbi）61
幸存者内疚（survivor guilt）9, 69
幸存者使命（survivor mission）28-29
幸德秋水 157n77
"幸运的失败"叙事（"fortunate fall" narrative）8-9, 60, 62
匈牙利（Hungary）14
《叙述创伤》，艾尔曼、亚历山大、布利斯（Narrating Trauma, Eyerman, Alexander, Breese）162n96
选择的战争，第二次世界大战（war of choice, World War II as）93, 94, 97, 155n37
选择性记忆（selective remembering）4, 19, 27, 29, 47
学习／教育漫画（study/education manga）103, 157n79
学习研究社，出版社（Gakushū Kenkyūsha, publisher）104

Y

雅劳施，康拉德（Jarausch, Konrad）14, 134-135, 145n50, 161n61
亚历山大，杰弗里（Alexander, Jeffery）
  道德准则（moral codes）138
  文化创伤的定义（definition of cultural trauma）4
  文化创伤的重现（reproduction of cultural trauma）162n96
  文化创伤理论（theory of cultural trauma）146n84, 154n2, 161n54
  政治表演的意义（meanings of political performance）59, 151n27
亚洲妇女基金会 61, 128
亚洲—太平洋战争（Asia-Pacific War），另见第二次世界大战
研究方法（research methodology）28

《爷爷不是纳粹》，韦尔策、摩勒、恰格瑙著（Opa war kein Nazi, Welzer, Moller, Tschuggnall）38
野田正彰 49, 69-70
伊拉克战争（Iraq War）81, 138
以色列（Israel）88
英国（Great Britain）
　　自我效能（self-efficacy）48
　　一战与~（World War I and）56
　　《二战：人民的战争》，BBC口述史项目（WW2 People's War, BBC oral history project）68
英国（United Kingdom）
　　国防支出（defense spending）122
　　联合国否决权（UN veto power）140-141
英雄叙事（heroic narratives）8, 14, 16-17
　　~中的神风特攻队飞行员（kamikaze pilots in）35, 77, 80-81
　　博物馆中展现的~（represented in museums）86
　　"大和号"战列舰故事（battleship Yamato story）9, 10
　　对~的不信任（mistrust of）115
　　夺回~（reclaiming）64, 66, 124
　　父辈/祖父辈的故事（father/grandfather stories）47, 76
　　复员老兵的~（of returning veterans）45
　　国家成就（national achievements）88
　　课本中的~（in textbooks）90, 94, 155-156n38
　　民族主义（nationalism）124
　　为家人牺牲~（sacrifices for loved ones）60, 74-75, 76-77
　　有关蒙受恩惠的讨论（discourse of indebtedness）8
　　《战争论》系列中的~（in On War series）116
　　阵亡英雄（fallen heroes）9, 10, 60, 123, 136
《拯救大兵瑞恩》，电影（Saving Private Ryan, film）76
樱井均 70
《萤火虫之墓》（Graves of the Fireflies, 1988）12, 85
影子比较（shadow comparison）20
影子施害者（shadow perpetrators）11, 62, 63
《永远的0》，小说和电影（Eternal Zero, novel and film）
犹太—基督教传统（Judeo-Christian tradition）7
犹太囚监，第二次世界大战（Jewish kapos, WWII）137
犹太人大屠杀，二战（Holocaust, World War II）
　　德国官方的态度（German official approach to）135-136
　　灰色区域（gray zone）137-138
　　记忆叙事（memory narratives）14, 15, 41, 134-135
　　作为全球化文化创伤（as globalized cultural trauma）133
游就馆/战争博物馆（Yūshūkan/ war museum）86-87
玉碎，自杀指控（gyokusai, suicide charge）33, 67, 158n98
玉野井麻利子 21
原子弹爆炸（atomic bombing）
　　长崎的（of Nagasaki）8, 16, 17, 97, 109, 128
　　广岛的（of Hiroshima）11-12, 16, 17, 82, 84, 97, 109
远东国际军事法庭（Tokyo War Crimes Trials, 1946-1948）2, 15, 16, 58, 62, 64, 67-68, 71, 73, 121, 127
《月光之夏》，电影（Moon Light Summer, film）10
越南战争（Vietnam War）

索引

反越战运动(anti-Vietnam War movement)17, 46, 81, 128
利夫顿对老兵的研究(Lifton's study of veterans)69
战后记忆(post-war memories)3, 65, 88

Z

杂志(magazines)46, 52, 103
　另见《文艺春秋》(See also *Bungei Shunjū*)
"灾难"叙事("catastrophe" narrative)8, 10-11, 60, 62
《在纪念战争结束50周年之际》,村山富市著("On the Occasion of the 50th Anniversary of the War's End", Tomi'ichi Murayama)150n17
《在这世界的角落》,2007年(*To All the Corners of the World*, 2007)12
泽拉菲姆,弗兰齐斯卡(Seraphim, Franziska)21, 143n2, 145n68, 152n58
泽鲁贝沃,埃维阿塔(Zerubavel, Eviatar)146n76
扎拉克尔,爱塞(Zarakol, Ayse)134, 143n12, 145n54, 160n28, 161n55, 161n57
战败国(fallen nations)1, 2, 6-7, 12, 32
战败文化(culture of defeat), 2, 5
　~的和解主义途径(reconciliationist approach to)120, 124, 130-133
　~的和平主义途径(pacifist approach to)120, 124, 127-129, 133
　~的民族主义途径(nationalist approach to)120, 124, 125-127, 133
　~中的分裂记忆(divided memories in)14-19
　代际战争记忆(generational war memory)87
　了结~的努力(efforts at closure)79,

121, 123-133
　日本的受害者意识与~(Japan's victim consciousness and)65
《战败文化》(*The Culture of Defeat*)3, 141
战犯(war criminals)
　道德目击者运动(moral witness movement)69
　甲、乙、丙级分类(A, B, C, classifications)16, 56, 59, 110, 143n4, 145n63, 149n98
　免除~的罪责(exoneration of)75
　汤浅谦(Yuasa Ken)70
　遗留问题(unresolved issues)3, 6, 18
战俘(prisoners of war/POWs)3, 13, 97, 102, 106
《战后和解》(*Sengo wakai*),小菅信子著
战争(war)
　打不赢的战争(unwinnable war)2, 54, 56, 71, 106
　对~的道德理解(moral understandings of)7
　"好战争"("good war")7, 137, 152n57
　将~合法化的制度(systems of legitimizing)7
　"神圣的战争"("sacred war")7
　正义/非正义战争(just/unjust war)7, 85, 90, 91, 107
战争博物馆(war museums)86-87, 另见和平博物馆(See also peace museums)
战争故事/证言(war stories/testimonies)
　对日本的反英雄式描绘(antiheroic characterization of Japan)29
　老兵的~(of veterans)8, 17, 28, 30-34
　目击者叙述(witness accounts)28-29, 34, 70
　女性的~(of women)34-36

战争结束的焦点（end-of-war focus）
25-26
出版类型（types of publications）28
战争记忆（war memory），另见后记忆（See also postmemory）
～的传递（transmission of）85-86
～的民主化/大众化（democratization/popularization of）29
被赋予的不同含义（different assigned meanings）6
东亚地区在～方面的争论（contentions over, in East Asia）2, 6, 120, 124, 132
对～的主要偏见（dominant preoccupations of）66
分裂的记忆（divided memories）14, 88, 135
后记忆作为～（postmemory as）26
既善又恶的叙事（good-and-also-evil narrative）79
交流～上的困难（difficulties in communicating）40-41
日本记忆中的裂痕（fissures in Japan's memories）18-19
向文化记忆的转变（transformation into cultural memory）105
选择性回忆（selective remembering）4, 19, 27, 29, 47
遗留问题（unresolved issues）3
《战争论》系列（On War series），小林善范著 1
战争与和平的教材（textbooks on war and peace）
～中相互竞争的描述（contested descriptions in）5
《开创未来的历史》（History that Opens the Future）130-131
高中公民学课本（high school civics textbooks）98-103

高中历史课本（high school history textbooks）92-98
教材争议（textbook controversy）18, 90, 102, 143n7
强迫劳工（forced labor）95, 101, 106
社会研究课本（social studies textbooks）88-92
施害者历史（perpetrator history）13
新教科书编纂委员会（Committee to Write New Textbooks）61-62, 143n7
新民族主义教材（neonationalist textbooks）90, 94
英雄/受害者/施害者叙事（hero/victim/perpetrator narratives）87
战争与和平的教学（pedagogies of war and peace）83-118，另见课本中的战争与和平（See also textbooks on war and peace）
"大众派"历史漫画（"popular" history manga collections）107-112 社会研究教材（social studies textbooks）88-92
高中公民学课本（high school civics textbooks）98-103
高中历史课本（high school history textbooks）92-98
"学术派"历史漫画（"academic" history manga collections）105-107
学习/教育漫画体裁（study/education manga genre）103-104
战后一代人的道德教训（morality tales for postwar children）112-118
战争责任（war responsibility）
报纸社论（newspaper editorials on）60-65, 68
村山谈话（Murayama's statement on）57, 58, 60, 61
冯·魏茨泽克的讲话（von Weizsäcker's statement on）56,

索 引

137
纪念活动调查（commemorations probing）54
家永三郎对公众讨论的影响（Ienaga Saburō's influence on public discourse）13
教材讨论（textbook discussions）96
有关~的讨论（debates about）49, 80, 81, 149n96
战争罪责（war guilt），另见纽伦堡国际军事法庭；远东国际军事法庭（1946-1948）（See also Nuremberg war crimes tribunals; Tokyo War Crimes Trials [1946–1948]）
~作为遗留问题（as unresolved issue）3
德国的施害者罪责（Germany's perpetrator guilt）136, 137
电视节目中对~的讨论（discussion in television broadcast）70, 71
对~的承认（acknowledgment of）124, 130
公众对~的叙述（public accounts of）30
家庭对~的羞耻感（family shame for）38, 45
家永三郎对~的描述（Ienaga Saburō's representation of）13
接受~（coming to terms with）90
老兵对~的处理（veteran's treatment of）30-31, 41, 69
漫画中的描述（manga representation）107
媒体对~的处理（media treatment of）63
全球化记忆规范和~（globalizing memory norms and）138
日本的施害者罪责（Japan's perpetrator guilt）2, 16, 36, 59, 61, 78

士兵对谈论~的渴望（soldiers' desires for speaking about）32-33
有关~问题的分歧（divisions over questions of）22
昭和天皇被免除罪责（Shōwa Emperor's exoneration）67
长子继承权（primogeniture）36, 74
《朝日新闻》（Asahi Newspaper）21, 28, 139, 146n11
"传承战争"的证言（"Transmitting the War" testimonies）31
纪念社论（commemorative editorials）62, 63-64, 150n1
考察战争责任（examination of war responsibility）68
老兵证言（veteran testimonies）32-33
民意调查（public opinion survey）19
年轻人的观点（youth opinion）116-117
批判军事权威的故事（stories critical of military authority）35
受害者、施害者和英雄叙事（victim, perpetrator, heroic narratives）29
征集战争故事（call for war stories）35-36
朝霞驻屯地（Camp Asaka）119-120
《昭和史》漫画系列（Shōwa History manga series）109-111
昭和天皇（Shōwa Emperor）57, 67, 73
昭和战争（Shōwa War），见第二次世界大战（See World War II）
珍珠港（Pearl Harbor）110
珍珠港日（Pearl Harbor Day）73
真相与和解委员会（Truth and Reconciliation commissions）133
阵亡士兵（fallen soldiers）
德国~的迷思（Germany's myth of）55-56
靖国神社作为为~构建意义的地点（Yasukuni as site for meaning

making of）60
　莫斯对~的描述（Mosse's description of）9
《拯救大兵瑞恩》，电影（Saving Private Ryan, film）76
拯救宪政民主会（Save Constitutional Democracy group）129
"正常国家"（"normal country"）22, 120, 123, 137
正义（justice）5, 10-12, 125, 129, 130-132
　历史错误的不公（injustice of past wrongs）2, 28
　社会~（social）102, 117
　"胜利者的正义" 16
　为受害者伸张~（for victims）27, 49
　转型~（transitional）17, 124
正义战争（just war）7, 85-86
　和平主义者的反对（pacifist opposition）107
《证言记录：士兵的战争》，NHK 电视节目（Testimonial Records: The Soldiers' War, NHK television project）68, 152n62
《政治·经济》，教科书（Politics/Economy, textbooks）101
政治认同（political identity）
　~的传递（transmission of）27
　~中的自我效能（self-efficacy in）28
　重构~（reconstruction of）140
知道与不知道（knowing and not knowing）54, 149n88, 150n9, 146n
中曾根康弘 56-57
中国（China）
　~的爱国主义政治（politics of patriotism in）139
　~的核威胁（nuclear threats from）114
　~与日本的摩擦（Japan's perpetrator acts in）120
　被指为潜在的威胁（potential threat designation）125, 129, 140
　导弹发射（missile launches）125
　对日本的看法（beliefs about Japan）131, 161n50
　二战总死亡人数（WWII death toll）16
　国防支出（defense spending）122
　核军备（nuclear arms）100
　九国公约》（Nine-Power Treaty）93
　联合国否决权（UN veto power）140-141
　日本在~的施害者行为（Japan's perpetrator acts in）8, 13, 16, 33, 39, 67, 69, 70, 75, 80, 94, 95, 105, 106
　日中战争（Japan-China War）19, 91, 92, 96
　三国联合历史项目（trinational joint history project）130
　视日本为军事威胁（view of Japan as military threat）140
　学生调查（student survey）115
　与~的领土争端（territorial disputes with）3, 6, 102, 120, 123
中国归还者连络会（Chūkiren）152n79
中泽启治 11
仲正昌树 81-82
竹岛/独岛争端（Takeshima/Dokdo Island disputes）102, 132, 143n3, 161n50
自传性回忆录（autobiographical memoirs）20, 21
自分史（jibunshi）28
　老兵的（of veterans）8, 28, 30
自卫队，日本（Self-Defense Force/SDF, Japan）15, 100-101, 119
　维和行动（in Peacekeeping operations）120
自由民主党，自 20 世纪 50 年代以来在日本占据主宰地位（Liberal Democratic

Party/LDP, Japan domination since mid-1950s）17
起草宪法修正案（draft constitution revision）126
再军事化努力（remilitarization efforts）122
一党独大的终结（end of monopolistic rule of）18, 56, 57
综合年龄群（synthetic age cohorts）28
祖父母（grandparents）
～一代的暴力叙事（narratives of violence of）84
从～那里继承的文化创伤（inheriting cultural trauma from）26
几代人共同生活的家庭中的～（in co-residence households）37
家庭遗产（family heritage）43
子女/孙辈对～的批评（children/grandchildren's criticisms of）77
祖父一辈的叙事（grandfather narratives）39, 43-44, 74, 76, 149n98, 160n31
《最后的空隙——熊谷》，动画电影（*The Last Air Raid-Kumagaya*, animated film）84-85
罪责（guilt），见战争罪责（See war guilt）
佐藤卓巳 21, 150n4, 150n5, 150n6, 158n121

理想国译丛
imaginist [MIRROR]

001 没有宽恕就没有未来
　　[南非] 德斯蒙德·图图 著

002 漫漫自由路：曼德拉自传
　　[南非] 纳尔逊·曼德拉 著

003 断臂上的花朵：人生与法律的奇幻炼金术
　　[南非] 奥比·萨克斯 著

004 历史的终结与最后的人
　　[美] 弗朗西斯·福山 著

005 政治秩序的起源：从前人类时代到法国大革命
　　[美] 弗朗西斯·福山 著

006 事实即颠覆：无以名之的十年的政治写作
　　[英] 蒂莫西·加顿艾什 著

007 苏联的最后一天：莫斯科，1991年12月25日
　　[爱尔兰] 康纳·奥克莱利 著

008 耳语者：斯大林时代苏联的私人生活
　　[英] 奥兰多·费吉斯 著

009 零年：1945：现代世界诞生的时刻
　　[荷] 伊恩·布鲁玛 著

010 大断裂：人类本性与社会秩序的重建
　　[美] 弗朗西斯·福山 著

011 政治秩序与政治衰败：从工业革命到民主全球化
　　[美] 弗朗西斯·福山 著

012 罪孽的报应：德国和日本的战争记忆
　　[荷] 伊恩·布鲁玛 著

013 档案：一个人史
　　[英] 蒂莫西·加顿艾什 著

014 布达佩斯往事：冷战时期一个东欧家庭的秘密档案
　　[美] 卡蒂·马顿 著

015 古拉格之恋：一个爱情与求生的真实故事
　　[英] 奥兰多·费吉斯 著

016 信任：社会美德与创造经济繁荣
　　[美] 弗朗西斯·福山 著

017 奥斯维辛：一部历史
　　[英] 劳伦斯·里斯 著

018 活着回来的男人：一个普通日本兵的二战及战后生命史
　　[日] 小熊英二 著

019 我们的后人类未来：生物科技革命的后果
　　[美] 弗朗西斯·福山 著

020　奥斯曼帝国的衰亡：一战中东，1914—1920
　　　[英]尤金·罗根 著

021　国家构建：21世纪的国家治理与世界秩序
　　　[美]弗朗西斯·福山 著

022　战争、枪炮与选票
　　　[英]保罗·科利尔 著

023　金与铁：俾斯麦、布莱希罗德与德意志帝国的建立
　　　[美]弗里茨·斯特恩 著

024　创造日本：1853—1964
　　　[荷]伊恩·布鲁玛 著

025　娜塔莎之舞：俄罗斯文化史
　　　[英]奥兰多·费吉斯 著

026　日本之镜：日本文化中的英雄与恶人
　　　[荷]伊恩·布鲁玛 著

027　教宗与墨索里尼：庇护十一世与法西斯崛起秘史
　　　[美]大卫·I. 科泽 著

028　明治天皇：1852—1912
　　　[美]唐纳德·基恩 著

029　八月炮火
　　　[美]巴巴拉·W. 塔奇曼 著

030　资本之都：21世纪德里的美好与野蛮
　　　[英]拉纳·达斯古普塔 著

031　回访历史：新东欧之旅
　　　[美]伊娃·霍夫曼 著

032　克里米亚战争：被遗忘的帝国博弈
　　　[英]奥兰多·费吉斯 著

033　拉丁美洲被切开的血管
　　　[乌拉圭]爱德华多·加莱亚诺 著

034　不敢懈怠：曼德拉的总统岁月
　　　[南非]纳尔逊·曼德拉、曼迪拉·蓝加 著

035　圣经与利剑：英国和巴勒斯坦——从青铜时代到贝尔福宣言
　　　[美]巴巴拉·W. 塔奇曼 著

036　战争时期日本精神史：1931—1945
　　　[日]鹤见俊辅 著

037　印尼Etc.：众神遗落的珍珠
　　　[英]伊丽莎白·皮萨尼 著

038　第三帝国的到来
　　　[英]理查德·J. 埃文斯 著

039　当权的第三帝国
　　［英］理查德·J.埃文斯 著

040　战时的第三帝国
　　［英］理查德·J.埃文斯 著

041　耶路撒冷之前的艾希曼：平庸面具下的大屠杀刽子手
　　［德］贝蒂娜·施汤内特 著

042　残酷剧场：艺术、电影与战争阴影
　　［荷］伊恩·布鲁玛 著

043　资本主义的未来
　　［英］保罗·科利尔 著

044　救赎者：拉丁美洲的面孔与思想
　　［墨西哥］恩里克·克劳泽 著

045　滔天洪水：第一次世界大战与全球秩序的重建
　　［英］亚当·图兹 著

046　风雨横渡：英国、奴隶和美国革命
　　［英］西蒙·沙玛 著

047　崩盘：全球金融危机如何重塑世界
　　［英］亚当·图兹 著

048　西方政治传统：近代自由主义之发展
　　［美］弗雷德里克·沃特金斯 著

049　美国的反智传统
　　［美］理查德·霍夫施塔特 著

050　东京绮梦：日本最后的前卫年代
　　［荷］伊恩·布鲁玛 著

051　身份政治：对尊严与认同的渴求
　　［美］弗朗西斯·福山 著

052　漫长的战败：日本的文化创伤、记忆与认同
　　［美］桥本明子 著